中国制造智慧十二讲

伟 主编

上海社会科学院出版社

编 委 会

主　　任：顾建伟

副 主 任：宋　洁　刘炳涛

执行主任：陆建松

委　　员（以姓氏笔画为序）：

　　　　方恩升　石建水　刘炳涛　宋　洁

　　　　张　旭　张鑫敏　陆建松　陈瑞丰

　　　　罗　薇　胡欣诣　顾建伟　黄　伟

Preface 序言

源远流长、博大精深的中华文明发展史,在历史长河中如同耀眼的星座,光耀了悠悠五千年,其中展现的辉煌的制造智慧被代代相传,历久而弥新。正是这种灿烂的中华文明背景,促进了近代中国社会经济的传承和发展,也因此,文明与科技息息相关,而各项科技之间亦彼此影响。以四大发明为例,造纸术和印刷术带来的是书法与绘画乃至整个汉字文化的发展和繁荣,指南针促进了陆上和海上的对外交流和贸易,等等。一言以蔽之,四大发明成了辉煌灿烂的中华传统文明的技术基础。再以"一带一路"为例,它必然关系到道路、桥梁、船舶等交通方面的科学技术,也必然关系到支付手段和财务计算等方面的科学技术,甚至还跟看似毫不相干的水利技术存在着千丝万缕的关系,比如都江堰水利工程造就了旱涝保收的"天府之国",也成就了闻名遐迩的"锦官城",蜀锦沿着丝绸之路远销海外。

为了贯彻落实习近平总书记在学校思想政治理论课教师座谈会上的重要讲话精神,推进全国高校思想政治工作会议精神落地生根,把思想政治工作贯穿教育教学全过程,实现全程育人、全方位育人,努力培养和造就卓越的高等技术应用型人才,上海电机学院马克思主义学院面向本科生开设"中国制慧"思政选修课。通过该课程的讲授,旨在结合技术应用型本科院校的特点,在全面介绍中国各大领域代表性成果的前提下,侧重体现中国制造技术和工程技术领域的突出成就,特别是中国制造智慧对人类文明的伟大贡献,展现制造大国的中国智慧。与此同时,让学生了解中国古今诸多领域的巨大成就和中国智慧对人类文明的伟大贡献,加强其对古代中国辉煌历史的自豪感和对现代中国光明未来的自信心;树立服务于科技强国战略的志愿,从而"润物细无声"地在学生心中坚定理想信念、弘扬工匠精神;提高职业素养,培养学生对中国特色社会主义的道路自信、理论自信、制度自信、文化自信。

课程依托学校学科优势,汇集优秀师资,通过跨越古代、近代、现代和未来四个维度的课程内容设计,使每个维度在知识传授和技能培养的基础上蕴含和突出价值引领,从而体现中国古代和现代的制造智慧和工匠精神,有利于激发爱国情怀,增强对现代中国光明未来的自信心。

"中国制慧"思政选修课2018年入选市级中国系列思政选修课建设培育课程,2020年获批校级线上线下混合式一流课程培育项目。课程牢固树立"课程思政"理念,注重问题导向,注重学科支撑,注重人才培养,融入政治信仰、理想信念、价值理念、工匠精神、职业道德规范等课程思政元素。课程改变以往传统的"灌输式"教学模式,充分依托学校的特色专业学科,坚持知识传授与价值引领相统一,在现实问题解析中加强思想引导,在通识教育中根植理想信念,融合课堂主讲、现场回答、网上互动、课堂反馈等多种教学方式,使学生了解中国古代科技的辉煌成就,展望中国现代科技的光明未来。同时使其能结合自己所学专业,学习相关领域杰出人物的创造精神,扩大专业视野,促进专业发展,在引人入胜、潜移默化中增强理想信念。

基于这样的考虑,课程围绕着"四大发明"和"一带一路"选取了十二个主题,包括"从蔡伦造纸到现代宣纸技术""从活字印刷术到汉字输入法""从火药到原子弹和氢弹""从过洋牵星到北斗导航""从削竹木以为鹊到翱翔空天""从赵州桥到港珠澳大桥""从都江堰到三峡大坝""从算盘到超级计算机""从郑和下西洋到海洋强国战略""从秦直道到现代高铁""从交子到支付宝""从丝绸之路到'一带一路'"等。从各章标题可以看出,中国古代的科学技术如今已经焕发了新的生机。

综观古代中国,还有现代中国,中华文明在各个领域的智慧成果,都在推动着科学技术的发展。然而,探索如何实现"中国制造向中国创造"的历史转变,如何落实"古为今用,综合创新"的理念,是我们所肩负的重担,更是我们神圣的责任。

全体编者

2023年5月

Contents 目录

绪　论 ……………………………………………………………………… 1

第一讲　从蔡伦造纸到现代宣纸技术 …………………………………… 4

第二讲　从活字印刷术到汉字输入法 …………………………………… 14

第三讲　从火药到原子弹和氢弹 ………………………………………… 38

第四讲　从过洋牵星到北斗导航 ………………………………………… 50

第五讲　从削竹木以为鹊到翱翔空天 …………………………………… 66

第六讲　从赵州桥到港珠澳大桥 ………………………………………… 84

第七讲　从都江堰到三峡大坝 …………………………………………… 102

第八讲　从算盘到超级计算机 …………………………………………… 115

第九讲　从郑和下西洋到海洋强国战略 ………………………………… 137

第十讲　从秦直道到现代高铁 …………………………………………… 154

第十一讲　从交子到支付宝 ……………………………………………… 171

第十二讲　从丝绸之路到"一带一路" …………………………………… 197

绪 论

习近平总书记说:"我们比历史上任何时期都更接近中华民族伟大复兴的目标,比历史上任何时期都更有信心、有能力实现这个目标。"这在科学技术方面也不例外。

说起传统中国科学技术的伟大成就,首先让人想到的就是四大发明。"四大发明"这一概念是现代西方人首先提出并逐渐完善的。英国的弗朗西斯·培根是西方现代哲学和科学的开创者之一,他在1620年出版的《新工具》中说:"印刷术、火药、指南针这三种发明已经在世界范围内把事物的全部面貌和情况都改变了。"马克思在《1861—1863年经济学手稿》的第一篇第三章第三节《机械、自然力和科学的运用》中进一步表示:"这是预告资产阶级社会到来的三大发明。火药把骑士阶层炸得粉碎,指南针打开了世界市场并建立了殖民地,而印刷术则变成新教的工具,总的来说变成科学复兴的手段,变成对精神发展创造必要前提的最强大的杠杆。"根据学者的考证,最初是耶稣会士艾约瑟(Joseph Edkins,1823—1905年)的提法加入了造纸术,把三大发明变成四大发明。而功劳最大的则是《中国科学技术史》(亦即《中国的科学与文明》)的作者李约瑟(Joseph Needham,1900—1995年),他在这部名著中高度赞扬中国古代的科技成就,并强调四大发明是中国人作出的贡献。自此以后,"四大发明"逐渐变得妇孺皆知。由上所述可知,四大发明在世界现代文明进程中发挥了重要的作用。

那么,四大发明在中国古代传统文明中曾经发挥过什么样的作用呢?回答这个问题,不禁让人想起2008年北京奥运会的盛大开幕式。它给世界留下了深刻的印象,这不仅是由于先进的现代科技营造了恢宏壮丽的舞台效果,而且是由于演出本身淋漓尽致地展现了中华文明的伟大成就,其中非常重要的一个主题就是四大发明和传统文明之间的紧密联系。造纸术是由中心场地上的巨大卷轴来代表的,这其实是一幅 147 米长、27 米宽的巨大 LED 屏幕,演员们在这张"纸"上描绘了带有浓郁东方色彩的水墨画。这幅画卷不断发展变化,贯穿了整个演出过程,展现了各种文明成果。活字印刷术也在这幅画卷中得以表现,成百上千的"活字"变换出不同字体的"和"字,既展现了汉字的演化过程,也表达了和谐的人文理念。指南针是跟丝绸之路一起介绍的。大纸上出现"陆上丝绸之路"的地图以及沿途的文化标志,接着演员们又表演了"海上丝绸之路"和"郑和下西洋"的情境。众所周知,如此长途商旅,辽远无边的沙漠必须艰苦跋涉,波涛汹涌的海洋必须破浪前行,而这一切之所以可能,离不开指南针作为必要的技术支持。此外,绚丽的烟花秀体现了火药的和平用途。

这些都深刻地表明,身处 21 世纪的中国人,不仅能够从西方的角度理解四大发明在整个世界的现代化过程中发挥的重要作用,而且能够从自身的角度总结和提炼四大发明在中华优秀传统文化中所处的重要地位。我们能够看到,四大发明并不是孤立的,造纸术和印刷术带来的是书法与绘画乃至整个汉字文化的发展和繁荣,指南针促进了陆上和海上的对外交流和贸易,等等。一言以蔽之,四大发明是辉煌灿烂的中华传统文明的技术基础。这就是 2008 年北京奥运会盛大开幕式的启示。由此可以产生更多联想,以"一带一路"为例,它必然关系到道路、桥梁、船舶等交通方面的科学技术,也必然关系到支付手段和财务计算等方面的科学技术,甚至还跟看似毫不相干的水利技术存在着千丝万缕的关系,比如都江堰水利工程造就了旱涝保收的"天府之国",也成就了闻名遐迩的"锦官城",蜀锦沿着丝绸之路远销海外。

文明与科技息息相关。各项科技之间也彼此影响。基于这样的考虑,本书围绕着"四大发明"和"一带一路"选取了十二个主题,包括"从蔡伦造纸到现代宣纸技术""从活字印刷术到汉字输入法""从火药到原子弹和氢弹""从过洋牵星到北斗导航""从削竹木以为鹊到翱翔空天""从赵州桥到港珠澳大桥""从都江堰到三峡大坝""从算盘到超级计算机""从郑和下西洋到海洋强国战略""从秦直道到现代高铁""从交子到支付宝""从丝绸之路到'一带一路'"。

从各讲标题可以看出,中国古代的科学技术如今已经焕发了新的生机。例如,在印刷术方面,随着电子计算机技术的发展,印刷业步入"信息时代",以王选为代表的中国科学家迎难而上，攻克了汉字信息化处理这一世界性难题，并直接采取了当时世界最前沿的第四代照排机技术路线，成功开发了汉字激光照排系统，将中国的印刷业由传统的"铅与火"的时代推进到"光与电"的时代。在导航技术方面，中国传统导航和舆图技术自近代以来渐显"落伍"，中国开始在现代地理学范式内奋力追赶，在2012年开始提供北斗卫星导航系统的区域服务，成功跻身现代导航技术强国之列，在2020年完成北斗卫星导航系统全球组网，让"中国坐标"为地球村居民提供越来越好的服务和体验。在计算机领域，从第一代电子管，第二代晶体管，第三代集成电路，直至第四代超大规模集成电路，中国在超级计算机领域奋起直追，中国历代科研工作者突破国内外重重封锁，通过自主创新，研制出"天河"系列以及"神威·太湖之光"，引领时代潮流。在水利工程方面，中国建成了当今世界最大的水利枢纽工程"三峡工程"，它的许多工程设计指标都突破了世界水利工程的纪录，主要有：世界上防洪效益最为显著的水利工程，世界上建筑规模最大的水利工程，世界上工程量最大的水利工程，世界上施工难度最大的水利工程，施工期流量最大的水利工程；此外，它拥有世界上最大的电站，世界上泄洪能力最大的泄洪闸，世界上级数最多、总水头最高的内河船闸，世界上规模最大、难度最高的升船机。

所有这些发展都生动地印证了习近平总书记的话，中国共产党"坚持和发展中国特色社会主义，推动物质文明、政治文明、精神文明、社会文明、生态文明协调发展，创造了中国式现代化新道路，创造了人类文明新形态"。

第一讲　从蔡伦造纸到现代宣纸技术

宋　洁　整理

主要内容

深入了解中国古代四大发明之一造纸术的来龙去脉,了解中国古代造纸技术的辉煌成就,展望中国现代造纸技术(如宣纸)的光明未来,学习相关领域劳动人民的工匠精神,增强对中国特色社会主义的道路自信、理论自信、制度自信和文化自信。

精彩案例

◇ 早在殷商时期,人们在征伐、打猎、祭祀祖先以及面对疾病等时,都会先行占卜之术。人们往往在龟甲之上凿出一些小孔,再将有孔处置于火上烤,以其裂纹(兆)来判定吉凶。而甲骨文就是那些在兆附近记载占卜事宜的原初文字,主要为简化的象形字。每片甲骨一般可以刻 50 余字,最多可达 180 字左右。

◇ 春秋时,已出现以缣帛为书写材料的记载,并与竹木相辅而行。《墨子》中有言"书于竹帛",《韩非子》中有"先王寄理于竹帛"之语。这与我国作为养蚕技术的发源地不无关系。缣帛装裱后可用木轴卷起,称为卷。一卷相当于简册的一篇或几篇。到了汉代,缣帛还用于制作出入关口的"传"(通行证)。缣帛是质量较高的书写材料,轻便且容字多。但是价格较为昂贵,有"贫不及素"之称,加之易遭虫蛀腐蚀、不利于保存等特点,难以在大众中普及。

◇ 埃及纸草(papyrus)是外国古代流行最为广泛的书写材料,paper(纸)便是从 papyrus 演变而来的。它的原料取自生长于尼罗河流域的多年生草本植物,古埃及人将其根部及茎秆顶端切除,只取茎部中间部分,经劈半、压扁、铺平、滴醋、打平、晒干、磨光等工序,制成"纸张",史称"埃及纸"("纸草纸")。这种纸草可以用糨糊粘接成长卷,这就是西方书籍中"卷"的起源。这种纸草沿用至12世纪,后才为纸所取代。

问题思考

◇ 对于"工匠精神过时论",你是怎么看的?
◇ 有一种观点认为,现代工匠精神就是以西方文明为中心的,你认同吗?谈谈你的看法。

第一节 蔡伦造纸

东汉初年,在桂阳郡有一家铁匠,姓蔡,世世代代是东汉官方御用铁匠。而蔡伦(约61—121年)就出生在这样的家庭里,他自幼在乡学读书启蒙,学习《论语》《周礼》等,虽说也算得上满腹经纶,可是蔡伦对四书五经兴趣不大,反而对周围的生活和世界比较感兴趣,他善于观察和发现,在工匠领域如冶炼、铸造,种麻、养蚕等有不错的才能,这也许就和他的出身及家庭有关系。十八岁那年,他被推荐入宫当了宦官,公元105年向汉和帝献纸,这种纸被称为"蔡侯纸"。

纸对人类文化的传播和世界文明的进步具有超凡的价值,可以说功在当代,利在千秋。美国科学家麦克·哈特(Michael H. Hart)的《影响人类历史进程的100名人排行榜》一书中,蔡伦名列第六,排在他前面的是穆罕默德、牛顿、耶稣、孔子、圣·保罗。美国《时代》周刊曾公布一个颇有意思的排名:《有史以来的最佳发明家》,蔡伦赫然上榜。2008年北京奥运会开幕式上,就有一个节目是造纸术。由此可见,蔡伦的贡献是海内外公认的。

公元75年,十多岁的蔡伦离开生养他的父母,被带到了几千里之外的京城洛阳,进了宫,开始了做宦官的生活。入宫不到一年,蔡伦便当上了小黄门,很快,又当上了黄门侍郎,主管公文的传达工作。这个官不是很大,却可以让他直接和贵妃命妇以及王公大臣接触。正是在这个时候,蔡伦得到了窦皇后的赏识,后又得到邓太后的赏识。

为了普及知识,邓太后组织了一批博学鸿儒重新校订经书,然后抄写成副本,颁布到各地,这就需要大量的纸张。可当时的造纸水平太低,所造的麻质纤维纸质地粗糙,且数量少,成本高,不普及,难以满足需求。蔡伦主动请缨,兼职尚书令,全面主持这项工作。他充分发挥自己的聪明才智,在前人的基础上,糅合树皮、渔网和竹子等物,发明了植物纤维纸。

严格意义上来说,造纸术不是蔡伦发明的,蔡伦的伟大之处在于,领导尚方,将造纸这项技术实现了改良,降低成本,使造纸可以进入普通家庭。以前纸只能权贵富贾使用,现在普通老百姓也能用纸了。蔡伦之前大约西汉初期,纸已经可以做出来了,可惜太粗糙,根本不适合用来写字。蔡伦统率尚方对造纸术进行改良之后造出来的纸不仅可以写字,而且价格比原先的便宜了大半,读书人写文章再也不用刻竹简了。

公元121年,为造纸术的发展作出了重大贡献的蔡伦在京都洛阳去世。蔡伦改良造纸,无论主观目的是造福百姓,还是献媚君王——毕竟这是封建时代的产物,带有鲜明的阶级色彩,不可否认的是,在他的带领下,造纸这项技术得以大大进步,造纸术也自此普及化了,这即是他的历史丰功伟绩。

第二节 现 代 宣 纸

宣纸,安徽省宣城市泾县特产,国家地理标志保护产品。宣纸是中国独特的手工艺品,具质地绵韧、光洁如玉、少蛀少腐、墨韵万变之特色,享有"千年寿纸"的美誉,被誉为"国宝"。

为何安徽泾县的宣纸最有名?李白在《赠汪伦》中吟诵的桃花潭,也正是位于泾县。所以,泾县可不是个无名小城哦。泾县地处中纬度南沿,根据气象指标分类,属于北亚热带气候。气候温和,雨量充沛,光照资源丰富,春、夏、秋、冬四季分明。年平均温度15.7℃,气温年极端最高值为40.8℃。泾县境内草本植物计1 000余种,适宜宣纸的取材与制造。

宣纸的原料有:(1)青檀皮:在泾县及周边地区丘陵地带生长的青檀树,取其组织均匀、纤维匀整、三年左右嫩枝的韧皮组织。(2)沙田稻草:取自泾县及周边地区河谷平原沙土上生长的纤维长、韧性强、不易腐烂的金黄色稻草。(3)水:取自泾县境内的山泉水。

说到宣纸的品种,根据配料比例,可分为绵料、净皮、特净三大类。根据厚薄不同,可分为单宣、夹宣等。所谓单宣即是单层、比较薄的宣纸;夹宣,则是经过连续两次抄造而成的宣纸。除此之外,根据加工的不同,也可分为生宣、熟宣、笺纸三大类。生宣就是没有经过任何处理,保留了渗化、吸水等特性,润墨性很强的普通宣纸;熟宣是在生宣上加刷一层胶矾,使其失去渗化和吸水特性,因此,也被称作"矾宣",通常用于工笔画。

用宣纸题字作画,笔触清晰,层次分明,骨气兼蓄,风格逸秀,浓而不浑,淡而不灰,其字其画,跃然纸上,形神飞扬,入目生辉。书画家可以利用宣纸的润墨性,控制水墨比例,运笔有致,从而达到不同的艺术效果。

第三节 工 匠 精 神

党的十九大报告指出,"要建设知识型、技能型、创新型劳动者大军,弘扬劳模精神和工匠精神,营造劳动光荣的社会风尚和精益求精的敬业风气",这体现了国家对工匠精神前所未有的重视。目前,技术理性和价值理性的缺失,使得现代"工匠精神"培育的基础和保障阙如,表现为专业精神和职业态度的缺乏,生产领域中制造行业对产品质量的把关不严,对利益的过分追逐等。重塑"工匠精神",把握并担负起现代"工匠精神"培育的新使命,成为时代发展的要求。

一、中国传统"工匠精神":尚巧、求精、道技合一

"工匠"一词,在古代通常可被称为手艺人,意为熟练掌握一门手工技艺并赖

此谋生的人,如木匠、铁匠、皮匠等;到了现代,工匠可泛指工厂工地、家庭作坊等从事生产一线动手操作、具体制造的工人、技师、工程师等。

中国传统"工匠精神"早在《周礼·考工记》就有体现:"百工之事,皆圣人之作也。烁金以为刃,凝土以为器,作车以行陆,作舟以行水,此皆圣人之所作也。"可见,在中国古代,从某种程度上而言,那些能工巧匠是被视为"济世圣人"的。中华文明的发展与繁荣也在某种程度上体现于能工巧匠创作的各种精致细腻的物品中,如青铜器、陶瓷、刺绣等。换言之,整个中华文明的发展,也伴随着工匠独特的精神特质的呈现。综上,中国传统"工匠精神"主要包括"尚巧"的实践创造精神、"求精"的工作态度,以及"道技合一"的人生境界。

二、西方"工匠精神":追求纯粹、至善、精业、创新

西方文化中的"工匠精神"首见于柏拉图对于工匠制作产品的目的的描述。在他看来,工匠制作产品并不是出于获取某种物质性报酬的考虑,而是为了追求作品自身的完美。同时,在西方宗教文化中,工匠作为一种职业,被认为是上帝根据其天赋而"量身定做"的"天职",旨在完成上帝赋予其在世俗生活中的任务,所以追求精益求精、尽善尽美就是工匠所应做的。譬如,德国的"工匠精神"强调"小分工、大协同",体现着严谨扎实的作风。综上,可以认为,西方传统文化中的"工匠精神"主要包括非利唯艺的纯粹精神、至善尽美的目的追求,以及对神负责的精业作风。到了晚近,随着科学技术和经济、社会的发展,西方的"工匠精神"发生了一定转变,例如,在美国,"工匠精神"是将个人的创新与商业逐利行为紧密结合在一起的,强调"创新第一,商业协同",体现着个人英雄主义的色彩。

三、现代"工匠精神":对责任的担当、对质量的执着、对手艺的珍视、对创新的尊重

在我国,被众多学者接受并广泛引用的现代"工匠精神"内涵有如下几种:

1. 现代"工匠精神"属于职业精神的范畴,与个体的人生观和价值观紧密相连,是从业人员的一种职业价值取向和行为表现,是其从业过程中对职业的态度

和精神理念。

2. 现代"工匠精神"指向严谨细致的工作态度、坚守专注的意志品质、自我否定的创新精神以及精益求精的工作品质。

3. 现代"工匠精神"表现为工匠们对设计独具匠心、对质量精益求精、对技艺不断改进,以及为制作不竭余力的理想精神追求。

4. 现代"工匠精神"是工业制造的灵魂,是工作主体自我价值的体现,是职业伦理中敬业精神的集中体现。

5. 现代"工匠精神"是从业者在产品的设计、制作和生产等整个过程中精雕细琢、精益求精的工作状态与理念。它不仅是当代社会、国家和行业不可或缺的宝贵精神财富,也是为适应经济社会发展和个人就业需要而进行职业素养训练和职业能力培养的核心要素。

不同学者从不同侧面、不同角度对现代"工匠精神"提出了不同解释。综上所述,现代"工匠精神"是随着农业社会向工业化社会转变而萌芽,继而在工业化发展中得以锤炼的一种集体型的精神状态。它的核心在于个体不仅将工作视为谋生的工具,而且形成了对工作的敬畏,对责任的担当,对质量的执着,对手艺的珍视,以及对创新的尊重的精神品质。从狭义而言,这种现代"工匠精神"体现于从事生产一线动手操作、具体制造的工人、技师、工程师等职业人群之中;从广义而言,现代"工匠精神"体现于现代职业类群所适合的所有工作者之中。

四、现代"工匠精神":呼应人类的理性

现代"工匠精神"具有四个特征:一是群体性。现代"工匠精神"不是简单的"工匠的精神",不是兴趣或者技能的组合。它是一种集体思维状态,是一种社会混合体。换言之,现代"工匠精神"体现的不是个体的光芒,而是群体文化与商业机制的结晶。二是去精英化。即现代"工匠精神"是一种平民化的职业精神体现,而非仅局限于少数精英群体之中。三是客观存在性。现代"工匠精神"不是道德与情操的伴随物,而是社会集体约束、身份认同的社会化产物,是一种文化软实力的体现,具有一定的客观存在性。四是非自发性。现代"工匠精神"不是

自发实现的,而是需要依靠顶层设计,需要在培育引导下才能实现。

而理性在一般意义上是指能够识别、判断、评估实际理由以及使人的行为符合特定目的等方面的智能。从马克思主义认识论出发,理性可以被视为知识的源动力。因此可以说,"工匠精神"本质上就是呼应人类的理性的。马克思主义从现实的人的角度挖掘出理性的实践性、辩证性的特点,这使得理性摆脱了抽象,成为思辨与实践的统一。

五、理性缺失下"工匠精神"的培育困惑:理性之于技术的反思

中外学者关于"理性之于技术的反思"的理论可以概括为三种,从中可以探讨理性缺失背景下现代"工匠精神"培育的困惑。

一是回归自然理论。早在技术兴起的年代,人们已经看到一味放任技术发展、失去理性的后果。卢梭就曾在自己不幸福的人生中,批判过科学技术在人类文明中的作用,主张回归自然。可见,无视理性的存在就是纵容了技术的负面效应的无限扩张,造成"工匠精神"培育在技术提升话语方面的困境。

二是理性支持理论。这种理论强调工匠们应具备在技术理性精神支持下的更高的专业精神,以提升技术水平。但事实上,目前在很多生产领域,我们仍然处于低端生产阶段,工匠的技术只能维持旧式企业运作模式。人类技术的进步并不单纯地源自技术领域自身,还来源于人类理性精神的一次次的革命。因此,培育"工匠精神"需要来自技术理性的支持。

三是价值追求理论。这种理论强调工匠们应具备在价值理性精神支持下的更高的人文素养和职业态度。在现代化生产中,我们不能忽视这样的情境:技术工人在流水生产线上日复一日地重复着简单的劳作,工程师们在与机器的交往中变得更为沉默,人与人之间的联系逐渐被人与机器之间的交流所代替,工匠们的创新能力在缺乏情感的交流中不能得到有效提升,等等。在这样的情况下,也就是在渐失的人文关怀下,人追求着碎片化的快速文化以及功利主义的物质快感,只为满足理性缺失下体验个人生活的需求。技术的发展与人的不幸福感觉形成了鲜明的对比,工匠在价值理性缺失中,由于精神世界空虚而缺乏对高层次价值的追求。

六、培育大学生现代"工匠精神"的思考

(一) 两个维度：技术理性和价值理性

在应用型高校，依托理性培育大学生现代"工匠精神"必然包含技术理性和价值理性两个维度。在哲学范畴层面，不同学派对这两者有着不一样的理解和运用，如康德的"先验理性"与"实践理性"，马克斯·韦伯的"工具理性"和"价值理性"，马尔库塞的"技术理性"与"批判理性"等。这些划分，无不是在思考着人类活动的可能性、目的性及价值性等问题。所以基于马克思主义实践理论构建实践基础之上的现代"工匠精神"，必须拥有技术理性和价值理性。技术理性是现代"工匠精神"培育的基础，价值理性则是现代"工匠精神"培育的保障。

(二) 绝不仅仅停留于简单的回归传统上：合乎历史实践的理性功能需求

中国自古就不缺乏"工匠精神"。只是，作为现代化道路上的追赶者，在未充分接受启蒙的状态下，在理性缺失的情况下，我们将这些手艺乃至其背后的价值观、职业观许多都当作前现代的东西而摒弃了。如今，在不少领域，"工匠精神"已缺失许久，粗制滥造似乎成了一种时代病。如在城市建设中"拉链路""短命建筑"层出不穷，从规划到建筑都缺少科学的眼光和胸怀；在新闻传媒中，许多消息真假难辨，"标题党"现象屡禁不止，只为博得一时眼球……凡此种种，无一不是缺少那种对职业敬畏、对工作执着、对规则坚守、对产品负责、对创新热心精神的体现。因此，培育现代"工匠精神"尤显重要。但培育现代"工匠精神"，绝不仅仅是停留于简单的回归传统上。因为作为历史观念与文化意义的传统性，不是我们说拂拭就能拂拭的，它是一个源源不断的历史之流和文化之流，与现代文明之间是传承、延续的关系。这需要人们确立匠人文化传统传承的取舍标尺，继承和弘扬一些优秀的思想和理论，否定和扬弃一些与人类进步和解放相背离的内容。

一方面，匠人文化传统中的合理部分具有恒久价值，我们需要尊重其历史性和现代意义。它们的存在合乎历史实践的文化功能需求。如古代匠人对玉石、象牙、骨器的加工讲究"切磋""琢磨"，对"差之毫厘，谬以千里"的强调，还有"庖丁解牛、技近乎道"等，都是值得肯定、继承与弘扬的工匠文化传统。

另一方面,文化传统中"封建、专制"等的部分,都是要与积极部分相区分的。如被奉为纲常名教的"君君臣臣、父父子子"之类的专制文化,其实是为了维护封建统治的;一些封建的伦理道德,其实是反人性、束缚人的自由发展的。还有诸如三跪九叩之大礼、男尊女卑之等级等,更是在应被否定、抛弃之列。

现代"工匠精神"的培养必须从中国优秀匠人文化传统中吸取养分,摄取精华、弃其糟粕,才是中国现代"工匠精神"倡立的应有之道。

(三) 明晰"工匠精神"蕴涵的现代文明内涵：不依附,不脱钩

现代文明是功能制度意义上的文明,不是西方中心论的文明,不是以西方道路的发展模式为扩散实践的文明。在阿诺德·约瑟夫·汤因比(Arnold Joseph Toynbee)看来,在人类社会中,西方社会不可能长久地占有优势。奥斯瓦尔德·斯宾格勒(Qswald Spengler)一语道破西方文明浮华背后的危机,用一种悲剧色彩的宿命论尖锐地指出西方社会所遭遇的社会危机,"生活方式变得越来越虚伪,变得越来越精致和复杂"。所以,就像金耀基所言,中国的出路不应该回到"传统的孤立"中来找寻,更不应该在"新、旧、中、西"中日日夜夜地打滚。中国的出路有且唯有一条,那就是"中国的现代化"之路,这也是全世界一切拥有古老文明的社会唯独可走且正在走的道路。中国的现代"工匠精神"发展道路既不能依附所谓的西方文明,也不能与世界文明相脱钩。

中、西方文明既有互斥的部分,也有互补的内容。例如,在西方诸多研究中论及的"公正",其实在中国文化中也有述及,如诚实守信的交换公正观,荀子在《荀子·不苟》中即认为"言无常信,行无常贞,唯利所在,无所不倾,若是则可谓小人矣"。可见,客观看待全球化问题,把握世界文明发展的多元化趋势,科学借鉴有益于我国"工匠精神"发展的文明理论,探索一条自己的"工匠精神"发展之路才是求之若渴之事。"工匠精神"必须要从中国现代文明发展道路中去探寻时代价值、科学内涵和实践取向。

现代"工匠精神"的培养既离不开历史的传承,又离不开成熟的现代教育体系,更离不开社会对工匠价值的认可与尊重。尤其在应用型高校,从理性角度充分挖掘并培育现代"工匠精神"成为新的历史使命和时代使命。

参考文献

［德］奥斯瓦尔德·斯宾格勒:《西方的没落》第二卷,吴琼译,上海三联书店 2006 年版。

金耀基:《从传统到现代》,中国人民大学出版社 1999 年版。

李宏伟、别应龙:《工匠精神的历史传承与当代培育》,《自然辩证法研究》2015 年第 8 期。

王丽媛:《高职教育中培养学生工匠精神的必要性与可行性研究》,《职教论坛》2014 年第 22 期。

［清］王先谦:《荀子集解》,中华书局 1988 年版。

闻人军译注:《考工记译注》,上海古籍出版社 1993 年版。

肖群忠、刘永春:《工匠精神及其当代价值》,《湖南社会科学》2015 年第 6 期。

叶桉、刘琳:《略论红色文化与职业院校当代工匠精神的培育》,《职教论坛》2015 年第 34 期。

第二讲　从活字印刷术到汉字输入法

胡欣诣　整理

主要内容

◇ 印刷术是中国古代四大发明之一，印刷术的发明是中国对于人类文明作出的重大贡献。印刷术的出现带来了文化、艺术和科学的发达，推动了思想与社会变革，深刻地改变了整个人类社会的面貌，被人称作"神圣的发明"。在印刷术的发展历程中，中国有三项突出的贡献：一是雕版印刷术的发明；二是活字印刷术的发明；三是汉字激光照排技术的发明。

◇ 中国的雕版印刷术始于唐朝，五代冯道刻"九经"开官方刻版印书的先河，宋代雕版印刷逐渐成熟，形成了官刻、坊刻和私刻三大雕印系统，元代发明了彩色套印技术，明清时期雕版印刷达到极盛，雕印技术提高，雕印地域扩大，雕印图书的品种、数量空前，套印和彩印技术实现了飞跃式的发展。

◇ 宋代工匠毕昇率先发明泥活字印刷，成为世界活字印刷的滥觞，其后先后出现了以元代王祯为代表的木活字印刷和以明代华燧为代表的铜活字印刷，清代康雍乾时期出现了两次大规模的官方活字印刷工程，清末翟金生再次复兴了泥活字印刷。

◇ 随着电子计算机技术的发展，印刷业步入"信息时代"，以王选为代表的中国科学家迎难而上，攻克了汉字信息化处理这一世界性难题，并直接采取了当时世界最前沿的第四代照排机技术路线，成功开发了汉字激光照排系统，将中国的印刷业由传统的"铅与火"的时代推进到"光与电"的时代。

精彩案例

◇ 雕版印刷最早兴起于民间佛经和历书的印制,活字印刷由宋代工匠毕昇发明。(点评:中国古代印刷术首先是劳动人民的创造,中国人民自古以来就有巨大的创新精神和杰出的工匠精神。)

◇ 王选在研发汉字激光照排系统时,直接跳过当时流行的二代机和三代机,采用当时尚处初步发展阶段的四代机方案,实现了我国激光照排系统的弯道超车。(点评:作为一个发展中国家,我国的科技发展既要有脚踏实地埋头苦干的精神,也要在一定的基础上有敢为人先的勇气和弯道超车的决心,从而实现我国科学技术的跨越式发展)。

问题思考

◇ 为什么在古代中国社会,活字印刷没有能够取代雕版印刷的主导地位?
◇ 结合王选研发汉字激光照排系统的事例,谈谈自己如何理解和践行创新精神。

引言:中国印刷术与人类文明史

印刷术是中国古代四大发明之一,印刷术的发明是中国对于人类文明作出的重大贡献。印刷术的出现带来了文化艺术和科学的发达,推动了思想与社会变革,深刻地改变了整个人类社会的面貌。英国哲学家培根在谈到包括印刷术在内的几种重要发明时曾说:"这三种发明将全世界事物的面貌和状态都改变了,又从而产生了无数的变化:印刷术在文学,火药在战争,指南针在航海。历史上没有任何帝国、宗教或显赫人物,能比这三大发明对人类事物有更大的影响力。"马克思更是把印刷术看成人类进入现代社会的重要指标:"火药、指南针、印刷术——这是预告资产阶级社会到来的三大发明。火药把骑士阶层炸得粉碎,指南针打开了世界市场并建立了殖民地,而印刷术则变成新教的工具,总的来说变成科学复兴的手段,变成对精神发展创造必要前提的最强大的杠杆。"(《政治经济学批判(1861—1863年手稿)》)也正因此,印刷术常常被人称作"神圣的发明",被誉为"人类文明之母"。

印刷术是以直接或间接方式对书稿图文进行复制的一种技术。大凡一种科学技术,从发明到被世人普遍接受并广泛使用,总要有个发展的过程,印刷术同样如此。在印刷术的发展历程中,中国有三项突出的贡献:一是雕版印刷术的发明;二是活字印刷术的发明;三是汉字激光照排技术的发明。

一、印刷术的产生条件

恩格斯说过:"社会一旦有技术上的需要,则这种需要就会比十所大学更能把科学推向前进。"(《致瓦·博尔吉乌斯(1894年1月25日)》)中国古代社会政治经济的发展,特别是文化的繁荣,对印刷术的发明提出了需要。而印刷术之所以能应运而生,也和前期一些条件的积累密不可分。

(一) 文化条件:文字与书籍的出现

印刷术是文化传播和继承的重要技术,是文化发展到一定阶段的产物。在人类社会的早期,文化传承主要依靠口耳相传的方式,其典型代表,如古希腊的《荷马史诗》、中国古代的《诗经》。然而,口耳相传的文化传承方式受到时间和空间的限制,随着社会的发展,越来越不敷应用,这就需要一种可以弥补口头语言缺陷的形式,使人们能随心所欲地记写事件、表情达意,并可传之久远,这样一种形式就是文字。文字的发明是人类文化史上的一大突破,它具有口头语言所不具有的优势,从而逐渐取代口头语言成为人类文化传承的主要工具。和口头语言相比,文字需要有外部特定的物质载体。早期文字刻于龟甲、兽骨(甲骨文)或金石(青铜器铭文、石刻文字)等之上,由于字数较少且主要承担某些社会功能(如占卜、祭祀、勒石铭功等),尚不足以称为"书籍"。钱存训认为,中国书籍始于竹简、木牍、缣帛等开始作为文字载体之时。书籍的产生意味着文化的进一步繁荣,如李万健所说:"简册、版牍与甲骨文、青铜铭文和石刻文字有了很大的不同。它能根据需要而负载很多的文字,记录和传播更为丰富的信息。它便于携带,可到处阅读,是专供人阅览并从中获得知识、信息的方便工具。"其后,纸张的发明并逐渐成为书籍的主要形式更进一步奠定了书籍作为人类文化传承基本载体的地位。但是，在印刷术发明之前，书籍的制作和传播主要还是采用抄写的方式，这种方式与社会对于文化传承的巨大需求之间，依然存在矛盾。如张舜徽所说："一般读书识字的人们，从幼小以至壮大衰老，埋头在抄书的时候多，不独限制了一个人的知识领域，耗费了一个人的宝贵光阴，而且对书籍本身，也带来了一些损害。"又如据记载，宋代苏轼曾经提到，他听老一辈人说起，他们少年时要读《史记》和《汉书》很不容易，偶然借到，都是亲手抄录，连夜诵读，唯恐记不下来。于是，一种更为方便高效的书籍复制技术便成为时代的需要。

(二) 物质条件：墨与纸的发明

印刷书籍，必须有墨和纸作为物质条件。关于墨的最早使用年代，文献中没有确切记载。有学者认为，古代人类出于书写需要，很早就懂得使用有色颜料。如仰韶文化时期的彩陶纹饰、商周甲骨文、竹简木牍、缣帛书画，等等，都使用了墨。人们最早使用的墨，一般是天然物料，如墨斗鱼腹中的墨液，以及赭石等低铁矿物质。然而，天然墨的墨质较差，为了更好地书写，人造墨逐渐出现了。古代的人造墨，主要是用松木燃烧后所得的烟灰为原料制作而成。如汉代许慎《说文解字》中对于"墨"字的界定即说："墨者，黑也，松烟所成土也"，又如三国曹植有"墨出青松烟"的诗句。三国韦诞(字仲将)是文献中记载最著名的制墨家，南齐萧子良曾赞美韦诞的墨说："仲将之墨，一点如漆"，可见其制墨质量之高。北魏贾思勰《齐民要术》中曾记载了被认为是韦诞所创的"合墨法"，后世制墨，无论是用于书写还是印刷，都基本沿用此法。制墨水平的提高为印刷术的产生创造了有利的条件。

关于纸起源于何时，学界也有不同的观点，这里既涉及如何界定"纸"的概念，也涉及对于相关考古发现和文献记载的解读。根据潘吉星的看法，目前关于造纸术起源的争论，主要有三种观点：一种比较传统的，认为现代意义上的纸，即植物纤维纸起源于东汉，发明者为蔡伦；一种是认为西汉初年以前就有纸，而蔡伦是改进者，但是西汉初年的纸是丝纤维纸，还不是我们现在通常意义上的植物纤维纸；还有一种是认为西汉初年的纸就是植物纤维纸，纸就是起源于西汉初年。随着1957年西汉灞桥纸的出土，以潘吉星为代表的不少专家学者在细致研究的基础上对第三种观点持肯定态度。不过，无论持哪一种观点，就纸张的发明及其与印刷术之间的关系而言,正如美国汉学家卡特明确所说:"印刷术的发明有赖于纸张的使用,这是一项最可以确定的、完全来自中国的发明。"

关于这一点,潘吉星说得更为透彻:"为什么印刷术能够在中国率先发明?就是因为中国先发明了纸,有了对文化用纸的需要,才有了印刷术。而在国外没有。在西方,雕版刻上图案不能印在麻布上,这是因为麻布不吸墨,而且麻布的纹理比较粗,只有少量的印章可以印在上面,但是印文又看不大清楚。比如信件,在麻布的接缝处盖上印,将之连接在一起,但印文却看不大清楚。这不能叫作印刷。"

总之,墨与纸的发明和使用,为印刷术的发明准备了必要的物质条件。

(三) 技术条件:印章与捶拓技术的启迪

印刷术是一种文字和图像的复制技术,在印刷术出现以前,古代中国已经有了两种复制技术,即印章和捶拓。从技术发展的角度来看,印刷术正是在这两种复制技术的启迪下,特别是对这两种复制技术加以取长补短有机结合后,逐渐发展出来的。

中国古代的印章始于封泥,原为保密或取信之用。郑也夫认为,印章技术最早产生于美索不达米亚,辗转中亚传到中国,而印章技术传到中国后有一个重大发展,即盖印的对象由封泥变为纸张。根据王国维的研究,印章与纸张的"联姻",有文献可考的记载是始于南北朝时期。而在盖印对象从封泥转向纸张时,发生了阴文向阳文的转化,"当印章与纸张结合,并以阳文反刻出场时,印刷术中的'雕版'便呼之欲出了。"比如东晋葛洪《抱朴子·内篇·登涉》记载:"古之人入山者,皆佩黄神越章之印。其广四寸,其字一百二十。"这样的印章就简直是一块小雕版。如此利用大面积、多字数印章得到复印文字,可以看作印章技术向雕版技术的过渡形态。这也正如郑也夫所说:"且因印章与雕版印刷在技术层面上几无间隔,'印'这个字眼便同'印章'技艺一并输入'印刷'之中。"

但是,像葛洪记载的这种大印章毕竟是少数,一般的印章都不大,印章上的文字信息十分有限,而且印章的主要功能也并非大批量复制文字供人传阅。因此,要真正实现印章技术向雕版技术转化,还需要另一种复制技术的补充,这就是对于石刻文字的捶拓技术。

捶拓技术的发明和发展与中国古代的石刻密不可分。中国古代历来有刻石记事、勒石铭功的传统。但对于捶拓技术的产生发展及向印刷技术过渡而言,更为重要的是石经的出现。东汉熹平四年(175年),汉灵帝下令把《易》《书》《诗》《礼》《春秋》《春秋公羊传》和《论语》七部儒家经典,共二十余万字,刻在四十六块石碑上,以此为世人提供标准的经文版本,史称"熹平石经"。此后,三国魏正始年间、唐代开成年间以及五代后蜀广政年间又先后有"正始石经""开成石经""广政石经"等石经问世。据记载,熹平石经告成之日,即有很多人前去观看并抄录石经,"及碑始立,其观视及摹写者,车乘日千余两,填塞街陌。"(《后汉书·蔡邕列传下》)可见经文的复制传播在社会上有着很大的需求。然而,此时捶拓技术尚未出现,一个较为重要的客观原因是当时纸张的质量尚无法承担捶拓的要求。李万健认为:"从历史规律来分析、推断,捶拓技术应当诞生于造纸技术有了相当发展,纸的质量达到了较高水平的时期。"目前我们可以看到最早记载捶拓技术的文献是《隋书·经籍志》记载的魏太武帝(424—452年在位)拓印秦始皇峄山石刻,此外还有《封氏闻见记》记载南朝梁(502—557年)拓印汉石经和魏石经。

石碑上刻的字一般都是阴文(即笔画凹于表面),人们把浸湿的薄纸敷在石碑上,用软刷刷匀,并轻轻捶打,使纸紧贴于石碑表面,遇到笔画凹进石面的地方,纸张也跟着凹进;等纸干后,用细布包裹棉花团做成的拓包蘸上墨轻轻拓刷纸面,除了笔画凹进表面的地方外,纸面其他地方都沾上墨,最后把拓刷完的纸从石碑上揭下来,就得到黑纸白字的拓片。这种方法就叫作捶拓,又叫作拓印。张舜徽认为这种技术对于印刷术的发明作用很大,甚至将其称为"中国最原始的印刷术"。

我们把印章技术和捶拓技术两相比较,可以看到,捶拓技术的优势在于石碑面积大,一次可以拓印许多字,但其劣势在于,刻碑一般用阴文,拓出来的是黑底白字,不够醒目,而且拓碑的过程比较复杂,用来印制书籍也不方便;而印章技术的劣势正好是面积小,字数少,但其优势则在于阳文印章印到纸上就是白底黑字,非常醒目。这样一来,把这两种技术互相结合,取长补短,采用印章刻阳文反字的制版法,利用捶拓把纸铺于版的印刷法来得到复印的文字,一种新的复制技术,即雕版印刷术就应运而生了。

二、雕版印刷术的产生与发展

雕版印刷术,是将文字反刻于一整块木板或其他质料的板上,制成印版,并在印版上施墨进行印刷的方法,也称整版印刷术。雕版印刷的工艺流程大致包括:把木材分解成一块块木板,把要印的字写在薄纸上,反贴在木板上,再根据每个字的笔画,用刀一笔一笔雕刻成阳文,使每个字的笔画突出在板上。木板雕好以后,即可印书。印书时,先用蘸了墨的刷子在雕好的板上刷墨,然后把白纸覆在板上,另用一把干的刷子在纸背上轻刷,纸拿下来,一页书就印好了。

中国古代的印刷术主要分为两种:雕版印刷术和活字印刷术。虽然活字印刷术似乎名气更大,但就历史情况而言,雕版印刷术在古代中国发明更早,并且应用更广泛,成就也更大,直至近代,雕版印刷一直是中国印刷术的主流。下面,我们对我国雕版印刷术产生和发展的重要节点及重要成就作一约略介绍。

(一)唐代:雕版印刷术的诞生

雕版印刷术何时发明,这在学术界一直存在争论。归纳起来大致有七种说法。

1. 西汉说。如有学者认为西汉文学家扬雄在《答刘歆书》中写有"悬诸日月,不刊之书"的文字,"刊"就是印刷的意思。

2. 东汉说。如近代学者刘盼遂根据东汉王充《论衡·须颂篇》中"今方板之书在竹帛,无主名所从生出,见者忽然,不卸服也。如题曰'甲甲某子之方',若言'已验尝试',人争刻写,以为珍秘,上书于国,记奏于郡"的记载,认为东汉就已经有了雕版印刷术。

3. 魏晋六朝说。如清代学者李元复认为印刷术始自魏晋六朝之间。

4. 北齐说。如清代学者洪腾蛟和日本学者岛田翰依据《北史》和《颜氏家训》认为印刷术始于北齐。

5. 隋初说。如明代学者陆深根据隋代费长房《历代三宝记》中关于隋文帝开皇十三年(593年)"敕废像遗经,悉令雕撰"的记载,认为印刷术始于隋代初年。

6. 唐初说。明代史学家邵经邦《弘简录》卷四十六记载："太宗后长孙氏，洛阳人。……遂崩，年三十六。上为之恸。及宫司上其所撰《女则》十篇，采古妇人善事……帝览而嘉叹，以后此书足垂后代，令梓行之。"有学者据此认为，"梓行"就是刻版印行，此事发生在唐太宗贞观十年（636年），《弘简录》的这个记载说明唐初就已经有了雕版印刷术。

7. 五代说。明代有学者根据《旧五代史》中关于后唐宰相冯道建议朝廷雕印儒家经典的记载，认为雕版印刷始于五代。

就目前学界的主流观点而言，大部分学者都支持唐初说。这是因为关于雕版印刷发明于唐代初年，既有如《弘简录》这样的文献记载，也有印刷品的实物为证。

文献记载方面，除了《弘简录》的记载以外，唐末冯贽《云仙散录》卷五引《僧园逸录》说："玄奘以回锋纸印普贤像，施于四方，每岁五驮无余。"玄奘雕印普贤像大约在645年至664年间，也是唐初。

印刷品实物方面，1966年在韩国的一个考古发现为雕版印刷发明于唐代初年提供了关键的证据。1966年10月18日，在韩国南部庆州佛国寺释迦塔内发现了一件汉字雕版印刷的《无垢净光大陀罗尼经》。虽然这件印品上没有刊刻日期，但是学者根据上面使用了武则天创用的"制字"及佛国寺完工于公元751年等证据认定，该印品当为武周长安四年（704年）至天宝十年（751年）间雕印的。

印刷术在唐代产生，除了物质技术上的条件大致成熟以外，从社会文化需要的角度来看，背后或许有两股比较重要的动力：一为世俗的，主要是民众对于历书的需求；一为宗教的，主要是佛教在唐代的兴盛导致的信众对于佛经的需求。这也就使得雕版印刷在唐代刚刚兴起时，其雕刻的主要内容便是历书和佛经。

中国古代是一个农业社会，农业社会人们靠天吃饭，因此，历书作为按照一定的历法排列年、月、日、时并注明节气的参考书籍，在社会生活中就占有非常重要的地位。诗人李开先就有诗云："历书不会看，何以辨春秋。"历法关乎王朝正朔，正如《宋史·律历志》云："帝王之治天下，以律历为先"，历代帝王都非常重视历法，也非常重视对于历书的管理。据《旧唐书·文宗本纪》记载，唐文宗大和九年（835年），政府下令禁止民间私印历书，并编制了我国第一本雕版印刷的历书——《宣明历》，这也可看作"皇历"（皇帝颁布的历书）一词的由来。从这一历史记载,我们自然也可以想到,早在唐文宗颁布官方"皇历"以前,民间就有了印制历书的行为,而且这种行为不是偶一为之,而很可能已是颇为普遍。正如《册府元龟》记载东川节度使冯宿奏请唐文宗禁止民间私印历书时写到:"剑南、两川及淮南道,皆以版印历日鬻于市。每岁司天台未奏颁下新历,其印历已满天下,有乖敬授之道",这种状况使得唐文宗接受了冯宿的建议,"敕诸道府,不得私置历日版"。而这又可以进一步表明,雕版印刷术最早是兴起于民间的,是劳动人民首先发明了印刷术。事实上,尽管朝廷有禁令,民间私刻历书的行为并未停止。例如,现存最早的印本历书即唐僖宗乾符四年(877年)历书以及稍后另一件唐僖宗中和二年(882年)印本历书残本,据考证也是民间印刷的,也是我国早期雕版印刷的珍贵资料,现藏于英国国家博物馆(大英博物馆)。

历书以外,佛经是唐代雕版印刷的大宗。唐代佛教大盛,上至皇帝官员,下至黎民百姓,佛教的传播面非常广泛。美国汉学家卡特就认为,佛教是中国印刷术产生的重要推动力,"佛教寺院里引入了很多不断改进的器具,用来复制珍稀的经书和其他文章,最后在'黄金时代'结束之前这样的活动达到了它的高点——采用雕版印刷术。"除了前述《无垢净光大陀罗尼经》外,目前世界上标有确切雕印日期的最早的印刷品实物也是佛经,即20世纪初发现于敦煌石室的唐咸通九年(868年)雕印的《金刚经》。这件印品是用七张纸粘成一长卷,长16尺,高1尺,卷首有一幅释迦牟尼说法图,卷末印有"咸通九年四月十五日王玠为二亲敬造普施"的字样。印品刀法纯熟,墨色均匀,印刷清晰,说明此时雕印技术已较为成熟。该印品现藏于大英图书馆。此外,司空图在《为东都敬爱寺讲律僧惠确化募雕刻律疏》中曾提到,唐武宗会昌五年(845年)禁佛,烧毁大量佛经印本。我们也可以从这一事件反过来推想当时佛经雕印数量之夥。

(二) 五代: 冯道刻九经

宋代沈括在其名著《梦溪笔谈》中说道:"版印书籍,唐人尚未盛为之,自冯瀛王始印五经,已后典籍,皆为版本。"这里所说的"冯瀛王",就是五代著名宰相冯道。冯道(882—954年),字可道,号长乐老,瀛州景城(今河北沧州西北)人,历仕五代后唐、后晋、后汉、后周四朝十帝,居相位二十余年,死后追赠为瀛王,谥号文懿,后世称其为冯瀛王。

如前所述,唐代雕印以历书和佛经为主,而且雕版印刷的力量主要也在民间。这一状况在五代有了很大的改变,这种改变既体现在雕印的内容开始向经、史、子、集等中国传统经典著作延伸,也体现在雕印的主体逐渐开始呈现民间和官方并驾齐驱的局面,如李万健所说:"五代雕版印刷术的应用有两大特点:一是民间私刻形成规模;二是开官府刻版印书之先。"笔者认为,五代雕版印刷较之唐代雕版印刷初创之时的这种变化,最集中地体现在冯道刻九经这一著名历史事件中。

后唐长兴三年(932年),冯道与李愚等人上奏后唐明宗:"尝见吴蜀之人鬻印板文字,色类绝多,终不及经典。如经典校定,雕摹流行,深益于文教矣。"(《册府元龟》卷六百零八引)又据《五代会要》记载,后唐明宗李嗣源同意了冯道等人的建议,"后唐长兴三年二月,中书门下奏请依《石经》文字刻《九经》印板,敕令国子监集博士儒徒,将西京《石经》本,各以所业本经句度抄写注出,仔细看读,然后顾召能雕字匠人,各部随帙刻印,广颁天下。"其后,虽然朝代屡经更迭,但刻经事业在冯道的主持下一直未曾中辍,历四朝二十二年,至后周广顺三年(953年)完成,共计刻印儒家经典12种(《周易》《尚书》《诗经》《周礼》《仪礼》《礼记》《春秋左氏传》《春秋公羊传》《春秋穀梁传》《孝经》《论语》《尔雅》)。由于雕印工作是由国子监组织进行,这些雕印的经书常常被称为"监本"。

历史上对冯道评价褒贬不一,但公认的一点是,冯道在五代连年兵燹之世,倡议并组织刻印儒家经典,不仅对于中华文化的传承有存亡继绝之功,也开创了古代官刻的新纪元,这对于中国印刷事业的发展具有深远的意义,如李万健说:"五代国子监雕版印行儒经,在我国古代印刷史上具有重要意义。它把印刷术从民间应用引入了官家,由最高封建统治者的政治、经济力量来推行印刷术,使其发展更加有力、迅速。"冯道刻九经在中国印刷史上影响十分巨大,以至于在很长时间内,冯道都被尊为雕版印刷的开启者。当然,我们也应当看到,雕版印刷的发明者始终是来自民间,而且与冯道同时,以后蜀宰相毋昭裔的毋氏家刻为代表的民间私刻也开启了儒家经书等古代经典的雕刻工作并且形成了一定的规模,但是冯道在印刷史乃至文明史上的贡献仍是具有开创性的。卡特曾把冯道与西方印刷事业的开创者古登堡相媲美,古登堡之前欧洲并非没有印刷术,但是古登堡印行《圣经》,为欧洲开创了一个新纪元;同样,虽然雕版印刷非冯道所创,但是冯道依凭国家力量刊刻儒家经典,这也为宋代文教的重兴奠定了基础。

(三) 宋元:雕刻系统的形成与套印技术的发明

宋王朝的建立,结束了唐代安史之乱以来出现的五代十国战乱割据局面,国家统一,社会稳定,这为文化繁荣创造了有利的条件。另外,宋初统治者鉴于唐末五代之乱,实行了重文轻武的政策,虽在军事和政治上屡屡给人以"弱宋"的印象,但在文化上却达到了一个新的高度。陈寅恪甚至认为:"华夏民族之文化,历数千载之演进,造极于赵宋之世。"(《邓广铭宋史职官志考证序》)其中,图书事业的发达是文化发达的一个重要表现。据《世界图书》统计,我国从两汉至五代,共出过图书23 000多部,27万多卷;而宋代一朝出书就达到11 000多部,12.4万多卷,相当于宋以前历代出书总数的近一半。之所以有这样的成就,印刷技术与印刷事业的蓬勃发展功不可没。雕版印刷技术发展到宋代日臻成熟,雕印行业逐渐成为社会上的一门重要行当,其表现便是社会上逐步形成了官刻、私刻和坊刻三大雕印系统。

宋代在继承五代国子监雕刻经书的基础上,把官刻发展成中央和地方两大支系。中央政府雕印图书仍主要由国子监主持,此外崇文院、秘书监、司天监、太史局和校正医书局也承担了一些雕刻任务。宋代官刻的代表,如宋太祖建隆四年(963年)重定后周《刑统》后雕版印行,这可以看作宋代官刻之始,也是我国第一部印刷成文的法典;又如宋太祖开宝四年(971年),国子监雕印《开宝大藏经》,全书印版13万块,5 048卷。宋代地方政府的雕印系统兴盛于南宋,从事雕印的地方政府机构有公使库、茶盐司、漕运司、转运司、州学、县学、书院等,其中以公使库雕印图书最多。公使库是宋代地方上接待中央来往官吏的地方,类似于现代的招待所。这种部门有较充足的资金,并且接待的都是政府官员,因此多附庸风雅,从事刻书印书。许多公使库专设印书局,常年从事雕印业务,其所刻的书就被称为"公使库本",这在中国图书史上也是宋代所独有的一种版本类型。

与官刻相对,私刻和坊刻都是民间刻书。两者的不同之处在于,私刻不是出于营利目的,而主要是民间个人为了传播学术或宣扬家学出资雕印图书,所以私刻又称家刻。由于刻书人多以学问和家誉为重,较为注重书籍底本的选择和进行精细的校订,也较为注重雕刻的精良,私刻的质量一般都比较高。所谓坊刻,则是指书坊刻书,与私刻不同,坊刻主要是一种以营利为目的的商业活动。书坊,也称书肆、书林、书堂、书棚、书铺、书籍铺、经籍铺等,是刻书兼卖书的民间作坊或店铺。宋代经济繁荣、文化昌盛,书坊书肆遍布全国各地,其特点体现为"坊家多、规模大、刻书新颖而快速、刻书量大且销售广泛"。宋代最著名的坊刻之家当推建安余氏和临安陈氏两家。即以建安余氏为例,叶德辉《书林清话》就说:"宋刻书之盛,首推闽中,而闽中尤以建安为最,建安尤以余氏为最"。余氏刻书从宋淳熙年间开始,一直延续至清初,达五百年之久。

元代宋后,蒙古统治者为了巩固统治,采纳了汉族士人兴学重教、尊崇儒术的建议,文化事业的发展得以延续,刻书事业也由此并未因朝代更替而中断。《元史》中就曾记载元代皇帝经常下令刻印一些经史著作及农业书籍。元代刻书的一个比较重要的特点是对各级官府刻书控制较严,但对书院和私人刻书并不严加控制,这使得元代书院和私人刻书较为自由,因此数量也较多。元代书院由于有丰富的学田收入作为资本,且主持书院的"山长"多为名学宿儒,出现了不少校勘严谨、雕刻精良的书院刻本。

而在元代印刷史上最为值得一提的,则是雕版套印技术的发明。所谓套印,就是把要印成两种以上颜色文字的一页书中不同颜色的文字部分,分别于各自在书页的位置上刻成一块规格相同的版,然后在各版上涂以要印成的颜色,把每块版依次(分两次或几次)印刷在同一张纸上,从而印刷出两色(或几色)文字的图书来。最早的套印为朱墨两色,称为双色套印,印出的书称为"朱墨本",其后又发展为多色套印。套印技术的发明时间,人们曾一度认为是明代,但是1941年,一件朱、墨两色套印的《金刚经注》被发现,书后的跋文表明该书是元惠宗至元六年(1340年)由中兴路资福寺所雕印,套印技术发明于元代遂逐渐为学界认可,其也成为明代套印和彩印技术飞跃发展的前奏。

在中国印刷史上,宋元时代,特别是宋代,常常被看作一个黄金时代,这一方面是因为许多书籍自宋代才有了第一次印刷的版本,标志着书籍发展史上一个新阶段的开始;另一方面也是因为宋元刻书在字体书写、内容文字校勘、上版雕刻、印刷装帧等方面都非常认真,错误较少,足为后世垂范。所以时至今日,在版本学和古籍收藏领域,宋元版本往往都被视为"珍本""善本",为世人所重。

（四）明清：套印和彩印技术的飞跃式发展与雕版印刷的盛极而衰

雕版印刷在明代又迎来了一个兴盛时期，按照李万健的说法，明代传统雕印业的发展有这样两个特点：一是雕印系统发展壮大，坊刻尤盛，形成了雕印发行图书的工商行业，并且出现了此前没有的藩府刻书，即明代各地皇室雕印的图书，以印书多且精善著称；二是雕印技术提高，雕印地域扩大，雕印图书的品种、数量空前。特别值得一提的就是套印和彩印技术的飞跃式发展及其应用。

前面提到元代发明了套印技术，但在当时，这项技术并未得到普遍推广，"真正大力推行套印技术，用它来大量雕印图书，并把双色套印发展到多色彩印，从而把雕版印刷术推向高峰的是明代。"清代余樾在《春在堂随笔》中说："明万历间乌程闵齐伋始创朱墨本。"这一说法虽然被前述元代《金刚经注》双色套印本的发现所否定，但也在另一个侧面说明，套印技术可能是在明代万历前后才逐渐推广应用起来。据记载，约万历三十年（1602年）至万历三十五年（1607年）间，安徽歙县黄家坞黄文尚、程起龙等人雕印成朱墨本《闺范》，其后不久，又有歙县程大约刻印五色印本《墨苑》，为迄今发现明代最早的套版印品。真正将套印技术发扬光大的是明末湖州闵、凌两家。他们采用两色、三色、四色甚至五色雕印了大量的图书和图画作品，使我国古代雕印技术产生了飞跃性的进步。我们现在所能见到的套版雕印刻本，大多都是这两家雕印的。

随着套印技术的发展，人们对于彩色印品的需求越来越大，要求也越来越高，特别是色彩丰富的图画作品的雕印，技术难度远高于一般书籍的印制，于是更为复杂的分版雕刻技术出现了，即把图画作品的画面雕刻成多块色版，印刷出色彩斑斓的图画。这种分色制版雕刻的技术又称彩色套印，简称彩印，需要运用饾版、拱花等高超的雕版印刷技术。所谓"饾版"，就是按照彩色绘画原稿的用色情况，经过勾描和分版，将每一种颜色都分别雕一块版，然后再依照"由浅到深，由淡到浓"的原则，逐色套印，最后完成一件近似于原作的彩色印刷品；用来印刷的一块块小版片形似当时一种叫作"饾饤"的五色食饼，故此得名。所谓"拱花"，就是把相同的图画线条分别刻成凹凸两块版，把纸放在两块版之间，用力挤压两块版，使凹凸部分嵌合，从而使图画部分的纸面拱起，增强了画面的立体感。

套印和彩印技术的飞跃式发展是明代雕版印刷的重要成就，它"改变了传统雕印的单一色彩,为近现代印刷术奠定了技术基础,意义重大"。

雕版印刷技术历经唐、五代、宋、元、明近千年的发展,已达到炉火纯青的地步,有清一代,雕版印刷在中国人的文化生活中占据着十分重要的地位。但晚清中、西的巨大碰撞改变了这一局面。以铅印、石印为代表的西方印刷术随着西方列强的入侵逐渐进入了中国,19世纪中叶以后,中国传统的雕版印刷、西方的铅活字印刷技术和石印技术一度成三足鼎立之势。但最终,新事物战胜了旧事物,更为高效便利的铅印技术"铸以代刻",取代雕版印刷成为印刷行业的主流,而中国传统的雕版印刷则成为明日黄花,逐渐退出历史舞台,只留下图书馆中一本本古籍、博物馆中一块块雕版,让人依稀记起它过往的辉煌。

三、活字印刷术的产生与发展

如前所述,雕版印刷是中国古代印刷事业的主流,是中国对于人类文明的重大贡献。但雕版印刷之所以在近代被铅印所取代,也说明其存在一些缺陷。比如刻板费时费工,大部头的书往往要花费几年的时间;版片存放又要占用很大的空间,而且常会因变形、虫蛀、腐蚀而损坏;再者,雕版发现错别字,改起来很困难,常需整块版重新雕刻。凡此种种,不一而足。

有鉴于此,在中国古代,就已经有人开始另辟蹊径,探索雕版印刷之外的印刷技术,这就是我们现在耳熟能详的活字印刷术。

活字印刷术,是预先在泥、木或金属上雕刻或铸造成许多单个的像印章一样的反写阳文汉字,然后根据书稿内容拣出所需的单字,排成书版来印刷图书的方法。这样一种印刷技术正好可以避免雕版的上述不足:例如,只要事先准备好足够的单个活字,就可随时拼版,这大大地加快了制版时间;又如,活字版印完后,可以拆版,活字可重复使用,且活字比雕版占有的空间小,容易存储和保管;再者,如果发现错别字,可以随时更正单个活字,而无须重新刻版。

下面,我们结合中国古代活字印刷的一些主要代表性人物及其事功来了解中国古代活字印刷术的不朽成就。

(一) 毕昇与活字印刷术的发明

说到活字印刷术,势必要提到"毕昇"这个名字。一般认为,活字印刷是由我国北宋庆历时期的民间匠人毕昇发明的,而其证据,则是宋代著名科学家沈括在其《梦溪笔谈》中的一段著名记载:

> 庆历中,有布衣毕昇,又为活板。其法:用胶泥刻字,薄如钱唇,每字为一印,火烧令坚。先设一铁板,其上以松脂、蜡和纸灰之类冒之。欲印,则以一铁范置铁板上,乃密布字印,满铁范为一板,持就火炀之,药稍熔,则以一平板按其面,则字平如砥。若止印三二本,未为简易;若印数十百千本,则极为神速。常作二铁板,一板印刷,一板已自布字。此印者才毕,则第二板已具。更互用之,瞬息可就。每一字皆有数印,如"之""也"等字,每字有二十余印,以备一板内有重复者。不用,则以纸贴之,每韵为一贴,木格贮之。有奇字素无备者,旋刻之,以草火烧,瞬息可成。不以木为之者,木理有疏密,沾水则高下不平,兼与药相粘,不可取;不若燔土,用讫再火令药熔,以手拂之,其印自落,殊不沾污。
>
> 昇死,其印为予群从所得,至今宝藏。

从这段著名记载中,我们可以得到这样一些信息:

第一,虽然除了沈括的记载外,我们对于毕昇的生平几乎一无所知,但这不妨碍我们作出这样的论断,即中国的活字印刷术和雕版印刷术一样,都是劳动人民(布衣)的创造。

第二,印刷的规模越大,活字印刷较之雕版印刷优势就更明显,由此可见,活字印刷是比雕版印刷更符合印刷业发展需要的印刷技术。

第三,毕昇当时试验成功的活字是泥活字,而木活字在技术上还有难度。

第四,毕昇活字印刷的主要技术流程是"制造活字—拣字排版—施墨印刷—印毕拆版—储存活字",这已经大体具备了近现代活字印刷术的基本技术原理和操作程序。

在毕昇发明了活字印刷之后,这项技术在宋代特别是南宋有了一定的发展,比如有记载的最早使用毕昇活字印刷术印刷图书的是南宋的周必大。此外,在南宋淳祐年间,又有文献记载杨古采用毕昇活字印刷术印制了《近思录》和《东莱经史论说》等书。但活字印刷术在毕昇之后真正有一个比较重大的发展,还是在元代著名农学家王祯手中实现的。

(二)王祯与活字印刷术的改进

王祯(1271—1368年),字伯善,山东东平人,元代著名科学家,曾任安徽旌德县尹和江西永丰县尹。王祯在中国活字印刷的发展历程中可以说是一位把实践与理论有机结合的大发明家,他对活字印刷术的贡献主要体现在三个方面:一是试验成功木活字印刷;二是发明了转轮排字技术;三是对活字印刷进行了理论总结。

活字印刷术产生于雕版印刷术之后,在这样一个背景下,从理论上来说,发明家在考虑制造活字的材料时,首先大概率会想到用木头制造活字。如上所述,《梦溪笔谈》中关于毕昇发明活字的那段记载就明确说到毕昇曾考虑过用木活字,但难度太大,所以最后采用了泥活字。元贞元年至大德四年(1295—1300年),王祯出任安徽旌德县尹,在此期间,为给百姓普及农业生产知识,他开始撰写总结古代农业生产经验的著作《农书》。因为这本书字数多,雕版颇费财力且刊印困难,而泥活字的印刷效果又无法让其满意,于是王祯开始自行研制木活字。经过两年左右的时间,王祯成功刻制了3万多个木活字,并于大德二年(1298年)首先成功印制了自己编修的6万多字的《旌德县志》,这是我国最早的方志木活字本,也是最早的木活字印本书。王祯调任江西永丰后曾把这3万多个木活字一同带走,准备继续刊印《农书》,但由于此时江西已有人将《农书》雕版刻成,用木活字刊印《农书》的计划就告吹了。

与雕版印刷相比,活字印刷主要是多了拣字排版这道工序,能否提高这道工序的效率,对于活字印刷的推广有很重大的影响。为了提高效率,王祯发明了一种方便拣字排版的转轮排字盘——王祯盘。王祯用轻质木料做成两个直径约七尺的大轮盘,一个叫韵轮,一个叫杂字轮,轮盘里有一个个的格子。不常用的木活字,按韵分类,摆在韵轮的格子里;常用的字,摆在杂字轮的格子里。排版的时候,一个人按原稿念,一个人坐在两个轮架中间,转动韵轮或杂字轮拣字,解除了原先拣字排版需要在字架与版位之间来回走动的麻烦,提高了工作的效率。

王祯不仅亲身从事活字印刷的研究和实践,而且善于总结实践中得到的经验并将其系统化。在《农书》这本著作的附录中,王祯总结了他研制木活字并用以印制书籍的经验,写成了一篇题为《造活字印书法》的重要文献,详细介绍了木活字印刷的全套技术,对后世活字印刷的推广和应用具有深远的影响,是研究活字印刷术的珍贵资料。

(三) 华燧与铜活字印刷

王祯在《造活字印书法》中曾记载:"近世又铸锡作字,以铁条贯之,作行,嵌于盔内,界行印书。"根据这一记载,我国在 13 世纪末已有金属活字印刷。不过,我国古代使用金属活字印书最为流行的不是最早出现的锡活字,而是铜活字。现知最早制造铜活字并用以印书的是明代江苏无锡的华燧。

华燧(1439—1513 年),字文辉,号会通。华燧酷爱读书并精于校勘,明弘治初,有人想重新雕印《宋诸臣奏议》,但此书卷帙浩大,雕版费用很高。此时华燧之会通馆正好研制出一套铜活字,于是即用这套活字印刷,弘治三年(1490 年),华氏会通馆铜活字版《宋诸臣奏议》150 卷印成,一次印刷 50 套,是铜活字印刷的开端。其后,华燧进一步改良了技术,造成大小不同型号的铜活字多套,陆续印制了《锦绣万花谷》《容斋五笔》和自己的著作《十七史节要》《九经韵览》等约 18 种书籍。除华燧外,无锡华氏还先后有华燧的叔父华珵、侄子华坚以及华坚之子华镜也热衷于铜活字印刷事业,华氏一族四代从事铜活字印刷,堪称我国活字印刷史上的一段佳话。[①]

(四) 康雍乾与清代官方的活字印刷

活字印刷术在清代有较大发展,一个重要标志是官方对于活字印刷的认可和采纳。清代以前,活字印刷术虽然不断发展,但主要应用都在民间,官方印制

---

① 需要作一点说明的是,无锡华氏创制铜活字印刷是目前中外学界的主流观点,但北京大学辛德勇教授在其著作《中国印刷史研究》中认为说华氏印刷使用的是铜活字,证据还不够充分,华氏使用的可能不是铜活字而是锡活字。参见辛德勇:《中国印刷史研究》,生活·读书·新知三联书店 2016 年版。

书籍基本仍采用雕版印刷。而在清代,特别是康熙、雍正和乾隆年间,两个重大的官方图书印刷工程都采用了活字印刷。一个工程是康熙、雍正年间《钦定古今图书集成》1万卷的印制。《清宫史续编》卷九十四记载:"我朝康熙年间御纂《古今图书集成》,爰创铜活字版式,事半功倍,允堪模范千秋。"也就是说,清政府在康熙年间用铜活字排印规模达1万卷之多的《古今图书集成》,这是我国古代最大的活字印刷工程。从康熙五十九年(1720年)奉旨开印,到雍正三年(1725年)竣工,前后历时五年,为印刷所铸造的铜活字至少20万个,共印制了66部,每部525函、5 020册,至今尚存世十几部。另一个工程是乾隆、嘉庆年间武英殿聚珍版图书的印制。乾隆年间朝廷组织编修《四库全书》,其间从明代的《永乐大典》中辑录出了一大批已无单本流传的佚书。乾隆想把这批书印刷行世,但原来康熙、雍正年间印制《古今图书集成》的铜活字已毁,于是乾隆接受了当时负责编修《四库全书》的副总裁、清代著名印刷专家金简的建议,采用当时最为流行的木活字进行印刷。在金简的主持下,仅用一年时间,就刻制了大小枣木活字25万多个并开始印刷,从乾隆三十九年(1774年)到乾隆五十九年(1794年)的二十年时间里,共印刷《武英殿聚珍版丛书》134种、2 389卷,其后在乾隆末年至嘉庆年间,又使用这批木活字印制了一批8种单行本图书,世称《武英殿聚珍版单行本》。据说乾隆皇帝感到把活字印刷的版本称为"活版"不雅,便更名为"聚珍版",这也是后世很多活字版本被称为"聚珍版"的由来。武英殿印刷的聚珍版图书前后合计有142种、2 772卷,是历史上规模最大的一次木活字印刷。此外值得一提的是,主持武英殿聚珍版图书印制的金简也是一位在活字印刷领域把实践和理论有机结合的杰出人物,他不仅改进了王祯的木活字印刷技术,而且把他在主持木活字印刷过程中所取得的经验加以总结,写成了《武英殿聚珍版程式》,这可以说是历史上第一个官方的活字印刷标准,被译成英、德、日等多国文字,在世界印刷史上具有重要地位。

(五)翟金生与泥活字印刷的复兴

中国的活字印刷始自毕昇泥活字,但在此后的发展中,木活字、铜活字反而后来居上,成为活字印刷的主流,泥活字遂显得有些星光黯淡。这一情况在清代有了一些改变,清代活字印刷虽然仍是以木活字、铜活字为主,但泥活字也得到了一定程度的复兴,这要归功于清末秀才翟金生三十多年的不懈努力。翟金生(1774—1822年),字西园,安徽泾县人。由于深感雕版印刷费用高昂导致许多好书无法印行,翟金生对沈括《梦溪笔谈》中关于毕昇泥活字印刷的记载产生了浓厚的兴趣,于是努力钻研技术,发动全家之力,经过三十多年的努力,成功制成大、中、小、次小、最小5个型号10万多个泥活字,道光二十四年(1844年),翟金生用这套泥活字成功试印了自己的诗集《泥板试印初编》,书中有一首绝句中写道:"一生筹活版,半世作雕虫",这也可以看作翟金生一生从事泥活字印刷事业的真实写照。道光二十八年(1848年),翟金生为他的朋友黄爵滋印制了诗集《仙屏书屋初集》400部,书中有黄爵滋撰写的《聚秀轩泥斗版记》一文,文中写道:"君不远千里以求其良材,不惜时日以尽其业,扩宋代宝藏之秘,踵我朝聚珍之传,此其有裨载籍,将为不朽功臣!"对翟金生给予了极高的评价。时至今日,安徽省博物馆、中国历史博物馆和中国科学院自然科学史研究所等单位都收藏有翟氏泥活字实物,根据专家研究,翟氏制造泥活字使用的是用字模铸造活字的方法,这比毕昇刻制泥活字的工艺有了很大的改进,已经非常近似于近现代模铸铅活字的方法,是我国活字印刷史上的一笔珍贵财富。

四、王选与汉字激光照排

虽然活字印刷术在我国最早产生,却未能得到广泛应用,也未能取代原有的雕版印刷术。有人曾经作过统计:"清末版本目录《增订四库简明目录校注》共著录历代书籍7 748种,约计不同版本20 000部,其中活字印本只有220部,约占总数百分之一强。"[①]直至19世纪中期,西方的活字铅印技术开始传入中国,并逐渐成为中国印刷业的主流,并在一百多年的时间里形成了我国铅字印刷的工业体系。到20世纪70年代,我国印刷业使用的仍然是"以火熔铅、以铅铸字"的铅字排版和印刷。据统计,当时铸字耗用铅合金达20万吨,铜模200万副,价值人民币60亿元。不但能源消耗大,劳动强度高,污染严重,而且出版效率很低。

---

① 中国古代的活字印刷未能取代雕版印刷,其既有技术层面的原因,也有社会层面的原因,李万健的《中国古代印刷术》和郑也夫的《文明是副产品》中对这个问题有一些分析可参考。

一般图书从发稿到出书要在出版社压上一年左右,有的要拖两到三年,报刊数量品种也十分缺乏。1977年8月,邓小平在一次讲话中就曾提到:"有价值的学术论文、刊物一定要保证印刷出版。现在有的著作按目前的出版情况,要许多年才能印出来,这样就把自己捆死了。"

20世纪中叶,电子计算机技术在世界范围内迅速发展起来,人类进入了信息化时代,西方率先将电子计算机技术引入印刷领域,发明了"电子照排技术",实现了印刷技术的一次新的革命。但是,西方这项技术要运用到中国,首先必须克服的一个巨大障碍就是如何实现汉字的信息化。西方以拼音文字为主,文字的信息量较少,信息化处理相对简单,而汉字字数繁多,加上不同的字体、字号,印刷需要用的汉字字模数量超过65万个,对应的存储量超过200亿字节,比西文信息存储量高出上百倍,汉字的信息化被公认是一个世界性的难题,甚至有人提出了"Or die out Chinese Words;Or die out computer"("要么不用汉字,要么不用电脑")的结论。

早在1974年,我国就已经启动了汉字信息化研究工作。该年8月,一机部、四机部、新华社、中国科学院和国家出版管理局即联合出了《研制汉字信息处理系统工程的请示报告》,国家计划委员会随后将这一工程列入国家发展计划,称为"748"工程。"748"工程包括汉字通信系统、汉字情报检索系统和汉字精密照排系统三个子项目。其中的"汉字精密照排",是指运用计算机和相关的光学、机械技术,对中文信息进行输入、编辑、排版、输出及印刷,王选认为三个子项目中,汉字精密照排系统价值最大,它既是汉字信息化的基础,也有助于推动我国印刷业尽快进入信息化时代。

汉字精密照排系统的两个重要的技术基础是汉字存储和照排机。王选经过反复研究比较,大胆地提出采取"数字化存储+激光照排"这一当时最先进的技术路线。在汉字存储方面,鉴于当时我国比较落后的硬件条件,王选仔细地研究了汉字字形的特点和规律,发现每个汉字都可以分为横、竖、折等规则笔画和撇、捺、点等不规则笔画,其中规则笔画占了汉字的近一半比例。王选认为,对于规则笔画,可以用一系列参数精确表示,对于不规则笔画,可以用轮廓表示,这样,通过"轮廓+参数"的数学描述方法,汉字字形信息可以用1∶500的比率高倍压缩,巧妙解决了汉字信息如何存入计算机这一世界难题。同时,王选还研究出一整套把轮廓复原成点阵的快速算法和使文字变倍失真尽可能小的变倍算法。高倍率汉字信息压缩技术、高速度还原技术和不失真的文字变倍技术这三项技术构成了汉字激光照排技术的核心。

照排机是一种照相排版的技术，当时世界上已经有了四代照排机技术。第一代是手动照排机，我国20世纪60年代已经应用，但效率很低，难以推广；第二代是日本当时流行的光学机械式照排机，采用机械方式选字，不但体积大，而且功能差；第三代是欧美流行的阴极射线管式照排机，其所用的阴极射线管是超高分辨率的，对底片灵敏度要求很高，国产底片不易过关；第四代是当时世界先进国家刚刚开始研制的激光照排机，其设计原理是把字模以点阵形式存储在计算机中，输出时用激光束在底片上直接扫描打点成字。激光照排分辨率高，精度高，幅面可以很大，速度潜力也很大。经过分析研究，王选结合我国国情，作出了一个大胆决策，跨过二代机和三代机阶段，直接研制最前沿的第四代激光照排系统，采取了跨越式发展的技术途径。

王选带领团队克服重重难关，在1979年7月27日，用汉字激光照排系统输出了第一张报纸样张《汉字信息处理》。1980年9月15日，又成功地排出了第一本样书《伍豪之剑》，北京大学把样书呈送中共中央政治局，时任国务院副总理方毅批示："这是可喜的成就，印刷术从火与铅的时代，过渡到计算机与激光的时代，建议予以支持。"10月25日，邓小平同志批示："应加支持"。1981年7月，汉字激光照排原理性样机通过了教育部和原国家电子计算机工业总局联合组织的部级鉴定。鉴定委员会肯定该系统"在汉字信息压缩技术方面居于世界领先地位；激光照排机的输出精度和排版软件的某些功能达到了国际先进水平"。至此，汉字激光照排实现了从技术方案到样机的实质性过渡，这一原理性样机被命名为"华光Ⅰ型"机。此后，王选及其团队再接再厉，先后研制成功了"华光Ⅱ型""华光Ⅲ型""华光Ⅳ型""方正91""方正93""方正世纪RIP""方正世纪RIP V8"前后八代系统，使我国的汉字激光照排技术一步步从理想付诸现实，从样机到市场化和产业化，并不断更新换代。到1993年，国内99%的报社和90%以上的书刊印刷厂采用了国产激光照排系统，我国印刷业实现了从"铅与火"的时代到"光与电"的时代的飞跃。

汉字信息处理与激光照排系统研制及应用一览

名　　称	研制成功年份	技　术　创　新	成　果　及　应　用
原理性样机 【第一代】	1979	在汉字信息压缩技术方面居于世界领先地位;激光照排机的输出精度和排版软件的某些功能达到国际先进水平。	首次输出报纸样张《汉字信息处理》(1979年7月27日)、样书《伍豪之剑》(1980年9月15日)
华光Ⅱ型系统 【第二代】	1983	采用双极型位片微处理器、中大规模集成电路和微程序,体积缩小,输出速度加快,可靠性提高,在世界上首次实现照排和大样输出合用一个照排控制器、在普通纸上输出校对用大样的功能,更加实用。	1985年1月在新华社进行中间实验,排印《新华社新闻稿》、句报《前进报》。成为我国第一个实用照排系统。小批量生产。
华光Ⅲ型系统 【第三代】	1985	主机改用台式机 DESKTOP,体积小型化,是Ⅱ型机到Ⅳ型的过渡机型。软件具有科技排版功能和大报排版系统。	1986年《中国机械报》采用排报。1987年5月22日,《经济日报》采用该系统,出版了世界上第一张计算机屏幕组版、整版输出的中文日报,在全国首家告别"铅与火"。
华光Ⅳ型系统 【第四代】	1987	以微机为主机,在照排控制器中装备了王选设计的两块专用芯片,字形复原速度达到每秒710字,体积缩小。实现了文字与图片的合一处理,且有花样翻新的字形变化和图形图像处理功能。	1987年10月交国家经委文印处使用。1988年开始批量生产。
方正91系统 【第五代】	1991	采用王选设计的集成度更高的专用芯片,速度更快,体积更小。字号可以0.25磅为增量做无极变速,直到一整页大小。研制成功彩色系统软件。	大规模推广并出口海外,使来华销售照排系统的外国厂商退出了中国。国内99%的报社和90%以上的书刊(黑白)印刷厂采用了国产激光照排系统,中国传统出版印刷行业得到彻底改造。

续　表

名　称	研制成功年份	技　术　创　新	成　果　及　应　用
方正93系统【第六代】	1993	研制成国标上首个中文PostScript Level2解释器PSP（PostScript Processor），采用软件RIP+专用协处理器加速芯片实现，配以基于Windows的中文专业排版软件，先进的色彩图像"调频挂网"等技术。	从赢得香港《明报》大单开始，在海外大量推广，最终占据了80%的海外华文报业市场。
方正世纪RIP【第七代】	1997	纯软件RIP，是基于MS Windows NT上开发的全新一代栅格图像处理器，与以前的RIP相比，速度提高5—10倍，兼容性强，达到国际先进水平。	进军日本等市场，使我国拥有自主技术和品牌的计算机软件产品首次大规模打入国际市场。
方正世纪RIP V8【第八代】	2002	PostScript解释器内核跨越Windows、Mac、Linux操作系统，高度部件化，可组装出多种产品。面向高、中、低端及OEM应用，填充质量、挂网质量更高，RIP速度更快。	进军数字印刷领域，产品出口日本、欧美等几十个国家和地区。

资料来源：丛中笑：《"当代毕昇"与我国第二次印刷技术革命——王选的创新思想与实践对建设创新型国家的示范意义（一）》，《人民论坛》2018年第36期，第122页。

全国政协原副主席周培源曾这样评价汉字激光照排技术："计算机能处理汉字，能排版了，意味着中华文化能够长久而深远地弘扬下去，其意义不亚于原子弹爆炸！"这一技术先后两次获国家科技进步奖一等奖，两次被评为中国十大科技成就之一，作为这一技术的主要发明者，王选也被人们称作"当代毕昇"，获得2001年度国家最高科学技术奖，在2018年12月中共中央、国务院召开的"庆祝改革开放40周年大会"上，王选被授予"改革先锋"称号，获得"科技体制改革的实践探索者"的高度评价。

结语

国家经济委员会原主任张劲夫曾说："汉字激光照排技术在改造我国传统的

印刷业中发挥了巨大作用。如果说从雕版印刷到活字印刷是我国第一次印刷技术革命的话,那么从铅排铅印到照排胶印就是我国第二次印刷技术革命了。"的确,我国的印刷术,从雕版印刷到活字印刷到汉字激光照排技术,充分体现了中国人民的智慧和创新精神,是中国对于人类文明的巨大贡献,我们应当继续传承这样一种中国智慧,发扬这样一种创新精神,努力实现中华民族伟大复兴的中国梦!

参考文献

本刊编辑部:《造纸技术的滥觞与贡献——访自然科学史研究专家潘吉星先生》,《中国出版史研究》2015 年第 2 期。

丛中笑:《"当代毕昇"与我国第二次印刷技术革命——王选的创新思想与实践对建设创新型国家的示范意义(一)》,《人民论坛》2018 年第 36 期。

东方既白主编:《印刷术的历史》,河南大学出版社 2015 年版。

[加] 戴维·克劳利、[加] 保罗·海尔编:《传播的历史:技术、文化和社会(第五版)》,董璐、何道宽、王树国译,北京大学出版社 2011 年版。

李万健:《中国古代印刷术》,大象出版社 2009 年版。

刘海波、李黎明:《方正大师:王选》,中国科学技术出版社 2012 年版。

罗仲辉:《印刷史话》,社会科学文献出版社 2011 年版。

钱存训:《书于竹帛:中国古代的文字记录》,上海书店出版社 2004 年版。

辛德勇:《中国印刷史研究》,生活·读书·新知三联书店 2016 年版。

徐雁等:《中国图书文化简史》,中华书局、上海古籍出版社 2010 年版。

尹铁虎:《中国古代墨与印刷术的发明》,《固原师专学报》2000 年第 4 期。

张劲夫:《我国印刷技术的第二次革命》,《中国印刷》2002 年第 8 期。

张舜徽:《中国文明的历程》,中华书局 2011 年版。

郑也夫:《文明是副产品》,中信出版社 2015 年版。

第三讲　从火药到原子弹和氢弹

石建水　整理

主要内容

◇ 我国古代炼丹家经过反复实践，把硫、硝石、木炭三种元素按照一定比例混合制成火药。火药发明之后，很快被用于军事，出现了最早的一批火药武器。火药武器的发明，标志着人类逐步告别冷兵器时代而进入热兵器时代，这种变化主要是火器传到西方后才逐渐实现的。14世纪前后，火药技术随着商业交往和战争传到了欧洲，在前后不到三四百年的时间里，欧洲的技术进步大大超过了中国。从15到16世纪，欧洲的火枪、火炮已几经改进，并凭此"利器"向外扩张，建立殖民地。相比之下，中国在火药应用方面这几百年里一直裹足不前。

◇ 鸦片战争前后，英军已处于初步发展的火器时代，而清军仍处于冷热兵器混用的时代。中、英舰炮总体技术仍处于风帆时代的水平，但中国由于种种原因，与风帆时代失之交臂，导致清朝船炮、炮台和炮架的技术劣于英国，最后一败涂地。中华人民共和国成立后，面对极为严酷的国际局势，以毛泽东同志为核心的党中央高瞻远瞩，审时度势，毅然作出创建和发展中国核武器事业的战略决策。历经艰苦卓绝的奋斗，原子弹和氢弹成功爆炸，这是中国近代以来最具标志性的成就之一。拥有核武器的中国，在第二次世界大战后各方力量相互较量的复杂国际格局中，用实力捍卫了国家安全，对维护世界和平作出了重要贡献。

精彩案例

◇ 鸦片战争中英国"船坚炮利"，而中国则"船不坚炮不利"。

◇ 1964年10月16日,中国第一颗原子弹成功爆炸;1967年6月17日,中国第一颗氢弹成功爆炸。(点评:原子弹、氢弹爆炸成功,打破了帝国主义的核垄断,维护了国家安全,保卫了世界和平,大大提高了中国的国际地位。)

问题思考

◇ 鸦片战争中,英国"船坚炮利",而中国却是"船不坚炮不利",原因何在?对今天的中国有哪些启示?
◇ 试述"两弹一星"工程及其对中国国防事业的巨大作用。

马克思说:"火药、指南针、印刷术——这是预告资产阶级社会到来的三大发明。火药把骑士阶层炸得粉碎,指南针打开了世界市场并建立了殖民地,而印刷术却变成新教的工具,总的来说变成科学复兴的手段,变成对精神发展创造必要前提的最强大的杠杆。"正是这些中国古代的发明,成为欧洲资产阶级产生和发展的必要前提。弗朗西斯·培根指出:"这三项发明已经改变了全世界的面貌和一切事物的状态……历史上任何帝国、宗教或显赫人物都不及这些发明对人类有这样大的影响。"可见,作为我国古代四大发明之一的火药,在人类社会发展史上具有重要地位。

一、火药的起源——炼丹术

火药,字面意思指能点燃起火或发火的药。火药最初的确是一种药物。战国时期人们已经形成了长生不老的观念。那时候就有人寻仙问药,以使自己长生不老,因为古人大都相信人世间以外会有神仙,神仙备有仙药,能长生不老。秦始皇期待长生不老,经常派人外出访仙求药,但始终没有见到神仙。虽然找到了一些药材,但也无法实现长生不老。秦始皇仍然不死心,他又派徐福率领数千童男童女和工匠乘船前往东海直到日本访求仙人,结果并没有找到神仙,徐福也一去不复返。秦始皇只当了十二年皇帝就去世了。汉武帝也想长生不老,永远当皇帝,于是也派人四处访仙求药。当时有个叫李少君的人向汉武帝建议,要虔诚地祭祀求仙,还要拿丹砂制成黄金,再拿黄金制成各种饮食器皿,并经常用它们饮食。这样做能够求到仙人,获得长生不老药。汉武帝立即采纳建议,召集许多人开始炼制黄金。一时间,炼丹活动在全国开展起来,许多炼丹家们走进深山老林炼丹,结果并没有炼出仙丹来。除上述外,还有很多其他的炼丹故事。

火药实际上是炼丹的副产品。炼丹家挖矿,认识了硫、汞、金、银、铜等诸多化学元素的性质及其变化规律,积累了许多化学知识。现在看来,炼丹家用的丹砂只是一种化合物,即硫化汞,还有其他一些矿物质。用这些矿物质只能提炼出铜、铁、铅或者合金,而不可能炼出黄金,更不能炼出什么长生不老药来。所以,炼丹家就把兴趣转移到矿物间的化学反应及其结果上来,通过实践观察其中的规律。炼丹家采用许多方法对矿物、药物进行提炼。火药就是在这样的活动中发明的。汉代出版的我国现存第一部药材典籍《神农本草经》中,就把硝石、硫黄列为重要的药材。明代医学家李时珍在其所著《本草纲目》中指出,火药能治疮癣、杀虫、祛湿和辟瘟疫。可见,火药的成分及其自身都是药,具有治病救人的作用。我国古代的炼丹家反复实践,把硫、硝石、木炭三种元素按照一定比例混合制成火药。这种药容易燃烧甚至爆炸,遂被起名"火药"。祖先发明的火药,是硝酸钾、硫黄、木炭三种粉末组成的混合物,呈现褐色,现在我们把它叫作黑火药或褐色火药。

火药燃烧放出大量气体和能量,就爆炸了。

火药发明之后,很快被用于军事,出现了最早一批火药武器。据记载,公元12世纪初,中国已有"长竹火枪",两人共用,一人持枪,一人点火,用以喷火烧灼敌人。1163年,炮车问世,射程可达200步。13世纪中期,中国火器仍"以竹为筒",叫作"突火枪",这就是世界上最早的火药枪炮。它的发明,标志着人类逐步告别冷兵器时代而进入热兵器时代,不过这种变化主要是火器传到西方后才逐渐实现的。南宋与金朝交战中使用火药武器拒敌,元朝得其法加以改进,炮管也从竹制改为铜制或铁铸,然后用以灭金灭宋,进而横扫欧洲大陆,一时称雄世界。明朝的武器发展处于最高水平,清朝进步不大。清朝提倡冷兵器。

二、火药传到欧洲

14世纪前后,火药技术随着商业交往和战争传到了欧洲,此时欧洲正处于文艺复兴时期,在前后不到三四百年的时间里,欧洲技术水平不断提高,逐步超过了中国。从 15 到 16 世纪,欧洲的火枪、火炮已几经改进,并凭此"利器"向外扩张,建立殖民地。相比之下,中国在火药应用方面这几百年里却一直裹足不前,在发明火药、火炮技术之后再无更大改进。这主要有两大原因:一是中国文化传统重成法,缺乏创新意识;二是历代实行"重本轻末"政策,重农轻工,选拔官员靠科举制度,没有工艺、技术一席之地,造成读书人专攻圣贤书,不学技艺的传统。

中国发明的火药和火器技术的外传是从西传开始的,西传的第一站是阿拉伯地区,再由此传到欧洲国家,从而在历史上产生了深远影响。所谓阿拉伯地区,是指中世纪盛极一时的阿拉伯帝国(7—13 世纪)统治过的地区,当时在该地区通行阿拉伯语,信奉伊斯兰教,所统治的范围包括今天中亚、西亚、北非和欧洲西南部安达卢西亚(今西班牙南部)的二十多个国家,中世纪欧洲人称之为萨拉森帝国。中国唐代称之为大食国,是波斯人对阿拉伯的称呼。这一地区包括中国以西的一些文明古国,自古就与中国有交往,阿拉伯帝国建立后这种交往进入新时代,宋元时期,中阿关系更加紧密。

宋代起火药与火器已经用于战场,早期火药为低硝(60%—61%)、高硫(30%—32%)、低碳(8%—10%)的糊状火药,只能作炸药,不能成为发射药。宋徽宗(1101—1125 年在位)时期已经制成含硝量较高的粒状火药,约含硝 73%、硫 4%及碳 23%,用以制造烟火和炮仗,后在抗金战争中又制成火箭、炸弹等火器。当时在华居住的阿拉伯人,必定看过烟火的燃放,听到过爆竹的响声。根据入乡随俗的习惯,他们甚至有可能曾点燃烟火。

13 世纪时蒙古以武力打通了阻隔已久的从中国内地到阿拉伯世界东西方陆上贸易的丝绸之路,并将这条大通道向西延伸到欧洲中部,沿途设驿站,有蒙古兵把守,保证东西贸易和人员往来的安全。与此同时,中国大型远洋海船从沿海港口开往东南亚、南亚、西亚各国的海上丝绸之路的贸易也重新活跃起来。中国船队有携火器的士兵护航,有效遏制了一度猖獗的海盗活动,海上大通道同样畅通无阻。

与宋朝不同的是,元朝时期沿海上商路来华贸易的不只有阿拉伯人,还有欧洲人尤其是意大利人。这不仅有文献记载,还有实物资料为证。只有在东西交通线畅通无阻的13—14世纪之际,中国火药技术才能西传到阿拉伯和欧洲。促成火药及火药技术西传的原因显然是13世纪蒙古军队西征时在阿拉伯和欧洲战场使用了火器,使阿拉伯人和欧洲人近距离看到了打败他们的这些神奇武器的巨大威力,于是千方百计获得关于火药的技术信息,以便扭转军事实力上的劣势。

军事技术落后一方就应向先进一方学习,否则就要被动挨打,古今中外皆通此理。中国从12世纪南宋初期发明以高硝粒状火药制成、具有军事潜力的娱乐用烟火、炮仗,在节日或喜庆日点放,并作为商品在国内外出售,在华的阿拉伯人和欧洲人完全可能将其携回本国,再由技术专家加以研究,火药知识便以这种方式首先西传。

三、鸦片战争中的中、英船炮比较

鸦片战争中,英军已处于初步发展的火器时代,而清军仍处于冷热兵器混用的时代。鸦片战争前后,中、英舰炮总体技术仍处于风帆时代的水平,所谓风帆时代是指1650—1850年间,介于人力划桨动力与蒸汽动力之间的时代,随后便是遍布全球的殖民时代。17—19世纪,中国由于种种原因,与风帆时代失之交臂,这是清朝船炮、炮台和炮架的技术劣于英国的时代背景。

(一) 中、英战船比较

中国战船出现甚早,在明初以前,其技术水平在世界上一直领先,但在明初郑和率舰队下西洋以后,中国海禁开始,战船技术和性能自此滞后于西洋。鸦片战争前后,清朝政府没有战略水军和机动舰队,水师处于以划桨为主要驱动力的单层甲板平底船向舷侧安置重炮的大帆船过渡、以撞击和强行登陆为特征的海战方式向舷炮齐射的"线式战术"过渡,此与16—17世纪的欧洲海战技术同步,其总体水平尚不及明末。

清朝木质舰船为松木、杉木建造,方形布篷帆,船体小且易腐朽,炮位安于舱面,炮兵无所遮蔽、航速慢、笨拙、在航率低。战船有不同的尺寸,清政府购买的几艘洋船最大排水量为1 200多吨,中国自制的战舰排水量最大吨位为800吨,一般都在250吨以下,尚不及英军的等外级军舰。中国自制的木质帆船,船底无铜片包裹,由于制作和装备过于简陋,不能负载过重。一般只能配置数百斤至二三千斤重的火炮十数尊,射程自然很近,同时还装备着许多旧式枪炮和各种传统的燃烧性火器。清代曾颁布许多限制民船和商船发展的法令,因其航速快,不易官船追击。缺乏船业发展的竞争环境,使得官船发展乏力。鸦片战争时期,虽然清朝东南沿海大多数地区的清军作战英勇,炮台防御工事也坚固,但因构筑无法和炮架方面的种种不足,拥有炮台和巨炮的清军在对英战列舰、蒸汽舰等的攻击中,始终处于劣势。为防患于未然,中国也仿造着英军的坚利战船,在短短的两三年中,逐渐缩小了和英舰的差距,如1841年广州盐茶商、在籍刑部郎中潘仕成所造的最大战船长41.6米,载40多门红夷大炮。但由于缺乏工业革命的技术背景和社会制度等方面的弊端,其在中、英交战中发挥的作用十分有限。鸦片战争始终,中、英除了十几次的海陆炮战外,清军没有一次海上大规模的抗英激战。

英军战船技术由木质风帆向蒸汽铁甲战舰的过渡期,始于19世纪30年代,于19世纪60年代基本完成,其船舶已经摒弃了人力划桨,完全凭借风帆借助风力或蒸汽动力运行。英军火炮制造处于政府采购、各军火公司自由竞争的阶段。参加鸦片战争的英国战舰,总体上主要为欧洲5、6等级及等级外战舰和少量的3级战舰,具有高大、抗腐性强、抗沉性好的优点。战舰周身内外均用白铁包裹,唯底用铜包,炮位数最多为74位,排水量最多为1700多吨,载员300—500人之间。战舰主要依靠风帆驱动,似与清军同类,但其机动性、航速和火力远在清军水师之上。诞生于工业革命末期,即19世纪30年代的蒸汽动力铁壳明轮船,在实战中投入使用,其优点被发挥得淋漓尽致。英军个别运兵船中有螺旋桨和蒸汽机驱动的船只出现,尽管英军铁炮在数量上不占优势,但其机动性、航速和火力远胜清军水师,使得兵力集中快、火炮重复使用次数多,在战争中发挥了重要作用。英军舰队利用长期沿用的"线式战术"以及"集中优势兵力重点突破的战术",以其强大的海军和舷侧炮数,横行于中国东南沿海,决定了战争的时间、地点和规模。

(二) 中、英火炮技术比较

从16世纪到19世纪中叶前期,包括英国在内的欧洲各国,其火炮在加强机动性和射击精度方面进行着演变,但在作为前膛装滑膛炮的基本原理及由此决定的种种性能方面,却没有也不可能出现决定意义的进步,只要火炮还没有膛线,还由前膛填弹并用粗糙的火药发射,其性能就不可能获得质的进步。但是,鸦片战争时期,中、英火炮技术和性能的差距是客观存在的。虽然双方主导型火炮都是前膛装滑膛加农炮,主导型炮弹仍然是老式球形实心生铁或熟铁弹,火药都为传统的黑火药,但英军在炮体各部位比例、火炮形制、弹药技术、点火装置等方面,特别是铁炮材质、制造、加工等技术关键之处进行了改进、革新,故在铁炮的射程、射速、射击精度和杀伤力等方面优于清军铁炮,这些性能的提高对战争胜负的影响是决定性的。以上原因就是英军"炮利"和清军"炮不利"的秘密之所在。

至于发明时间稍早于南亚印度和欧洲诸国的中国复合金属炮,其制造技术复杂,成本很高,在鸦片战争前后的国内外战争中未得到广泛普及,其性能也劣于西方步入近代化阶段的强势火炮。清朝铁模铸炮技术是在缺乏产业革命条件的情况下提高铸炮效率的创造,该炮型确系模仿西方的榴弹炮制成,炮口径变大,炮身粗和短,开始铸有圆环围纽和立表的瞄准装置。但清朝手工业生产方式的技术背景决定了其制作效率虽有提高,但炮身加工工艺依然粗糙,炮身各部与口内径比例偏差很大。因此,今人对其进行评价时,要分清铁模铸炮技术是铸炮效率提高而非性能优越的问题。此两项制炮技术,虽在世界火炮史上占有一定的地位,只不过其创新限于传统火炮技术枝节上的改良而已。

(三) 中、英炮台技术和炮架技术比较

炮台是保卫与防御敌人进犯的堡垒,是随着枪炮技术的出现而出现的,其设计理念的完善与建造技术的改进同进攻武器性能的递进是相生相克的关系,同时也受到人们一定意识观念的制约。鸦片战争以前,中国建造炮台技术的起步不高。鸦片战争时期,清朝长期相对稳定的国内外环境,导致了国人修建、改造和学习西方新式炮台的动力不足,其海防炮台主要是沿用宋代以来的长墙高台式露天建筑而来,砖石结构,无纵深构筑,不注重各台之间的互援,炮位形制多和机动性不强,其技术和性能的发展滞后于火炮技术和性能的变迁。中、英鸦片战争前后,清政府改造的部分三合土建筑材质的炮台,注重了一些封闭与纵深的理念,其防御功能有所增强,但就其水平而言仍处于欧洲16世纪以前高而薄的城堡技术状况。总体看来,其建筑思想和技术设计尚处十分幼稚的阶段,这与国内外长时间相对和平的环境,清政府重内轻外、重陆轻海的战略指导思想有关,炮台分特大、大、中、小型四种,每一炮台内部配置炮位从3—60位不等,置兵百人左右。海防炮台炮眼过大与过小或位置过低与过高、炮架重滞,都影响其机动性的发挥。每一炮台建造成本从1.5万—4万两白银不等,砖石结构为主的炮台还算坚固,官兵作战还算英勇,但由于构筑无法和船炮技术的落后,在近代化的英军船炮进攻面前反击无力,此是清军在鸦片战争中失败的原因之一。以英国为代表的西洋炮台已经从16世纪以前的高大而单薄的城堡式建筑过渡到低而厚的校式的封闭式建筑、圆形封闭建筑或要塞式的纵深建筑,材质多为三合土,注意纵深构筑,结合了防御和相互保护这两个基本原则,内部配置完备,备炮形制统一,机动性强,建筑思想和技术性能与中国相比,已有质的进步,防御功能强大,此与西洋16世纪以来火炮技术和性能的发展有关,也与军事科学理论的进步相辅相成。由此看出,中英鸦片战争时期,中、西海防炮台技术和性能对比之下,确实有隔代差。

  火炮在当时是战争之神,其威力的发挥需要多种附件配合,尤其炮架的支撑在火炮性能的施展中发挥着很大功能。鸦片战争之前,东、西方炮架都有一个长期的发展过程。西洋炮架一直是朝着机动性更强的方向发展,东方炮架最初因无科学理论的指导和手工制作工艺的粗糙,设计与制造简陋,后来朝着重型炮架的方向发展,17世纪中期以后,随着东、西方火炮轻型化发展的需要,也在轻型化方面有所进展。18世纪以来,随着西方侵略的加剧和国内船炮技术相对于西方发展的滞后,中国人普遍由"舍水就陆、沿海筑土城、建炮台、造巨型火炮"的御敌方针的思想主宰,普遍改变了康乾时期火炮由重到轻的趋势,重新发展重型火炮,炮架也随即向重型过渡。

  鸦片战争时期,清朝樟木做成的陆海用炮架技术尚未规范化、标准化,进攻意识不强,主要起防御作用。战争之际清军炮架的改进工作具有局部性、滞后性和着重提高机动性的特点。保证火炮机动性所用的辅助工具不多,再加上军备废弛的影响,更让其机动性、射速和射击精度大打折扣。清军炮架水平不高与火炮设计理论落后、国家财力困难以及无工业革命辅助的背景有关。英军橡木做成的炮架已经系列化和标准化,机动性增强。英军的双轮陆军炮架和四轮滑车的舰炮炮架、发射时诸多辅助工具的配合,都有助于火炮机动性的增强、射速的加快和射击精度的提高。英国炮架水平高与其工业革命时间长、火器射击理论先进以及长期征战促使英军作战水平提高等因素有关。

四、我国成功研制原子弹、氢弹

历史昭示,落后就要挨打,没有强大的国防实力和综合国力,中华民族的生存和发展就会成为一句空话,维护世界和平更无从谈起。中华人民共和国刚刚成立,朝鲜战争爆发,战火烧到鸭绿江边,中国被迫参战。美国凭借手里的原子弹,扬言要对中国动用核武器,核讹诈的阴云笼罩着新中国。饱经战争灾难的中国需要和平,但和平需要强大的国防实力来捍卫。中国要反对核战争,要真正在国际舞台占有一席之地,必须拥有自己的原子弹。面对极为严酷的国际局势,以毛泽东同志为核心的党的第一代中央领导集体高瞻远瞩,审时度势,毅然作出创建和发展中国核武器事业的战略决策。1958年10月,核武器研究机构成立。面对外部封锁遏制和极为薄弱的工业技术基础,中国人民不信邪、不畏难,坚持独立自主、自力更生发展核武器。历经艰苦卓绝的奋斗,于1964年10月16日,成功爆炸第一颗原子弹;于1967年6月17日,成功爆炸第一颗氢弹。核武器研制成功,是中国近代以来最具标志性的成就之一。作为关系亚洲和世界安全与和平的一个重要因素,拥有核武器的中国,在第二次世界大战后各方力量相互较量的复杂国际格局中,用实力捍卫了国家安全,对维护世界和平作出了重要贡献。

(一)原子弹、氢弹铸就中华民族钢铁脊梁

研制核武器是前无古人的开创性事业,在经济落后、物质技术基础十分薄弱的条件下,我国完全依靠自己的力量,探索核武器研制和发展道路。中华人民共和国建立初期,百废待兴,搞国防尖端技术,工作和生活条件十分艰苦。苏联毁约停援,刚刚起步的核事业就认定了走自力更生、自主研发的道路。我们用1959年6月苏联毁约的时间"596"作为第一颗原子弹的代号,以此激励科技工作者造出"争气弹"。

为探索原子弹内爆过程的物理规律,中国工程物理研究院(以下简称"中物院")的科技人员在当时仅有手摇和半自动计算机的条件下进行了艰苦的"九次运算",并从理论上证明了运算结果的正确性,突破了理论设计的难关。科技人员没有条件就创造条件,因陋就简,土法上马,经过上百次的反复实验,冒着危险成功地研制出第一批用于爆轰试验的炸药部件。同时,通过多种探索,解决了实现原子弹爆炸裂变反应的关键问题。在极其恶劣的工作环境下,成功研制出原子弹爆炸试验的点火中子源。中物院还与相关研究单位和生产厂家对高危险、铸造加工要求十分苛刻的浓缩铀核部件进行联合攻关,解决了技术难题。从1962年起,在北京工作的大批科研生产人员毅然离开大都市,怀着报效祖国的激情奔赴核武器研制基地,打响了攻关大会战。1964年10月16日,我国第一颗原子弹成功爆炸,极大地鼓舞了中国人民的斗志,振奋了中华民族的精神,打破了大国的核垄断、核讹诈,为增强我国的科技实力特别是国防实力,奠定我国在国际舞台上的大国地位,作出了巨大贡献。

在我国大力研制原子弹的同时,科学家们从1960年底已经开始摸索氢弹原理。核大国都把氢弹技术列为国家最高机密,当时我们没有任何可供参考的信息资料,只能靠自己在这个完全陌生的领域苦苦攻坚。科技人员团结协作,集体攻关,充分发扬学术民主,展开学术技术大讨论。在历经艰苦探索优选出最佳技术方案的基础上,科技人员以惊人的毅力展开"百日攻坚战",经过深入细致的分析和大工作量的数值计算,攻克了氢弹原理的堡垒。1967年6月17日,我国第一颗氢弹成功爆炸,又一次显示了中华民族伟大的创造力。

从1964年第一颗原子弹成功爆炸到1996年宣布暂停核试验,我国共进行了45次核试验,试验次数只占全世界核试验总数的2%,试验成功率高,效费比高。我国在较短的时间内实现了从原子弹到氢弹、中子弹、核武器小型化等技术的大跨越。禁核试后,核事业面临新的挑战,为保持我国自卫核威慑力量的有效性,我们加强科研能力建设,保持了核科技持续发展的良好态势。

将近70年来,我国的核事业"屡建殊勋震寰宇,更创奇迹惊鬼神"。科研人员用心血、汗水乃至生命浇灌出累累硕果,树立起一座座壮国威、扬军威的历史丰碑,铸就了中华民族的钢铁脊梁。

(二) 原子弹、氢弹研制成功的重要意义

1964年10月16日,中国第一颗原子弹在新疆罗布泊试爆成功。这一巨响打破了帝国主义的核垄断,维护了国家安全,保卫了世界和平,大大提高了中国的国际地位。正如邓小平所说:"如果六十年代以来中国没有原子弹、氢弹,没有发射卫星,中国就不能叫有重要影响的大国,就没有现在这样的国际地位。这些东西反映一个民族的能力,也是一个民族、一个国家兴旺发达的标志。"

首先,中国第一颗原子弹、氢弹试爆成功巩固了中国的大国地位。中国第一颗原子弹、氢弹试爆成功后,国际社会要求恢复中国在联合国合法席位的呼声越来越高。1971年10月25日,中国恢复联合国合法席位,随后中美、中日建交。1991年,美国国务卿贝克访问中国,行前他向记者表示,他访问中国的原因,一是中国是一个11亿人口的大国,二是中国拥有导弹核武器。以上历史事件充分证明,中国原子弹、氢弹成功研制坚实地巩固了中国大国地位。1999年9月25日,《中国新闻周刊》发表了《原子弹确立大国威信》一文,指出中国如果不解决原子弹问题,中华民族就很难自立于世界民族之林。中国核武器的成功研制,为中国争取到了一个国际对话的独立地位。中国在内穷外困的基础上迅速研制出以"两弹一星"为代表的尖端武器,大大加强了社会主义中国的军事实力和国际地位,对当时可能一触即发的世界局势起到了重要的稳定作用。依据外交部的相关档案,中国核试验成功后,亚非国家和英法的舆论都普遍认为,中国已经成为亚洲的原子弹大国,不能再被忽视,联合国没有中国参加、禁止核武器的努力没有中国的合作不可能起作用。联合国再不接纳中国是没有道理的。中国核试验的成功与常规军事力量的壮大不仅增强了中国在国际舞台上坚持自己原则和意见的实力,也使得美苏等国再也不能无视中国的存在。

其次,中国原子弹、氢弹研制成功加速了中国的国防现代化进程。中国第一颗原子弹、氢弹的试爆成功,标志着中国国防科技发展进入了一个新的阶段,人民解放军有了核反击能力,打破了帝国主义的核垄断,为维护世界和平与安全提供了有力的保证。因此,中国原子弹、氢弹的成功研制对中国国防现代化建设具有重要的促进作用。中国发展核武器的重大战略决策,体现了毛泽东的"两条腿"走路的国防现代化建设思想。从20世纪50年代后期到60年代末,毛泽东

始终强调以常规武器和尖端武器相结合为发展目标,并且把重点放在优先发展核武器方面。这些重要的决策对促进我国国防现代化建设起到了极为重要的作用。中华人民共和国成立后武器装备发展的历史经验表明,国防科技是推动武器装备不断发展变化的直接动力。在整个武器装备的发展过程中,国防科技发展不仅推动现有武器装备不断改进,而且从根本上创造出全新的武器系统,导致武器装备的革命性变革。作为国防现代化重要组成部分的武器装备现代化,也因中国核武器研制所带起的国防科学技术水平的提升而不断向前发展。

历史证明,我国原子弹、氢弹的成功研制,不仅巩固了中国的大国地位,促进了中国国防现代化建设,还对国家经济建设、科学技术和科技工业的发展都产生了极其深远的影响。我国原子弹、氢弹的研制成功,是基础科学、应用研究、型号研制与生产单位之间大力协同的结果,也是在工业和科学基础比较薄弱的情况下,国家集中调配资源攻关大型科研项目的代表性成就。核武器研制工程的实施,极大地提升了我国科学技术整体水平,为大科学工程的建设和发展积累了宝贵经验,培养了一大批科研、工程、技术支持和管理方面的优秀人才。同时,在机不可失、时不再来的战略窗口期,中国成功地跻身国际核俱乐部大国的行列。这极大提升了中国的国际地位,优化了中国的国际环境,为中国今天专注于经济建设与和平发展提供了有力的战略保障。

参考文献

《中国火药火器改变欧洲的历程》,《知识文库》2015年第11期。

陈玲:《从火药到火箭》,《国防》2005年第2期。

苗东升:《"两弹一星"事业对中国社会发展的影响》,《中国工程科学》2004年第7期。

聂文婷:《中国第一颗原子弹研制历程与重大意义研究综述》,《西北工业大学学报(社会科学版)》2012年第1期。

张建雄、刘鸿亮:《鸦片战争中的中英船炮比较研究》,人民出版社2011年版。

张元伟:《火药化军事革命的历史演变》,《西安文理学院学报(社会科学版)》2009年第3期。

中国工程物理研究院党委:《铸国防基石 做民族脊梁——纪念我国第一颗原子弹成功爆炸40周年》,《求是》2004年第21期。

第四讲　从过洋牵星到北斗导航

张鑫敏　整理

主要内容

◇ 导航是人们准确标记位置并记录运动轨迹的一套方法或设备。如同黑夜里的明灯，指引着前行的方向。华夏大地的先民在长期的自然探索和社会发展中，累积了丰富的关于导航定位的经验，较早摆脱利用日月星辰和地形地物判别方向和标记位置的原始方法，利用地磁倾角和地磁偏角的相关知识，逐渐发展出指南车、司南、针盘、牵星板等分别适用于陆地和海上的导航工具，还提出"制图六体"等地图学理论，使导航工具观测到的空间知识转化为平面图像，降低了导航的使用门槛。

◇ 在西学东渐的过程中，西方现代地理学的理论体系成为主流，中国传统导航和舆图技术渐显"落伍"，与此同时也开始了在现代地理学范式内的奋力追赶，涌现出温启祥、林立仁、陈芳允、谭述森、杨元喜等一大批投身现代导航事业的英模人物，于2012年开始提供北斗卫星导航系统的区域服务，成功跻身现代导航技术强国之列。目前北斗卫星导航系统的全球组网工作正在全力推进中，预计在不久的将来，"中国坐标"会为地球村居民提供越来越好的服务和体验。

精彩案例

◇ 指南车作为一种完全借助机械装置的导航工具，在中国历史上经历了多次的"创制—毁亡—再创制—再毁亡"，至今无实物留存。（点评：科学技术的进步不仅需要"脑洞大开"的天才，更需要世代不断的传承与累积性改进，直至理论的形成与突破。中国古代绝大多数发明创造,如同指南车一样,难以摆脱"昙花一现"的悲剧,主要还是因为在君主专制统治下,发明创造或为取悦帝王的"奇技淫巧",或为维护权威的"造化神通",难以推广和应用于社会生产、生活。)

◇ 作为不可再生的空间战略资源,频率是卫星导航的基础。北斗卫星导航系统建设之初,频率被瓜分殆尽,险些被排挤在"卫星导航俱乐部"之外。在国家的大力支持和努力斡旋下,最终成功申请到新的频率。(点评:国家综合实力的强大不仅体现在经济总量上,还表现为"科技主导权"的掌握,尤其是对于中国这样经济体量、社会体量均十分庞大的国家而言。)

问题思考

◇ 当下的中国正在经历从"中国制造"到"中国创造"的质的飞跃,从自己的专业背景出发谈谈如何汲取中国古代发明创造的教训,避免"重蹈覆辙"?
◇ 伴随着北斗导航卫星的不断升空和全球组网步伐的不断加快,北斗卫星导航系统作为热点词汇不断出现在公众视野。你对"北斗"了解多少呢?"北斗"如何应用到我们的日常生活?

一、探寻古代导航:华夏先民智慧

(一) 指南车"华而不实"

不同于现在常见的利用地磁效应的导航工具,指南车巧妙地利用齿轮传动系统和离合装置来指示方向。在特定条件下,不论车轮转向如何,木人的手指始终指向南方。关于指南车的"发明权",晋代崔豹《古今注》云:"大驾指南车,起黄帝与蚩尤战于涿鹿之野。蚩尤作大雾,兵士皆迷,于是作指南车,以示四方,遂擒蚩尤"。晋代虞喜《志林新书》也称:"黄帝与蚩尤战于涿鹿之野。蚩尤作大雾弥三日,军人皆惑,黄帝乃令风后法斗机作指南车,以别四方"。之后的著作如南朝梁沈约《宋书》、宋代李昉等人《太平御览》和明代严衍《资治通鉴补》等关于指南车的记载多引自《古今注》。

不过此类传说因缺乏实物佐证难以令人确信。三国时期,马钧奉魏明帝之令成功制成指南车,但不久亡佚。此后,后赵解飞,南朝宋、齐祖冲之,北宋燕肃相继成功造出指南车。王振铎等现代学者根据《宋史·舆服志》关于北宋天圣五年(1027年)燕肃献指南车的记载,提出了不同的复原方案。颜鸿森则系统分析了指南车能够实现持续指南功能的可能机械构造。科技史的先行研究表明,由于制造精度和路面环境的影响,指南车在行进过程中会不断累积误差,以至于不易持续指南,因此,指南车更多地用作帝王出行的属车,仅作为一种仪仗象征,并没有大规模地投入使用。或许正是指南车被赋予了远高于指南功能的某种政治意涵,使得它成为"帝王专属"而无法批量生产,其制造方法自然也深藏内廷难见天日。一旦遭遇朝代更迭或其他动乱,指南车极易损毁,制造方法也难以保存,因此后人只能从零开始反复试制。由于指南车长期处于重复制作的初级阶段,纵然有极少数天才人物的"巧夺天工",但总体而言其制造工艺缺乏累积性改进和实践性检验,始终在重复中逡巡不前,不仅无法简化制作工艺以便推广,而且难以完成理论的创建和突破,可谓中国古代工艺制造悲剧的一个缩影。

(二) 磁罗盘与牵星板

对磁石吸铁功能的认识是发明指南针的基础,春秋战国时期华夏先民已经能够从天然矿石中辨别出具有独特磁性的矿石,但关于指南针的明确记载出现于两宋时期。北宋朱彧《萍洲可谈》称"舟师识地理,夜则观星,昼则观日,阴晦则观指南针"。北宋徐兢《宣和奉使高丽图经》亦称"惟视星斗前迈,若晦冥,则用指南浮针,以揆南北"。南宋吴自牧《梦粱录》则有"风雨其冥晦时,惟凭针盘而行,乃火长掌之,毫厘不敢差误,盖一舟人命所系也"的记载,表明指南针已与方位盘相结合,成为早期形态的磁罗盘。方位盘依十二地支作十二等分,在十二地支之间再等而分之,填以天干八字,构成每字相差15度的二十四方位罗盘。若再以每两字之间夹缝为一方位,则可构成四十八方位罗盘图。使用时,先以子、午定北、南,再观察航向与方位字的关系,指针正好吻合某个方位字为"丹针"(或"单针"),称"某针"或"丹某针",居某两个方位字之间则为"缝针",称"某某针"。及至明代,应用更臻成熟,《顺风相送》已有"定三针方法"和"定四针方法"。其法今已不详,但多针同时运用,航向的测量当更为精准。传统时期中国磁罗盘多采用浮针法,属于"水罗盘",郑和船队下西洋时采用的仍是"水罗盘",大约到明嘉靖年间,指南针被固定在支轴上的"旱罗盘"开始出现。当然,也有文献记载,这种"旱罗盘"是在16世纪后半叶经日本传入的西式罗盘。到清代,"水罗盘"完全被"旱罗盘"取代。

牵星术是通过观测星辰(多为北极星)的海平高度来推算船舶所处纬度的一种传统天文导航方法。它出现的时间很早,由于当时缺乏测量器械,只凭肉眼观测,又称"观星法"。其优点是简便易行,但缺陷也十分明显:一旦遇到目视情况不佳的阴天,加之没有磁罗盘,船舶便会进入盲目漂流状态。至南宋时,磁罗盘的制作和使用渐趋成熟,加上近岸航行较多而离岸航行较少,天文导航逐渐让位于罗盘导航和地文导航,赵汝适《诸蕃志》便提及,"舟舶来往,惟以指南针为则,昼夜守视惟谨,毫厘之差,生死系焉"。直到郑和船队在七下西洋的壮举中发展出更为成熟的"过洋牵星",才令传统天文导航"梅开二度",但又随着中国人突然退出远洋航行而罕为人知。

从第四次航行开始,郑和的船队越过古里(今印度卡利卡特,位于喀拉拉邦)抵达阿拉伯半岛南端和非洲东海岸。航线的延长不仅意味着航行距离的扩大,还意味着航行环境的巨大改变。在通过马六甲海峡之前,航线贴近大陆轮廓,还有诸多岛屿散布于航线附近,海上导航可以得到陆上参照物的有效提示,而进入印度洋后,航线开始远离大陆轮廓,无法有效观察到陆上参照物,因此,在《郑和航海图》中出现了一种全新的导航方式,即在涉及印度洋海域的岛屿和主要港口时,开始注记某星座的角度。例如,"官屿"旁注记"用庚酉针四十五更,收官屿。华盖七指二角"。这种被称为"过洋牵星"的天文导航与"观星法"的区别在于,它以一种叫作"牵星板"的仪器测量星座的出水高度(即仰角),并以"指"和"角"为度量单位记录下所测星座的角度度数,进而指导船舶航行。

> ★知识链接·郑和航海图
>
> ◇ 世界上现存最早的航海图集,虽然数学精度较同一时期西方的波特兰海图为低,但实用性更强。
> ◇ 收录于明代茅元仪《武备志》。原图呈一字形长卷,收入《武备志》时改为书本式,自右而左,计图20页共40幅,最后附"过洋牵星图"两幅。

◇ 图上所绘基本航线自南京始,沿江而下,出海后南下,沿中南半岛、马来半岛海岸,穿越马六甲海峡,经锡兰山(今斯里兰卡)到达溜山国(今马尔代夫)。由此分为两条航线:一条横渡印度洋抵达非洲东海岸;另一条从溜山国横渡阿拉伯海到忽鲁谟斯(今伊朗霍尔木兹)。

◇ 该图采用中国传统的山水画立体写景式绘法对山岳、岛屿、桥梁、寺院、城市等地理要素进行标识,形象直观,易于辨认。共计标识地名530多个,其中外域地名300多个,涵盖了亚非30多个国家和地区的范围。

◇ 该图突出了与航行有关的要素,属于写景式海图,又属于针路图系统。突出标明航行的针路(航向)和更数(航程),显著目标均绘成对景图,以便识别、定位,并用文字说明转向点的位置和测深定位的水深数,以及牵星数据,充分保障了航行的安全。

明代李诩《戒庵老人漫笔》记载:"苏州马怀德牵星板一副,十二片,乌木为之,自小渐大,大者七寸余。标为一指、二指,以至十二指,俱有细刻,若分寸然。又有象牙一块,长二寸,四角皆缺,上有半指、半角、一角、三角等字,颠倒相向。盖周髀算尺也。"航海史的先行研究认为,这种李诩认作"周髀算尺"的"牵星板"便是郑和船队"过洋牵星"的工具。[1] 牵星板的使用在明代十分成熟,一般牵北极星,在低纬度地区(无法看见北极星)则改牵华盖星(今属仙后座)。正是依靠磁罗盘、牵星板等当时最先进的导航工具,郑和船队才能够在"洪涛接天,巨浪如山"的复杂海洋环境下"云帆高张,昼夜星驰",成功完成七次"下西洋"的伟大航行。

(三) 司南真伪之辨

与指南针相比,司南的记载时间更早。战国时期成书的《韩非子·有度》曰:"夫人臣之侵其主也,如地形焉,即渐以往,使人主失端,东西易面而不自知,故先

---

[1] 据现代学者研究,牵星板由乌木制成,包括十二块大小依次递减的正方形木板。最大的一块边长约24厘米,以下每块递减2厘米,最小的一块边长约为2厘米。另有象牙制成的小方块,四角缺刻,缺刻四边的长度分别是前述最小正方形木板边长的四分之一、二分之一、四分之三和八分之一。

王立司南以端朝夕。"如果能够证明司南与指南针属于同一事物,那么指南器械的发明时间将从公元12世纪提前至公元前3世纪。

1928年,史学家张荫麟在《中国历史上之奇器及其作者》一文中始将司南视为指南针之雏形,认为"观其构造及作用,恰如今之指南针",同时通过检括先秦载籍,推测"现存关于指南针之明确记载始于后汉初叶,而指南针之出世则未必即始于此时",并得出"利用磁石之指南针,当已出现于秦汉之世"的结论。不过,张氏所谓"观其构造及作用",乃是基于对东汉王充《论衡·是应篇》"司南之杓,投之于地,其柢指南"的文字解读,并非来自对司南实物的观察。

王振铎选取钨钢材质的人造磁铁"煅出勺之雏形,施以错工,然后打磨光滑",辅以铜质地盘,复原出司南模型,并于1945年10月27日上午9时至12时在四川省南溪县李庄进行了"指极性之准确性"试验。记录结果显示,40次试验中指向正南者28次、南偏西五度者10次、南偏东五度者2次。此后,司南模型陈列于中国历史博物馆(今中国国家博物馆),并产生巨大影响。不仅在专业书刊中备受称道,还进入教科书、辞典,为公众所熟知。1953年发行的一套特种邮票《伟大的祖国》中,第一枚便是司南模型,而中国的北斗卫星导航系统在2012年之前也曾被冠以司南之名,其标识也拥有显著的司南元素。

由于至今未发现司南实物,王振铎对司南的复原仍在持续地引发学界的争论,大致有两种观点。第一种观点认为古代文献中所谓司南并非磁性指南器械,而是另有所指,晚至唐宋时期才出现具有实用价值的人工磁化指南针;第二种观点并不否认古代文献中所谓司南为实用性磁石指向器械,而是对王振铎的工作进行了完善和补充,对其复原工作提出了一些改进意见,并回应了前一种观点对司南模型的质疑,认为"指南针是举世公认的中国古代重大发明,但研究现状还很不到位,实证研究尤其不足。这在一定程度上已经引起了大众对古代指南针技术的认知混乱;需要集合文物考古、古文献考察、复原实验和科学分析等手段,开展全面研究。当前亟待建立交叉学科的研究团队,通过实物复原与科学分析揭示指南针的制作技术,为其起源、类型演变等研究提供实证支持"。

二、无线导航革命：从陆基到星基

20世纪20—30年代，无线电测向技术问世。利用电磁波在均匀理想媒质中沿直线传播，在自由空间的传播速度恒定，遇到障碍物时会发生反射的特性，导航设备能测量出载体相对于导航台的方向、距离、距离差、速度等参量，从而为船舶和飞行器提供精确导航。此后，仪表着陆系统（Instrument Landing System，ILS）、微波着陆系统（Microware Landing System，MLS）、伏尔-测距器（Very High Frequency Omni-directional Range-Distance Measuring Equipment，VOR-DME）、罗兰C（Loran C）、奥米伽（Omega）、塔康（Tactical Air Navigation，TACAN）和台卡（Decca）等陆基无线电导航系统（亦称地面无线电导航系统）相继被发明，成为主流的导航工具。不过，陆基无线电导航系统普遍存在信号覆盖有限、技术落后、设备陈旧、定位精度低等缺点，加之隐蔽性差、过于依赖导航台，其重要性逐渐被星基无线电导航系统（亦称空间无线电导航系统）所取代。卫星导航通过接收导航卫星发送的导航定位信号，并以导航卫星作为动态已知点，实时地测定运动载体的在航位置和速度，进而完成导航。1957年第一颗人造地球卫星的发射揭开了人类利用卫星开发定位与导航系统的序幕。

（一）子午仪系统：第一个卫星导航系统

1957年10月4日，苏联成功发射世界上第一颗人造卫星"卫星1号"（Sputnik-1），作为冷战时期的对手，美国对此自然颇为关注。美国约翰·霍普金斯大学应用物理实验室的研究人员在利用无线电技术跟踪观察苏联卫星时，无意间发现了多普勒频率转移效应，即在卫星飞近地面接收机时，收到的信号频率逐渐升高，飞过以后，信号频率则逐渐降低。这种现象使他们认识到：卫星的运行轨迹可由卫星通过时所测得的多普勒频移曲线来确定；反之，如果知道了卫星的精确轨迹，就能够确定接收机的位置。人类利用人造卫星进行导航定位的新纪元由此开始。

1958年，美国海军为解决核潜艇深海潜航和执行任务时需要精确定位的问题,开始研制军用导航卫星系统,命名为"子午仪"(Transit),又称海军卫星导航系统(Navy Navigation Satellite System,NNSS)。从 1960 年开始,其在二十多年的时间里相继发射 30 多颗卫星。1964 年,子午仪卫星导航系统建成并投入使用,1967 年开放民用,直至 1996 年退出历史舞台。

子午仪卫星导航系统由卫星网、地面跟踪站、计算中心、注入站、美国海军天文台和用户接收设备等 6 部分组成。卫星网使用轨道面均分的 4—5 颗卫星,其轨道均为近圆极轨道。卫星轨道约 1 000 千米,运行周期约 107 分钟。地面跟踪站共 4 个,各由定向天线跟踪卫星,接收从卫星发来的信号并解调,进行记录并将数据连同时间修正量传送到计算中心。计算中心根据各跟踪站送来的数据,计算出每颗卫星未来 16 小时内在世界时偶数分钟开始时刻的位置,即卫星固定轨道参数和可变轨道参数,编码后送往注入站。注入站对数据进行存储,数据注入每 12 小时进行一次,以替代卫星中原存的数据,并修正卫星上的时间信号。美国海军天文台接收卫星在偶数分钟时刻的时间同步信号,与世界时比对后,将时差值送入计算中心,使卫星、跟踪站、计算中心、注入站和用户设备的时间同步。子午仪号导航卫星轨道参数预报的相对精度优于 5 米,绝对精度优于 10 米,导航定位精度一般为 20—50 米。

(二) 全球定位系统

由于子午仪系统在覆盖范围、连续性、定位精度上均不尽人意,美国国防部在 1967 年至 1969 年着手建立陆海空三军使用的新型全球导航卫星系统。美国海军启动了"授时导航卫星系统"(Time Navigation,TIMATION)计划,提出用伪码测距代替多普勒测速的构想,并用铷原子钟成功替代石英钟。与此同时,美国空军开始了代号"621B"的卫星导航系统试验。1973 年,美国国防部吸取 TIMATION 和 621B 的优点,决定联合开发"导航星全球定位系统"(Navstar Global Positioning System,Navstar GPS),定义为一种全天候、全球性和高精度卫星导航系统。1978 年 2 月 22 日,在范登堡空军基地发射第一颗 GPS 实验卫星。原计划于 1987 年建成整个系统(由 24 颗卫星组成),但由于经费问题,推迟了 6 年。1993 年 12 月 8 日,美国正式宣布 GPS 具有初始运行能力,同时免费向全球各国开放民用信号。1995 年,美国宣告 GPS 正式进入全面运行能力状态。

关于GPS,起初美国军方和国会有对立的两派意见,一派支持,一派反对。由于该系统太过庞大,巨大的投资和漫长的建设期使之不断地在国会中成为备受瞩目的议题,并且一度被降格,组成星座的卫星从24颗被减为18颗。直到1991年海湾战争时期,GPS首次被美国空军使用,那些装备天宝(Trimble)的小型轻便地面接收机(SLGR),显示出良好的定位功能,在战争中展示了卓越的性能和非凡的价值。许多士兵写信回家索要民用GPS手机,证明其在无垠的沙漠中的确表现非凡。海湾战争的总结报告更将战争的胜利归结为"GPS的胜利",称之为"军事力量的倍增器"。各方新闻媒体对GPS进行不断的报道,使其名噪一时,进而极大地激发了人们对民用GPS的兴趣。从此以后,GPS在国会中几乎是一路绿灯,被核准建设24颗卫星的星座。

传统GPS为不同等级用户提供两种不同的定位服务方式:标准定位服务(SPS)和精密定位服务(PPS)。面向民用的标准定位服务只提供在一个载波频率(L1)上,且该载波是由精度较低的C/A码调制。精密定位服务则提供在由高精度P(Y)码调制的两个载波频率(L1和L2)上,主要服务对象是美国军方和经美国政府批准的特许用户。此外,GPS还人为地恶化民用服务性能。1990年,GPS的选择可用性(SA)政策被激活,它通过对卫星基准时钟引入一个高频抖动干扰或者篡改卫星星历数据,以降低标准定位服务的精度。2000年5月2日这一政策被暂时关闭。2007年美国总统布什宣布将永久性取消该政策。但美国政府通过开发新技术的方式继续推行军用优先的理念。其中一种新技术就是选择失效(SD)技术,即当美国及其盟友的国家安全受到威胁时,可以通过陆上干扰源干扰或屏蔽民用GPS信号,以此中断某一特定地域的标准定位服务。

(三) 全球导航卫星系统

在全球导航卫星系统(Global Navigation Satellite System, GLONASS)之前,苏联事实上已经拥有一个类似于美国子午仪卫星导航系统的"旋风"(Tsiklon)卫星定位系统。但其定位精度无法满足新一代弹道导弹等武器系统的要求。鉴于此,苏联从1968年起集合各方面的力量着手研制建立一个新的导航系统。苏联解体后,该工作由俄罗斯继承。从1982年10月12日发射第一颗卫星开始,历经13年,于1996年1月18日实现满星座24颗卫星正常播发信号。

与GPS相比,GLONASS在很多方面具有相似的系统构成。其一,双方都是使用24颗卫星星座,用户都是利用测量至少4颗卫星的伪距和伪距变化率的方法,确定其精确三维位置、三维速度和时间。GLONASS也同时使用军用码和民用码。后者向全世界用户免费开放,由于没有采用降低精度的选择可用性(SA)政策,能达到40米左右的定位精度,高于GPS的民用标准定位服务。其二,GLONASS与GPS都是被动式系统,即卫星主动向地面发射信号,而接收机不必向外界发送任何定位请求信息。当然,GLONASS亦有其独特之处。首先是星座布局不同,GLONASS的卫星布局在倾角为64.8度的3条轨道上,而GPS的卫星布局在倾角为55度的6条轨道上。前者在地球极区的几何分布更好,适合高纬度地区的国家和用户,而后者在中低纬度地区的几何分布更好。其次,GLONASS使用PE-90坐标系,而GPS使用WGS-84坐标系。这两种坐标系所用的地球参考模型不同,原点亦不重合。最后,双方的时间标准不同,GLONASS与莫斯科标准时相关联,而GPS与世界协调时相关联。

(四) 欧洲卫星导航系统

欧洲卫星导航系统又称"伽利略"(Galileo)计划,于2002年正式启动,是世界上第一个基于民用的全球卫星导航系统。其卫星星座预计包括27颗工作卫星和3颗在轨备用卫星,将均匀分布在倾角为56度的3条轨道。

除欧盟外,中国、印度、巴西、日本、阿根廷、澳大利亚等国都参与了该计划。但2005年之后"伽利略"计划的执行并不顺利,由于欧盟事务协调成本高、资金短缺、预算超支、利益分配争执、运营特许权谈判等问题的困扰,原计划2010年前后投入使用的"伽利略"全球卫星导航系统仅在2005年和2008年发射了2颗试验卫星,进行系统的通讯频率测试和在轨技术的运行测试,一直到2011年10月21日,"伽利略"系统的首批2颗在轨验证卫星才发射升空,进入预定轨道。原定的多国合作也因为与中国的合作出现障碍而未能完全实现。按照2010年调整后的计划,欧盟将于2020年之前完成全部30颗卫星的发射,总体建成全球卫星导航系统。

三、北斗卫星导航:先区域后全球

北斗卫星导航系统由中国自行研制,是继美国全球定位系统和俄罗斯全球导航卫星系统之后世界上第三个成熟的卫星导航系统。

(一)"北斗一号"系统

20世纪70年代末,中国开始探索适合国情的卫星导航系统的技术途径和方案。1983年,著名航天专家陈芳允院士提出"双星定位"的设想,即利用2颗地球同步轨道通信卫星实现区域快速导航定位。1989年,利用通信卫星进行的演示验证实验证明了这一方案的正确性和可行性。1994年,启动"北斗一号"系统(又称北斗卫星导航试验系统)工程建设。2000年10月31日、12月21日先后发射2颗北斗导航试验卫星,分别定点于东经140度和东经80度,该系统建成并投入使用。2003年5月25日发射了第3颗北斗导航试验卫星,定点于东经110.5度,进一步增强导航性能。12月15日,正式向以中国为核心的覆盖区域内用户提供导航定位、授时和一次传送40—120个汉字的双向短报文通信服务。

与GPS和GLONASS相比,该系统仅覆盖中国国土及周边区域,且定位精度较低,但作为中国独立自主建立的首个卫星导航系统,打破了美、俄在这一领域的垄断地位,具有里程碑意义。

(二)"北斗二号"系统

2004年,启动"北斗二号"系统工程建设。2007年2月3日,第4颗北斗导航试验卫星成功发射,进一步提高"北斗一号"系统的性能和可靠性,并进行了"北斗二号"系统的相关试验。4月14日第1颗北斗导航卫星成功发射。2012年10月25日第16颗北斗导航卫星入轨。12月27日,宣布建成"北斗二号"系统。同时,中国卫星导航系统管理办公室主任、北斗系统新闻发言人冉承其在国务院新闻办公室举行的新闻发布会上公布其英文名为 BeiDou Navigation Satellite System，简称 BDS（此前，该系统对外称为 Compass Navigation Satellite System，简称 CNSS）。

与"北斗一号"系统相比，"北斗二号"系统进行了重大技术变革，主要表现为定位原理的不同。前者采用主动式定位（有源定位），用户既要接收来自卫星的导航定位信号，又要向卫星转发该信号，进而由地面中心站解算出各个用户的所在点位，并用通信方式告知用户。这种主动式定位容易暴露自己，缺乏隐蔽性，难以满足国防建设的需要。后者则采用与 GPS、GLONASS 相同的被动式定位（无源定位），用户只需接收来自卫星发送的导航定位信号，便可自主精确地解算出自己的位置参数。

该系统可为亚太大部分地区提供定位、导航和授时以及短报文服务，除还不能达到全球覆盖，以性能而言已经与 GPS 不相上下。

2014 年 11 月 23 日，国际海事组织海上安全委员会审议通过了对北斗卫星导航系统认可的航行安全通函，这标志着北斗卫星导航系统正式成为继美国全球定位系统、俄罗斯全球导航卫星系统之后第三个成熟的卫星导航系统，正式成为全球无线电导航系统的组成部分，并取得了面向海事应用的国际合法地位，成为服务世界航海用户的卫星导航系统。

（三）北斗全球系统

2009 年，我国启动北斗全球系统工程建设，继承有源服务和无源服务两种技术体制。2015 年 3 月 30 日，第 17 颗北斗导航卫星成功发射，开启由区域运行向全球服务的拓展。7 月 25 日，第 18、19 颗北斗导航卫星发射入轨，并于 8 月 9 日首次实现星间链路，第 19 颗北斗导航卫星通过星间链路顺利接收并传回第一帧星间遥测。由于中国不可能像美国一样在全球各地大规模地建立地面站，该技术成功解决了境外卫星的数据传输通道问题，实现了卫星与卫星、卫星与地面站的链路互通，为建立全球卫星导航系统迈进了一大步。

据北斗卫星导航系统总设计师杨长风介绍，卫星通信系统有两种通信链路。一种是空间-地球链路，另一种是空间-空间链路。前者受无线电波穿越大气层以及雨衰因素的影响，大容量通信不易实现，而后者通过光通信实现大容量数据传输,可以减少对地面站的依赖,有效降低系统的运行管理成本。当然,星间链路并非只是"地面站难以大范围建设"的权宜之计,也是掌握"自主导航"的关键,"即使地面站全部失效,30多颗北斗导航卫星也能通过星间链路提供精准定位和授时,地面用户通过手机等终端仍旧能进行定位及导航"。

此外,北斗还在世界上首次实现了卫星的在轨完好性自主监测功能。由于北斗的地面站较少,基于地面系统的全球连续完好性监测和实时告警的时间需要"数十秒到几小时",而卫星自主监测预警仅需几秒钟的时间。

2017年11月5日,第24、25颗北斗导航卫星发射入轨,拉开了全球组网的序幕。

四、导航群英荟萃:定位中国坐标

(一) 无线导航元老——温启祥

温启祥于1909年6月出生于江苏省无锡县。1926年进入上海私立南洋高中学习,后因家庭经济贫困而不得不开始学徒生涯。1927年考入国民政府南京军事交通技术学校学习无线电技术,毕业后在济南、上海等地商用无线电台做报务工作。1932年考入国民政府交通部中国航空公司。工作之余,他自购元器件,继续钻研无线电技术,并参加了美国举办的"万国函授学校"。抗日战争期间,温启祥被派往印度加尔各答工作,经常受到外国人的歧视和侮辱,进一步激发了他刻苦钻研技术的动力。他每天早起晚睡,利用一切可以利用的时间来学习。从维修到组装,进行实际制作,他一边钻研,一边试验,终于在1943年制作出了第一部750瓦的长波归航机和100瓦的短波发信机,运用于飞机进场陆空联络。1957—1961年,温启祥先后三次外出考察,深感我国无线电导航同国际水平的差距,坚定了"独立自主、自力更生、艰苦奋斗"的决心。1961年,国防部第十研究院第二十研究所在西安成立,次年温启祥任副所长兼总工程师。在他的带领下,该所先后建立航空导航、航海导航、着陆雷达、自动控制等研究室和一个试制工厂,逐步开展飞机着陆雷达系统、近程航空无线电导航系统、中远程航海无线电导航系统以及卫星导航系统的研究研制工作。于1966年和1988年先后建成"长河一号"(罗兰- A)和"长河二号"(罗兰- C)两大无线电导航系统,填补了国内空白,极大地改变了我国导航系统落后的面貌。为了适应世界导航技术的新趋势,从20世纪60年代后期开始,在温启祥的策划下,我国开始投入一部分科技人员从事卫星导航的研发工作,先后研制出从子午仪到全球卫星导航定位系统的多型号、多用途卫星导航定位仪。

(二) 现代导航先驱——林立仁

林立仁祖籍广东省潮安县,1913年出生于马来西亚吉隆坡一个华侨家庭。1925年考上新加坡华侨中学,受广大华侨爱国主义思潮的熏陶和亲友的影响,其父将初中毕业的林立仁送回福建厦门读完高中。1931年林立仁考取国立浙江大学工学院电机工程系。入学时正值日寇侵略东北,林立仁怀着"科学救国"的决心,努力钻研专业知识。毕业后进入欧亚航空公司任无线电机械员,随后在南京国民政府侍从室任机务工务组长。1941年,林立仁赴美出任中国自卫供给公司甲级考察员,办理电讯器材"租借"工作。在此期间,涉猎并积累了许多先进的电讯技术。回国后,在成都航空委员会电讯器材修造厂任机务课、设计课课长及实习工厂厂长等职。抗战胜利后,林立仁对国民政府一意孤行坚持内战十分不满,不愿去南京就任国民政府航空委员会通讯工程大队长,遂称病休养。1947年,进入上海中央航空公司电讯总工程师室任副总工程师。1949年11月,参加"两航起义"(中国航空公司、中央航空公司),加入新中国民航队伍。1952年后,林立仁历任军委民航局电讯处工程师,民航科学研究所工程师、通讯导航研究室主任,民航总局航行司高级工程师、副总工程师等职。其间,他先后创制和发明了"特高频定向仪"和"安全58-1型仪表着陆设备"。

(三) 保卫北斗频率——谭述森

频率资源是不可再生的空间战略资源,没有频率,建设卫星导航系统就如水无源、树无根。北斗卫星导航系统建设之初,卫星导航大国已把频率资源瓜分殆尽,并意欲把我国排挤在"卫星导航俱乐部"之外,北斗面临无频可用的严峻局面。世界无线电通信大会(World Radiocommunication Conference,WRC)是国际电信联盟成员国审议无线电频率和卫星轨道资源的划分和使用规则,修订国际电信联盟《无线电规则》,立法规范无线电频谱和卫星轨道资源使用的国际会议。2000年,大会在土耳其伊斯坦布尔举行,几个国家提出删除某些频率,其中便包括"北斗一号"系统用于位置报告业务的频率。迫于压力,一些在预备会议上承诺支持中国的国家临时"倒戈","北斗一号"系统的频率很可能会被删除。无独有偶,俄罗斯全球导航卫星系统的一段频率也在删除清单之中。经过协商,中俄双方很快达成协议,互相支持,最终使该提议被大会否决,北斗频率保卫战初战告捷。在这次大会上,中国还与欧盟合作共同申请到了新的频率资源。但随着2007年4月中国成功将第一颗北斗导航卫星送入轨道,欧盟忽然提出"伽利略"系统对该频段拥有优先权,两套系统在频率重叠时可能发生干扰。对此,中方认为,按照国际电联的规定和程序,中方对此导航频段的使用具有同等优先权。于是,双方科学家开展了长达8年的技术层面的谈判。其间,谭述森带领谈判团队提出了卫星导航信号兼容性评估准则,并证明了北斗系统与"伽利略"系统频率重叠时互不影响。最终,欧盟于2015年1月接受了中方提出的频率共用理念,同意在国际电联框架下完成卫星导航频率协调。多年来,经过与几十个国家数百次艰苦谈判,谭述森带领频率协调团队屡战群雄,使中国走出了卫星导航频率匮乏与资料申报落后的历史。

参考文献

安雪菡编著:《地理信息与智慧生活》,广东省地图出版社2012年版。

北斗科普网: http://www.bdlead.cn。

曹冲等编著:《北斗伴咱走天下》,中国宇航出版社2011年版。

陈思璁编著:《司南漫谈》,重庆出版社2008年版。

戴念祖:《再谈磁性指向仪"司南"——兼与孙机先生商榷》,《自然科学史研究》2014年第4期。

黄兴:《天然磁石勺"司南"实证研究》,《自然科学史研究》2017年第3期。

黄兴:《中国指南针史研究文献综述》,《自然辩证法通讯》2017年第1期。

焦维新:《北斗卫星导航系统》,知识产权出版社2015年版。

林文照:《关于司南的形制与发明年代》,《自然科学史研究》1986年第4期。

林文照:《天然磁体司南的定向实验》,《自然科学史研究》1987年第4期。

刘秉正:《司南新释》,《东北师大学报(自然科学版)》1986年第1期。

刘秉正:《再论司南是磁勺吗?——兼答戴念祖先生》,《自然科学史研究》2006年第3期。

刘秉正、刘凤彦：《关于司南本质问题的讨论——答林文照同志》，《东北师大学报（自然科学版）》1995年第1期。

孙机：《简论"司南"兼及"司南佩"》，《中国历史文物》2005年第4期。

孙机：《再论"司南"》，《中国国家博物馆馆刊》2018年第7期。

王振铎：《司南指南针与罗经盘——中国古代有关静磁学知识之发现及发明（上）》，国立中央研究院历史语言研究所专刊之十三：《中国考古学报》第三册，1948年。

谢钢：《全球导航卫星系统原理——GPS、格洛纳斯和伽利略系统》，电子工业出版社2013年版。

颜鸿森：《古中国失传机械的复原设计》，萧国鸿、张柏春译，大象出版社2016年版。

杨琳：《勺形司南未可轻易否定》，《自然辩证法通讯》2016年第3期。

张慧娟编著：《从司南到北斗导航》，上海科学普及出版社2014年版。

张荫麟：《中国历史上之奇器及其作者》，《燕京学报》1928年第3期。

中国航海博物馆编著：《海帆远影：中国古代航海知识读本》，上海书店出版社2018年版。

中国科学技术协会编：《中国科学技术专家传略·工程技术编·电子、通信、计算机卷1》，电子工业出版社1998年版。

中国科学技术协会编：《中国科学技术专家传略·工程技术编·航空卷2》，航空工业出版社2002年版。

中国科学院自然科学史研究所编著：《中国古代重要科技发明创造》，中国科学技术出版社2016年版。

中国卫星导航系统办公室"北斗网"：http://www.beidou.gov.cn。

中华人民共和国国务院新闻办公室：《中国北斗卫星导航系统》白皮书，人民出版社2016年版。

第五讲　从削竹木以为鹊到翱翔空天

陈瑞丰　整理

主要内容

◇ 在我们祖先的心中，很早就产生了像神龙那样凌云御风、翱翔天宇的渴望，"嫦娥奔月""天宫神仙"的故事脍炙人口。中华民族翱翔空天的早期智慧也对世界空天事业的产生发挥了重要作用。

◇ 建立一个完整强大并能与发达国家比肩的空天工业，一直是中国无数仁人志士、黎民百姓的呼号与夙愿。从初创和奠基，到崛起和跨越，中国空天事业的发展取得了巨大进步，标志性成果比如运-10、C919、长征二号F、长征七号、长征五号。新中国空天事业的巨大成就使中国空天科技在世界上占有了举足轻重的地位，也代表了我国科学技术的发展水平。

◇ 通过对中国空天发展的概述，让学生对中国的空天事业有一个粗略了解的同时，使学生体会到中华民族是一个有着远大理想的民族，激发学生的民族自豪感、自信心，自愿为中华民族伟大复兴而上下求索、努力拼搏；使学生从空天事业的故事中，领会到中国的空天事业将更加深刻地改变中国对世界的影响力，从而体悟到国家富强、民族振兴、人民幸福的重大意义；并引发学生对于中国与西方空天事业发展之间的联系和区别的思考，在对历史的回顾和当下的思考中找到未来的方向。

精彩案例

◇ 韩积冬，中国航天科工三院159厂焊接高级技师、国家高级职业技能鉴定高级考评员、国家职业技能竞赛裁判员、北京市优秀教练员、北京市有突出贡献高技能人才。2021年,在第七届全国职工职业技能大赛中夺冠。

问题思考

◇ 中国空天事业的发展让你感受到了什么样的民族品格和精神气质？对你有什么激励？

◇ 通过焊匠韩积冬的故事,领悟小细节如何托举了大志向。谈谈你可以怎样把这种"小细节精神"应用到自己的学习和生活中。

◇ 大国走向强国的历史背景下,中国空天事业的发展具体能够为自己的强国梦赢得哪些优势？空天事业发展了,我们就成为强国了吗？我们应该拥有什么样的大国自信？

一、前史：中华民族翱翔空天的早期智慧

(一) 航空前史

中国古代发明和创造的风筝、火箭、孔明灯、竹蜻蜓等飞行器,被认为是现代飞行器的雏形,对航空的产生起了重要作用。最早有史可查的努力可追溯到公元前,据《墨子·鲁问》记载,春秋时期的著名工匠公输盘已能"削竹木以为鹊,成而飞之";而《后汉书·张衡列传》中说,东汉著名的科学家张衡也曾制造出了能够飞翔的木鸟。两千多年以前,世界上最早的实用飞行器——风筝在中国诞生了。唐赵昕著《息灯鹞文》中记载,楚汉争霸时,韩信在垓下之战中便曾使用过风筝,南北朝时风筝已正式用于军事联络了。另外,在我国的许多文献、发明中可找出不少近现代飞行器的影子。例如东晋的葛洪在《抱朴子·内篇·杂应》中,提出了鸟类翱翔是由于上升气流托举的见解,这是对鸟类飞行原理的重要发现,包含了滑翔机的最初理论；五代时的松脂灯,又名"孔明灯",众所周知是利用热气升上天空,其实便是一种原始的热气球；西方学者称为"中国陀螺"的竹蜻蜓则被普遍视为现代旋翼机的雏形。这些光辉成就给后世航空器的研究以重大的影响和启迪。

18世纪后半叶,气球、飞艇先后在西方研制成功。1840年鸦片战争后,西方的航空知识传入中国。1855年,上海墨海书店刻印了《博物新编》,其中介绍了

氢气球和巨伞图。《天上行舟》画的是航空设想。1887年,天津武备学堂数学教习华蘅芳制成直径5尺(约1.7米)的气球,灌入自制的氢气成功飞起。1899年,澳洲华侨谢缵泰完成"中国号"飞艇的设计。"中国号"飞艇采用铝制艇身,靠电动机带动螺旋桨推进。谢缵泰没有得到清朝政府的支持,他不得已把"中国号"的构造说明书寄给英国飞艇研究家,获得很高评价。中国最早介绍飞机的文章是1901年石印的《皇朝经济文编》中的《飞机考》。1903年以后开始出现翻译和编著的航空科学幻想小说。其次是外国飞行家来中国作飞行表演。中国政府也派留学生出国学习航空知识,中国也到国外购买飞机。但直到1949年,中国的航空事业都十分落后,发展极为缓慢。1909年,冯如造出飞机并试飞成功。1910年,中国人谭根在国外成功地设计和制造了水上飞机,夺得国际飞机制造比赛大会冠军,后在菲律宾创造了当时世界水上飞机飞行高度的纪录。

(二) 火箭前史

在中国古代,火箭是运用火药燃气反作用力原理制造的。在公元3世纪的三国时代,"火箭"这个词就被使用了。公元228年,魏国第一次在射出的箭上装上火把,这是具有重大历史意义的一步。当时蜀国在进攻陈仓(今陕西宝鸡东)时,蜀军攻城的云梯被魏国守将郝昭用火箭焚烧了,"火箭"一词自此出现。不过火箭在当时是为了纵火的兵器,浸满油脂的麻布等易燃物绑在箭头后部,点燃后用弓弩射至对方,与现代火箭产生推力的功能是不一样的。北宋时期,最早、最原始的"火药箭"出现了。它是把火药装在用纸糊成的筒里压实,然后绑在箭杆上,利用弓将其射出去。后来人们在原始火箭的基础上作了改进,将火箭直接装入杆中间,爆时声响很大,这是为了达到恐吓敌人的效果。

中国古代火箭包括四大部分:箭头、箭杆、箭羽和火药筒。火药筒外壳用竹筒或硬纸筒制作,里面填充火药,筒上端封闭,下端开口,筒侧小孔引出导火线。点火后,火药在筒中燃烧,产生大量气体,高速向后喷射,产生向前推力。火药筒相当于现代火箭的推进系统。锋利的箭头具有穿透人体的杀伤力,相当于现代火箭的战斗部。尾端安装的箭羽在飞行中起稳定作用,相当于现代火箭的稳定系统。而箭杆相当于现代火箭的箭体结构。1621年,中国古代火箭外形图首次被记载在茅元仪编著的《武备志》中。

古代中国，火箭出现后就以惊人的速度被用于军事行动和民间娱乐中。在10—13世纪的宋朝、金朝和元朝，火枪、飞火炮、震天雷炮等火药武器已被应用到了战争中。北宋后期，为了给节日增添喜庆的气氛，人们利用火药燃气的反作用力，在民间盛行的烟火戏中制成了能够高飞和升空的"流星"（或称"起火"）、爆竹。从工作的原理上看，"流星"、爆竹已经具有了火箭的特点。原始的火箭于12世纪经过改进后，在军事上得到了广泛利用。我国火箭技术得到迅猛发展的时期是明朝，多种利用火药反作用力推进的火箭被用于战争。明初，朱元璋第四子燕王朱棣于河北的白沟河同建文帝的部队作战时，遭到"一窝蜂"火箭的射击，这是在其夺取政权的"靖难之役"中发生的，系中国最早将"喷气火箭"用于战争的记载。各种单级喷气火箭此后不断增多，分为单发和多发两大类。大约在13世纪末至14世纪初，中国的火药和火箭等火器技术被传到印度、阿拉伯，而后又经过阿拉伯被传到了欧洲。英国炮兵军官康格里夫于1805年成功创制了不同于中国火箭的新式火箭，它的射程达到了2.5—3千米。

二、起步和奠基：中华民族翱翔空天事业的创建

（一）新中国航空工业的起步

中华人民共和国成立前，从1910年到1949年，近四十年的时间，中国虽然在航空方面积累了一些基础，但从来也算不上是独立的航空工业。再加上抗战中日军的轰炸，解放战争中国民党军溃败时的破坏以及战乱中机厂的多次搬迁，致使设备损失殆尽，工厂残破瓦解。到中华人民共和国成立时，除了留下一些航空技术人才之外，仅有的一些微薄基础已荡然无存。

1949年，中华人民共和国的成立，开创了中国历史的新纪元，也拉开了新中国航空业发展的序幕。开国大典的一个多月后，11月9日这天清晨6时，12架不同型号的客机、运输机，从香港启德机场腾空而起，目标是中国大陆。机队由国民党原中央航空公司总飞行师潘国定领航，原中国航空公司总经理刘敬宜、原中央航空公司总经理陈卓林带着两家航空公司宣布起义的通电，直飞北京、天津，当日中午当北飞机队飞过武汉进入华北上空之时，"两航"公司2 000多名员工，在香港庄严宣布起义，回归祖国的怀抱。这12架飞机，加上后来由"两航"员

工修复的国民党遗留在大陆的 17 架小飞机,构成了新中国民航初期的机队主体,为新中国民航建设提供了一定的物质和技术力量。"两航起义"的唯一主机在 1950 年被命名为"北京号",毛泽东主席亲自为该机题写了"北京"二字。

1949 年 11 月 9 日、15 日,周恩来总理两次在北京会见并宴请"两航起义"北飞的人员。会议上,周恩来称这次起义是具有无量前途的中国人民航空事业的起点。尽管是从零开始,总理很有信心。他认为,未来的中国要强大,必须要发展航空事业。接下来,在 9 月份的中国人民政治协商会议第一届大会上,毛泽东主席宣布:"我们将不但有一个强大的陆军,而且有一个强大的空军和一个强大的海军。"1949 年 11 月 11 日,中国人民解放军空军建立。1950 年,空军和重工业部曾单独或联名先后 5 次向中央报送关于建设航空工业的意见。1950 年 10 月 19 日,中国人民志愿军开始抗美援朝,赴朝作战。12 月下旬,政务院总理周恩来遵照毛泽东主席的指示召开会议,确定了我国航空工业建设的基本方针,周恩来总理指出:"我国是拥有 960 万平方公里国土、五六亿人口的国家,靠买人家的飞机,搞搞修理是不行的。"中国航空工业的建设道路,是先搞修理,由小到大,由修理发展到制造。

新中国的航空工业在抗美援朝战争中诞生,1951 年是新中国航空工业正式建立的第一年,初期阶段其主要承担修理军用飞机以保障战争需要的紧迫任务,有力地支援了抗美援朝战争。至 1951 年底,航空工业局所属企业已有 13 个,事业单位 7 个,职工总数 1.2 万人。截止到"一五"计划的最后一年,即 1957 年,我国航空工业全面超额完成第一个五年计划规定的任务,奠定了航空工业由修理走向制造的牢固基础。新中国自行设计并研制成功的第一架飞机是歼教-1,于 1958 年 7 月 26 日首飞成功。20 世纪六七十年代,中国航空工业进入完全依靠自己力量,独立自主地建设和发展时期。其间虽然受到"文革"的干扰,但仍然取得了巨大成绩。到 70 年代后期,中国航空工业不仅在东北、华北、华东有了比较强的飞机及其配套生产能力,而且在中南、西南、西北等地的"三线"地区建成了能够制造歼击机、轰炸机、运输机、直升机及其发动机、机载设备的成套生产基地。航空工业布局发生重大变化,形成了比较完整配套的生产能力。改革开放以后,中国的航空工业除了进行强-5、歼-7、歼-8 等飞机的改型外,还努力研制新一代性能更先进的飞机,现在,中国的下一代主力战斗机歼-20 也已经宣告研制成功。这一系列的成果说明,中国已经有能力自己设计高性能的战斗机。

(二) 新中国自行研制"长征"系列运载火箭

我国于 20 世纪 50 年代开始研制火箭。1956 年,国家建立国防部第五研究院。中国自行设计研制的中程火箭,于 1964 年 6 月 29 日试飞成功,随后马上着手研制多级火箭,向空间技术进军。经过艰苦卓绝的五年努力,"长征一号"运载火箭于 1970 年 4 月 24 日诞生。截至 2017 年 9 月 29 日,我国长征系列运载火箭已飞行 251 次,发射成功率达 94.42%。

"长征一号",这枚中国人最早的运载火箭进行过 2 次发射,让中国人真正迈出了奔向太空的第一步。1990 年,一枚外形不同于以往的新型火箭在西昌卫星发射中心成功发射,这枚火箭的"新"就在于捆绑在它周围的四枚小火箭,此即中国人首次突破的助推器捆绑技术。而这枚火箭就是影响着"长征"系列火箭家族中多个型号的"长征二号"捆绑式火箭,也叫"长二捆"。我们今天见到的"长征二号 F"火箭便是从"长二捆"发展而来。"长征二号 F"火箭也是目前为止,我国唯一能进行载人发射的火箭。2007 年,中国首颗月球卫星"嫦娥一号"由"长征三号甲"运载火箭发射成功,拉开了中国深空探测的序幕,而"长三甲"系列作为能够完成高轨道发射的运载工具,不仅承担了北斗卫星导航工程、探月工程等中国航天重要的系统工程任务,目前也已经成为中国在国际发射合作中的金牌火箭。

随着时代的发展,更为强劲、环保的火箭成了世界运载火箭领域的宠儿,于是,我国新一代运载火箭应运而生,它们就是最年轻也最有本领的"长征五号""长征六号"和"长征七号"。未来,它们将成为我国"长征"火箭家族中的主力。看起来最低调的"长征六号",其实已经在 2015 年 9 月完成首飞。"长六"是新一代"长征"家族第一个登台亮相的,虽然在家族里,它的体形和运载能力都最小,却将 20 颗卫星送上了太空,创造了我国一箭多星的新纪录。"长征七号"虽然不是我国运载火箭家族中个头最大的,却是任务最为繁重的,它肩负的最为重要的任务之一,就是要为中国的载人空间站发射货运飞船。能者多劳,"长征五号"担负的是更远大的任务。我国未来的探月三期、深空探测、空间站建设,甚至火星探测,都将依赖它。"长五"的首飞标志着我国新一代系列火箭全部亮相。

"长征"火箭具备发射低、中、高不同地球轨道不同类型卫星及载人飞船的能力,并具备无人深空探测能力。低地球轨道运载能力达到14吨,太阳同步轨道运载能力达到15吨,地球同步转移轨道运载能力达到14吨。而随着"长征六号""长征五号""长征七号"所组成的新一代"长征"火箭家族的首飞,它们将逐渐取代现在的火箭,通过更新换代,实现"长征"火箭家族发展上的质的飞跃。其中,"长征五号"已经能够跻身世界主流。

三、崛起和跨越:中华民族翱翔空天事业的奋进之路

(一) 新中国航空事业的自主奋进和真正起飞

1. 运-10 的成功

直到20世纪70年代,民用飞机国内航线基本上没有使用过国产飞机,民用飞机的研制还没有走出自己的路子。1969年,周恩来总理就询问过能否在轰-6的基础上,设计一架喷气客机。1970年毛泽东主席到上海视察工作时曾指示:"上海工业基础很好,可以造飞机嘛!"同年,周恩来、叶剑英、李先念等中央领导同志从发展我国航空运输事业考虑,批准了上海造飞机。当年8月,国家计委、军委国防工业领导小组向上海下达了试制生产运-10(代号:Y-10,英文:Shanghai Y-10)的任务。当时都是把国家的重大计划,按照命令下达的年和月来编号,所以,1970年8月,就称"708"工程。

运-10 的研制团队到达上海的时候,甚至没有办公室,他们借用了民航在龙华机场的一个废弃的候机楼,用夹板把候机楼隔开,作为设计室,一下就借用了20年。这个还不够,他们又发现旁边有一个废弃的工厂,工厂里的包装箱很大,相当于今天的集装箱,他们就找到这样的废弃箱,把它开一个门,搬几张桌子进去,各专业组就在集装箱里办公。运-10团队坚持自力更生、艰苦奋斗的道路,刻苦学习,努力工作,不计报酬,为国争光,克服了一个又一个的困难,在如此艰难的条件下,最终研制出一架总重110吨量级的、技术水平与波音707相当的大型喷气式客机。质量是产品的生命,对于民机来说,尤为重要。运-10飞机研制过程中,团队始终坚持质量第一、安全第一、一切经过试验的原则。为确保运-10飞机首次上天的安全,1980年8月26日,航空工业部派出首飞检查组,对研制工作和试飞准备工作进行全面检查。何文治副部长担任试飞领导小组组长,

明确提出了运-10试飞上天必须具备的八项基本条件,要求上天前必须完成69项工作,并采取了一系列确保首飞安全的措施,保证了运-10飞机首飞一次成功。运-10在研制的过程中也尽量全面地引进和应用了美、英设计规范,并且对参考机的设计经验进行了全面借鉴,比如针对国内风洞尺寸偏小的困难,采用了参考机种进行对比试验的方法,解决了风洞试验数据修正的问题。

1980年9月26日,运-10飞机在上海大场机场进行首次试飞并取得成功,与运-10同步研制的涡扇-8型发动机装在波音707上进行了飞行试验,实现了中国在大型商用涡扇发动机上"零的突破"。从1980年10月至1984年6月,运-10先后转场试飞北京、合肥、哈尔滨、乌鲁木齐、广州、昆明、成都等地,七次成功飞抵西藏拉萨。1981年12月8日,运-10首次转场北京,作飞行表演。1983年4月25日,运-10转场试飞到哈尔滨,航程1 840公里。1983年11月4日,运-10进行了最大起飞重量110吨、商载15吨、航程3 680公里转场乌鲁木齐的长途试飞。1983年12月23日,运-10转场广州,为外贸公司运送了13吨出口商品。1983年12月29日,运-10从广州转场至海拔1 900米的昆明,当时正值大雪天气,运-10经受了气候变化的严峻考验。1984年1月31日,运-10首次从成都飞到拉萨市,此后又连续六次带商载进藏。从1980年9月26日首飞成功到1984年,运-10共飞行了130多个起落、170多个飞行小时。最大起飞重量110吨,最大巡航速度974公里/小时,最大实用航程8 000公里。客舱按全旅游、混合、全经济三级布置,可分别载客124人、149人、178人。有较好的安全性,有较好的速度特性,有较好的经济性,有较好的机场适应性,有较大的使用伸缩性,有较大的发展潜力。

2. C919的新世纪突破

进入21世纪,中国民用航空工业和军用航空工业都得到了快速发展,集中体现于C919(全称COMAC919)首次飞行成功和军机多机种快速的迭代更新。

中国商飞C919客机,即中短程双发窄体民用运输机(C929是远程宽体客机),是中国首款按照最新国际适航标准,与美国、法国等国企业合作研制组装的干线民用飞机,于2008年开始研制。C919第一个数字9寓意长长久久,而第一个字母C,则是中国和中国商用飞机公司英文名的首字母,后面的19则是因为最大载客量为190座。其从立项开始,耗时十载,风雨兼程,夜以继日,终于在

2017年5月5日下午2时左右,在上海浦东机场一飞冲天。这次试飞进行了爬升、通讯、模拟着陆、复飞等多项实验。

C919看起来又高又胖。但实际上它却"身轻如燕",同体量的情况下,C919体重轻了10%。减体重保安全,是一个艰巨任务。商飞公司的阮洪泽一直在从事飞机安全性的设计,他说:"当时我们手上国内现有的这些技术,已经跟不上民机研制的步伐了,所以我们是对标国际一流,从零起步,一年年地摸索。"在C919的设计上,事故的发生概率被控制在10的负9次方,用阮洪泽的话来说,比一个健康的人喝水被呛死的概率还要低。C919的安全性被认为绝不逊色同类型的波音、空客客机。C919总设计师吴光辉表示,目前很多波音和空客的飞机零部件也都是中国制造,天天在天上飞。而我们国产大飞机C919历经多年,做了大量设计、计算、试验。对安全性,吴光辉很有信心,他表示肯定愿意第一个坐这个飞机。

其实,C919除了在安全性上的优势,还有很多其他的新特点。吴光辉介绍:"我们发动机的油耗,现役的飞机,油耗能够减少13%到15%,我们排放要比现有的、比国际民航组织要求的还要低,低50%,我们的噪声要低4个分贝,还有一个就是在加工过程中采用环保的,原来化学加工的我们改成机械加工。"C919在保障安全性的同时,还不忘舒适度,这对未来的市场竞争很有利。C919机身特别宽敞,是同类客机里面机身宽度最大的一种,比波音737宽得多,比空客320也宽了5厘米左右。

一架C919大飞机,从上到下大概共有100多万个零件,需要300多个工人连续工作一年多的时间才能够总装完成。到目前为止,C919大飞机在研制过程中,克服了100多项技术困难,申请专利170余件,它在多个行业、多个领域都形成了前沿,所辐射的产业规模超过千亿级。民用飞机是一个自由开放的市场,只有世界一流的产品,没有二流的产品。

在国际商用大飞机市场上,多年来一直是空客和波音双强争霸,C919的成功首飞意味着这一领域又多了一个代表中国制造的强有力的角逐者。对于我们国家来说,C919的出世和高铁一样,依托的是科技和综合国力的提升,同时它的发展也将带动相关产业进步,推动中国制造业从低端向中高端的转型升级。但是我们也要看到,C919毕竟还是样机,距离量产和商业运营,还有很多事要做,有很多关要过,让我们用足够的耐心和信心,来等待它真正飞入我们的生活。

3. 军用航空业的新世纪突破

建军90周年的"沙场大点兵"集中体现了我国航空事业的发展。2017年7月30日上午,在内蒙古草原朱日和的原野上,战车轰鸣,黄沙漫漫,一场声势浩大的沙场阅兵在这里举行。三军将士们,征尘未洗,从训练场迅速集结到了阅兵场,用一往无前的战斗姿态,接受习近平主席检阅,庆祝中国人民解放军建军90周年。

伴随着由远而近的巨大轰鸣声,空中标识梯队飞临检阅台。17架直升机组成"八一"标识,象征着人民军队的八一起点。紧跟着"八一"标识之后的24架直升机汇成的"90"字样,象征着人民军队走过了90年的光辉历程。然后出现在检阅台前方的是陆上作战群的第一个方队——空中突击梯队。10架武装直升机火力强大,既要消灭敌方直升机,又要打击敌方坦克、装甲车和堡垒,担任作战清场任务,另外8架武装直升机担任贴近掩护,确保18架运输直升机上的两个连安全投入战场。这次沙场阅兵,展示战斗队形和战术动作,以战斗的姿态接受检阅,体现了野战化实战化特色。34个方队编组为9个作战群,分别是陆上作战群、信息作战群、特种作战群、防空反导作战群、海上作战群、空中作战群、综合保障群、反恐维稳群和战略打击群。海陆空天电全维度展开,在阅兵场上,展现了中国军队新体制下联合作战模式。

经过世界航空工业一百多年来的不断发展,航空已经成为21世纪最活跃和最有影响力的科学技术领域之一。该领域取得重大成就标志着人类文明的高度发展,也代表着一个国家科学技术的发展水平。回归今时今日,科技的发展日新月异,群体化、社会化、高速化的趋势和特征异常明显,我们随时可能面临新的危机、新的挑战。这一点在航空领域尤其明显,因为在对航空航天技术要求不断提高的未来,落后的航空技术就意味着落后的国度,意味着国家的领空安全将无法保障。而在未来的多时空时代,失去了领空,就如同我们人类失去了一种感官,必将无法达到最优的状态。中国航空工业的自主和迅猛发展必然能够托起富强民主文明美丽和谐的社会主义现代化强国建设。

(二)"长征"系列火箭的跨越式发展

1."长征"系列火箭

长征二号F：1999年11月19日，"长征二号F"运载火箭（简称"长二F"，别称"神箭"）首次发射，成功将中国第一艘实验飞船"神舟一号"送入太空。"长征二号F"运载火箭是在"长征二号"捆绑运载火箭的基础上，按照发射载人飞船的要求，以提高可靠性、确保安全性为目标研制的运载火箭。"长征二号F"运载火箭是"长征二号"家族中的改进型号，主要用于发射"神舟"系列载人飞船。火箭由四个液体助推器、芯一级火箭、芯二级火箭、整流罩和逃逸塔（发射空间站则不包含）组成，全长达58.34米，是目前我国所有运载火箭中长度最长的火箭，安全系数达0.97。火箭首次采用垂直总装、垂直测试和垂直运输的"三垂"测试发射模式。因多次成功发射"神舟"系列飞船并被央视直播报道其发射过程，其已成为中国"长征"系列运载火箭家族中的"明星"火箭。"长征二号F"运载火箭分别将下列飞船和航天员送入太空："神舟五号"飞船是中国首次发射的载人航天飞行器，于2003年10月15日起飞，将航天员杨利伟送入太空。这次的成功发射标志着中国成为继苏联（现由俄罗斯承继）和美国之后，第三个有能力独自将人送上太空的国家。飞船于2003年10月16日安全返回地面。"神舟六号"飞船于2005年10月12日起飞，将航天员费俊龙（指令长）、聂海胜（操作手）送入太空，是中国第一艘执行"多人多天"任务的载人飞船。这也是世界上人类的第243次太空飞行。"神舟七号"飞船于2008年9月25日起飞，将航天员翟志刚（指令长）、刘伯明、景海鹏送入太空。其中翟志刚、刘伯明于9月27日进行我国首次太空行走。"神舟九号"飞船于2012年6月16日将航天员景海鹏、刘旺、刘洋（女）送入太空。这次中国实施了首次载人空间交会对接。"神舟十号"飞船于2013年6月11日起飞，将聂海胜、王亚平（女）、张晓光送入太空。

长征五号：十年磨一剑，2016年11月3日，我国首枚大火箭"长征五号"首次发射圆满成功，它是我国由航天大国迈向航天强国的重要标志。"长征五号"总长大约57米，直径5米，而此前我国火箭的最大直径只有3.35米，只和"长征五号"助推器的直径相当。它的运载能力也较以往提高了2.5倍，而且其还具有高可靠、低成本、无污染的特点。有了"长征五号"，未来空间站建设等多个国家重大科技任务,就获得了更加强大的保障和支持。树立起这块新的里程碑需要突破重重关口,难度超出常人想象,无异于一次新的长征。

"长征五号"运载火箭采用全新设计的箭体结构、全新的动力系统、全新的电气系统,并启用了全新的发射场系统。为了提高火箭运载能力,火箭芯级直径由过去的3.35米扩展到5米,这是我国从1975年以来,第一次改变火箭的直径,尽管直径只增加了1米多,但是一个数量级的变化,对火箭研制来说是一个全新的挑战。

发展航天,动力先行。新一代火箭首先要解决大推力问题,之前我国单台发动机推力最大的只有75吨,远远满足不了"长征五号"的需求。在研制过程中,摆在研制人员面前最大的难题就是如何攻克大推力液氧煤油发动机技术,而这个技术以前也只有俄罗斯掌握。一些外国专家评论即使我们能设计出来,以我们现有的材料和工艺水平,也不可能制造出来。但是中国航天人就是不信这个邪,研制团队夜以继日地进行攻关,几十种新材料、一百多种新工艺被一一攻克。然而,当发动机进入试车阶段时,启动阶段能量匹配技术又拦在了研制团队面前,发动机连续几次试车都遭遇失败。

连续的失败对整个研制队伍的信心,打击非常大,很多人做梦都梦见爆炸的场景,吃不下饭、睡不好觉,但是研制队伍不言放弃。经过艰苦的攻关,研制团队选定了最佳优化方案,第五次试车终于获得了成功。

"长征五号"发动机要实现大推力,除了大推力发动机以外,还需要研制匹配更大的储箱、装载更多的推进剂燃料。一级液氢储箱里面装载的燃料是零下253度的液态氢,防热层只有几十毫米厚。火箭要突破地球重力,需要在很短的时间内达到很高的速度,在飞行过程中储箱要承受巨大的载荷,有的局部轴向压力要超过1 000吨。这些严酷的条件都对储箱的整体刚度、强度提出了极高的要求。

为了使火箭做得更轻,储箱的箱体在满足飞行条件的情况下必须尽量薄,壳壁最薄的地方只有几毫米厚,在国际上都属于领先的。这对储箱的设计、材料、加工工艺都提出了极高的要求。"长征五号"储箱选用了全新的铝合金材料。第一次研制5米直径的大储箱,如何焊接成为一个关键难点,"长征五号"火箭储箱需要焊接的焊缝长达2千米,要把如此薄壁的结构,可靠地焊接在一起,对制造工艺和制造设备提出了很高的要求。

"长征五号"运载火箭是一枚全新研制的火箭,几乎所有的设备都是全新研制的,而这些设备是否达到要求,都需要经过地面的实验来验证。据统计,"长征五号"火箭发射前已累计开展近 7 000 次、1 000 多项地面试验。其中有一项重要的实验就是振动实验。火箭在发射过程中会遇到令人头疼的"振颤"问题。所谓"振颤"即高频的抖动,控制不好很容易造成火箭损毁。因此火箭从单机设备到分系统,到每个舱段都要使用振动台进行模拟振动实验。振动台的应用范围很广,除了民用还可以用在军事领域,西方发达国家对振动台的出口有严格的限制,在"长征五号"研制之前,我国还没有与之匹配的超大型振动台,只能买到 9 吨以下的振动台。最新研制的 70 吨级超大型振动台,是目前世界上最大的振动台,除了应用于"长征五号"的振动试验,还可以应用在大飞机、卫星、高铁、核电等领域。我国自主研发的振动台,目前已经有条件地出口到俄罗斯、美国,用户包括美国宇航局。

据了解,"长征五号"运载火箭从发动机、大结构、大的控制系统、测量系统、地面发射支持系统,到整个研发过程中所用到的大型机床设备,火箭所涉及的所有核心技术的知识产权都在我们自己手里。"长征五号"运载火箭使用了 2 300 多件电器产品,采用了 247 项核心关键新技术,几乎 100% 都是全新研发的。而国际上研制新型火箭,采用新技术的比例一般不超过 30%。采用全新的技术不仅意味着设计、研制的难度增大,也意味着系统风险的增大。

航天是一个系统工程,据不完全统计,10 年中,有几十家核心参研单位,上万航天人参与了"长征五号"的研制。不仅火箭研制需要大协作,火箭发射也离不开发射场系统的全力支持和保障。此次进行"长征五号"发射的文昌航天发射场共有两个工位,2 号工位主要承担 3.35 米直径火箭发射任务,而这次使用的 1 号工位,主要承担 5 米直径火箭发射任务。

"长征五号"的成功发射也验证了文昌发射场能够满足新一代运载火箭和新型航天器的发射任务。有创新,有传承,中国航天强大的组织指挥系统高效运转,确保了"长征五号"研制的顺利进行。

"长征五号"此次发射,过程曲折,结果圆满,检验了"长五"火箭设计的正确性、飞行的可靠性,以及发射场和火箭之间的匹配性。在"长征五号"的研制过程中，中国航天人秉承"特别能吃苦、特别能战斗、特别能攻关、特别能奉献"的精神，以实际行动践行了创新驱动发展战略和军民融合发展战略，对增强国家经济实力、科技实力、国防实力、民族凝聚力具有十分重要的意义。

长征七号："长征七号"是中国"长征"系列运载火箭的新成员，作为新一代运载火箭的中型火箭，它是为满足我国载人空间站工程发射货运飞船的需求和未来载人运载火箭更新换代的长远需求而研制的新一代高可靠高安全的运载火箭。"长征七号"的总高度超过 53 米，起飞重量接近 600 吨，是迄今为止中国使用过的高度最高、推力最大、采用新技术最多的"长征"火箭。从外观上看，"长征七号"和目前中国航天已有的火箭体型差别不大，最为显眼的就是在火箭周围，可以提供额外推力的助推器被设计得更长，接近 27 米。它的直径为 3.35 米，沿用了我国运载火箭的经典直径设计，不过作为新一代运载火箭，其内在的动力系统已经完全更新。燃料升级，单台发动机的推力比现役型号提升了 50%，由此，虽然个头上没有明显增长，"长征七号"的运载能力却有了很大的提升。现役火箭发射选择窗口时都会避开雷雨天，而"长征七号"运载火箭则能实现中雨发射，并且抗 8 级大风。"长征七号"运载火箭是我国的大推力运载火箭，2016 年 6 月 25 日首次发射，获得成功。"长征七号"首飞，是中国以建设空间站为目标的空间实验室任务的第一次发射。这次首飞不仅要验证火箭的能力，同时也要利用这样一次机会进行一系列空间技术的试验。就这样，一批神秘的"乘客"搭上了"长征七号"，我国未来多用途飞船缩比返回舱就是其中之一。而"长征七号"火箭在设计之初，就被定位用于发射货运飞船，完成首飞之后，在 2017 年 4 月，又将把我国首个货运飞船——"天舟一号"送上太空，这也意味着，中国航天距离空间站建设又近了一大步。

2. 焊匠韩积冬的故事

韩积冬，中国航天科工三院 159 厂焊接高级技师、国家高级职业技能鉴定高级考评员、国家职业技能竞赛裁判员、北京市优秀教练员、北京市有突出贡献高技能人才。2021 年，在第七届全国职工职业技能大赛中夺冠。

1980 年，韩积冬出生于滕州一个普通农家。滕州是"科圣"墨子、"工匠祖师"鲁班的故里，是有名的巧匠之乡。韩积冬的小姨父便是十里八村有名的焊接能手。小时候一放假，韩积冬就往小姨家跑，帮着干点零活儿，顺便学点手艺。

诸多的修理工具中,最吸引他的就是小姨父手里的那把焊枪。18岁高中毕业,他选择留在了小姨父的修理铺帮忙。小姨父看他是块儿料,就手把手教他焊接,还给了他三本书,让他学习。小姨父虽然是个农民,却是村里少有的高中生,肚子里有点儿墨水,他知道理论与实操相结合更加入脑入心的道理。为了培养他,小姨父放手让他干。最难焊的农机轴承,后来都交给他来焊。就这样,他在小姨父的修理铺干了两年。这两年的"焊接私塾"为他的焊接生涯打下了坚实基础。

20岁去北京,恰逢首钢在通州西集建分公司招聘焊工,后来,因为业务突出,韩积冬被选送至首钢技师学院学习,成为王文华大师工作室的一员。2011年,单位外迁人员随行,他选择留在了北京,进入了德国一家家族企业。德企有其优越性,但是他始终在漂泊,没有归属感。2017年,159厂随着生产任务的增加,对人才的需求也随之增加,需要焊接人员。韩积冬成为159厂的一员。

多年的积累,韩积冬对电弧焊、二氧化碳气体保护焊、氩弧焊等各种焊接手法都很娴熟,他能在工作中融会贯通,提高工作效率,节约生产成本。2020年,159厂八分厂接到一项紧急任务,焊接不锈钢材料的产品,批量大,周期紧,焊接要求高,操作难度大。厂里一贯用的是手工氩弧焊,很难保证按期完成。

韩积冬凭借在MIG焊(熔化极惰性气体保护焊)方面丰富的经验,建议用MIG焊,能提高工作效率,还能实现高质量焊接。分厂借了一台MIG焊设备,韩积冬多次优化焊接参数,焊缝内部和外观质量均满足了设计要求。事实证明,工作效率提高了至少5倍。厂里果断决定买两台MIG焊的机器,解决了项目难题,实现了产品按时保质批量交付。从此后,在159厂乃至三院,MIG焊得到了成功推广与应用,在不锈钢材料的产品焊接中既保证了质量又提高了效率。

2008年,他负责了奥运场馆主火炬塔工程主体的全部焊接任务。由于工程全部采用钢管结构焊接,其中又有多种材质之间的焊接,根据当时的生产情况,如果利用现有的条件和工艺很难保证工程的质量和工期。韩积冬带领焊接小组的六名焊工,经过反复试验,利用CO_2气体保护焊生产效率高、焊接变形小和焊缝成形好等优点顺利代替手工电弧焊的工艺,完成了所有碳钢的焊接。

在火炬塔顶端的不锈钢钢管焊接中,因高空作业很难达到氩弧焊的操作环境且氩弧焊生产效率低,无法满足生产工期。韩积冬琢磨了用焊条电弧焊代替氩弧焊的方法,奋战四昼夜出色地完成了3 000多道焊口的焊接,不但保证了焊缝的内外部质量,而且大大缩短了焊接工期,节约焊接费用24万元。这项任务受到了国内同行专家们的高度赞扬。

从2006年开始,韩积冬先后参加了国内外的多次焊接技术大赛。其中在2008年5月参加的首届北京·下萨克森(德国)职工国际焊接对抗赛中最终获得了CO_2气体保护焊单项对抗第一名。同年7月与11月又先后参加了首钢职工职业技能竞赛和全国冶金建设行业第八届焊工技术比赛,均获得个人总分第一名。11月又参加了第十三届北京市工业职业技能竞赛,获第二名。2016年参加首届京津冀焊接比赛,获得第二名,2017年又参加了集团公司组织的焊接比赛,获得了第一名的好成绩。在一次次的比赛中,韩积冬更加认清了自己的能力和短板,也明确了自己的目标。"随着自己的技术水平不断提升,参加比赛时,看到同行们,有的成了大国工匠、技术能手,我想,这样的目标我也是够得着的。"韩积冬说。

全国职工职业技能大赛是中华全国总工会主办的涉及行业最全、参赛人数最多、影响力最大的国家一类竞赛。2021年的大赛焊工组赛项分理论和实操。理论没有指定题库,考查的是综合积累。实操规定5个半小时内完成有11道焊缝的碳钢组合件,和有16道焊缝的铝合金组合件两个项目。这次比赛,几乎考查了所有焊接方法和技巧,难度创历届比赛新高。比赛结束时,竟然有三分之一的选手没有完成。

韩积冬抱着必胜的信心和决心来备战。接到比赛消息后,正好赶上159厂接到个紧急任务,需要在国庆节前完成。他主动要求边训练边赶活儿。训练在首钢技师学院,基本是早晨8点前开始到下午三四点结束,9点半到下午3点这5个半小时是实操,在此期间不吃饭,完全按照比赛流程训练。训练一结束,韩积冬衣服都来不及换,开着车直奔厂里,干到十一二点再回家,第二天凌晨4点左右起来背理论知识。给选手安排的宿舍,他就没怎么用过。"就像机器人一样,我都被他这种拼命的劲儿感动了。我能理解他,我在90年代拿全国冠军时,为了不影响家里人休息,到路灯底下背题。他就是一个翻版。"王文华看着这么拼的韩积冬,想起了自己夺冠前的备战情景,更加心疼了。王文华劝他,别回去加班了,专心训练吧,你代表的不只是自己也不只是航天三院,是北京市。可是韩积冬却说,单位里的活儿不能耽误,事关国家安全。终于在国庆前,他和焊工组同事一起赶完了那项任务。距比赛结束还剩 35 分钟,碳钢组合件中的最后一个骑座式管板角接头,韩积冬还没有焊。这个接头在平时训练用时 40—45 分钟。这可能是自己最后一次以选手身份参加比赛了,韩积冬心想。必须完成!必须成功!韩积冬启动了应急预案:使用大直径焊条和增加焊接电流,能够保证在 30 分钟内完成焊接。他专心致志,争分夺秒……距离比赛结束还差 3 分钟时,韩积冬完美焊完。

刚刚焊完的这个组合件从正面看,正是数字"100"——为建党百年献礼。韩积冬焊接的这个接头正是数字"100"的后一个"0",很难控制成型……

比赛结果,韩积冬实操第一,理论第二,比第一只少了 2 分,综合成绩第一。宽阔的领奖台中央,五彩缤纷的灯光照耀着获奖的技术新星,韩积冬手握奖杯,耀眼夺目。夺冠回来后,这个朴实的山东汉子更加内敛,他觉得自己今后的路更长了。他要带着 159 厂的年轻人"走出去",为祖国的航天事业贡献自己的力量。

参考文献

《长二 F 火箭总设计师张智:一个新总师的心路历程》,《开讲啦》2017 年 2 月 25 日。

《"长七"首发:新征程　新使命》,《焦点访谈》2016 年 6 月 26 日。

《馆藏飞机介绍:运 - 10 运输机》,https://hangkong.nwpu.edu.cn/info/1012/1901.htm,2012 年 4 月 26 日。

《航天焊匠韩积冬:一路焊花一路歌》,http://photo.china.com.cn/2021 - 11/19/content_77881924.htm,2021 年 11 月 9 日。

《沙场大点兵》,《焦点访谈》2017 年 7 月 30 日。

《中国大飞机腾空而起》,《焦点访谈》2017 年 5 月 5 日。

《中国有了大火箭》,《焦点访谈》2016 年 11 月 4 日。

李红军主编:《航空概论(第 2 版)》,北京航空航天大学出版社 2011 年版。

厉汝燕:《世界航空之进化:最近之五十年》,申报馆 1923 年版。

刘德生等编著:《中国航空故事》,机械工业出版社 2014 年版。

刘芳主编:《人类的航天历程》,安徽文艺出版社 2012 年版。

刘佐成:《中国航空沿革纪略》,飞行杂志社 1930 年版。

钱昌祚:《三十年来之中国航空工程》,中国工程师学会三十年周年纪念刊,南京,1946 年版。

中国航空工业史编修办公室编:《中国航空工业大事记(1951—2011)》,航空工业出版社 2011

年版。

中国航空工业史编修办公室编:《中国航空工业人物传·英模篇(1)》,航空工业出版社2013年版。

中国航空工业史编修办公室编:《中国近代航空工业史(1909—1949)》,航空工业出版社2014年版。

周武、石磊编著:《飞天圆梦:共和国60年航天发展历程》,中国大百科全书出版社2009年版。

邹春梅编著:《从嫦娥奔月到"天宫一号"》,上海科学普及出版社2014年版。

第六讲　从赵州桥到港珠澳大桥

张　旭　整理

主要内容

◇ 桥梁是人类文明的产物，是人类社会进步和发展的一个重要标志。在人类最基本的生活需求——衣食住行中，桥梁是为"行"服务的。从古至今，桥梁与人们的生活、生产紧密相依。它从诞生的那一刻起，就默默地为公众服务着。

◇ 桥梁是跨河越谷的人工构造物，是架空的路，让行人、车辆、渠道、管线等安全通过。增强桥梁的跨越能力，以克服江河湖海、深谷陡崖、断层软基、风雪雨雹及地震等险境始终是桥梁建设者不断追求的目标。

◇ 本讲用简短的篇幅，通过列举一些具有代表性的里程碑工程，介绍中国桥梁从古代、到近代、到新中国改革开放前、再到当前"基建狂魔"时代的发展简史，描绘出中国桥梁建筑发展的主要骨架，希望对学生有所启迪和鼓励。

精彩案例

◇ 赵州桥——世界现存最古老的大跨度单孔敞肩坦弧石拱桥

◇ 洛阳桥和安平桥——筏型桥基、牡蛎固合、睡木沉桩

◇ 泸定桥——"十三根铁链托起一个共和国"

◇ 郑州黄河铁路大桥——时速60公里、110公里、250公里的飞跃

◇ 钱塘江大桥——中国第一代现代桥梁工程师的摇篮

◇ 南京长江大桥——第一座完全由中国人设计、建造并采用国产材料的"争气桥"

◇ 黄浦江诸桥——浦东开发开放的见证者

◇ 东海大桥——中国跨外海大桥的"一号工程"、洋山港的"点石成金手"
◇ 港珠澳大桥——中国从桥梁大国走向桥梁强国的里程碑、粤港澳大湾区的"珠穆朗玛峰"

问题思考

◇ 学习本讲后,相信你对中国桥梁史中一些具有代表性的里程碑工程已有了解。能否简单勾画出中国桥梁工程建筑从古至今的发展历程?
◇ 当前,中国正在经历从桥梁大国走向桥梁强国的转型。结合知识储备,谈谈如何掌握核心技术、加强自主创新能力。

一、古代的桥

(一) 赵州桥

赵州桥又名安济桥,是世界现存最古老的大跨度单孔敞肩坦弧石拱桥。它位于河北省赵县城南五里洨河上,设计者是杰出工匠李春,一般认为始建于开皇十一——十九年(591—599年),唐、宋、明、清各代均曾有过整修。赵州桥屡见于历史文献,其中最著名的数唐玄宗开元年间中书令张嘉贞所作《赵州桥铭》,对它进行了生动的描述:"赵州交河桥,隋匠李春之迹也。制造奇特,人不知其所以为。试观乎用石之妙,楞平砧斫,缄穹隆崇,豁然无楹……又详乎叉插骈坒,磨砻致密……腰铁栓蠒。两涯嵌四穴,盖以杀怒水之荡突……"

赵州桥长 50.82 米,宽 9 米,桥面分三道,中道行车,左右二道行人。赵州桥的圆弧拱跨度为 37.47 米,半径为 27.7 米,高度为 7.23 米,扁平率(拱高/跨度之半)为 0.38,远低于半圆拱。实际上,赵州桥圆弧段的圆心角只有 84°,略小于 1/4 圆周,基本上是一座 1/4 圆拱桥,即坦弧圆拱桥。在同等跨度的情况下,1/4 弧拱桥的弧长,比半圆弧拱桥的弧长短少 43%。因此,赵州桥桥身所用石料,要比同跨度的半圆拱桥节省 40% 以上,既减轻桥身的自重和应力,又使桥面坡度比较平坦,便利桥上交通。在欧洲,直到 14 世纪中叶,大跨度 1/4 的圆拱桥才开始流行,比如 1345 年出现的跨度 29.9 米、扁平率为 0.37 的大跨度扁平 1/4 圆弧拱桥——佛罗伦萨"老桥"。李春能在 1400 多年前的隋代意识到大跨度拱桥并非半圆拱不可,从而建成这种跨度大、扁平率低的单孔1/4圆拱桥梁结构,实属建筑史上一个可贵的创造。

赵州桥桥券上方左右两侧各有两个小空撞券,这种建筑式样被称为敞肩空撞券。它也是李春独特的创举,既能节约石料200多立方米,又减轻了1/5桥身的重量,发大水时还可以起到分洪的作用,减轻洪流对桥身的冲击,类似设计直到19世纪才在西方出现。赵州桥由于在工程设计上具有诸多优点,经历了十次洪水、八场战争和多次地震,依然能保留到现在。此外,赵州桥上部件的装饰也十分精美。顶部塑造出想象中的吸水兽,寄托大桥不受水害、长存无疆的良好愿望。栏板和望柱上雕刻着精美的石雕群像,各式蛟龙、兽面、花饰、竹节,雕作刀法遒劲有力,艺术风格新颖豪放。其中,尤以蛟龙最为精美,它们或盘踞游戏,或登陆入水,变幻多端,神态动人。英国学者李约瑟曾写道:"在西方,圆弧拱桥都被看作是伟大的杰作,而中国的杰出工匠李春,约在公元610年修筑了可与之辉映,甚至技艺更加超群的拱桥。"桥梁专家福格·迈耶也赞叹道:"罗马拱桥属于巨大的砖石结构建筑……独特的中国拱桥是一种薄石壳体……中国拱桥建筑,最省材料,是理想的工程作品,满足了技术和工程双方面的要求。"

(二)洛阳桥和安平桥

洛阳桥位于福建省泉州市洛阳江入海口处,堪称我国历史上第一座跨海大桥,北宋皇祐五年(1053年)由时任泉州知州的蔡襄主持建造。自晚唐始,泉州就已成为重要的对外贸易港口,也是海上丝绸之路的起点。正因如此,2009年,洛阳桥入围"海上丝绸之路"申遗点。

洛阳桥全长1 200米,主桥面宽5米。有47个桥孔和46个桥墩。桥墩采用条石砌成,顶部两层的条石向左右挑出以减少石梁板的跨度。桥墩底部面向河流上游建有分水尖,尖头略上翘,是为"筏型基础"。洛阳桥所在的万安渡水深流急,石条抛下去后就会被大水冲走。为了解决这一难题,能工巧匠们反复试验,寻找到了一个好办法。他们等待风平浪静、潮水低落时,同时出动许多装满条石的船只,再把石材同时填进江里。就这样,一座长500米、宽25米的桥基就在水底筑垒起来了。然后,为了把水底堆积在一起的条石凝聚成为一体,工匠们又想出了一个绝妙的办法。牡蛎的两个壳,一个壳附在岩礁上或者另一个牡蛎上,互相交结在一起,另一个壳则盖着自己的软体。牡蛎繁殖能力很强且无孔不入,一旦跟石胶成一片,用铁铲也铲不下来。工匠们利用牡蛎的这个特性,在桥基上大量"种植"。果然没出几年,就把零散的石条连成一个整体,还把冲散的石头也胶合在一起。洛阳桥基历时近千年而不垮、不散,牡蛎功劳不小。解决了桥基的问题,铺设在洛阳桥上的 300 多块长达 10 米多、重达二三十吨的巨型石板,又是怎样运到高高的桥墩上去的呢?原来,修筑桥梁的工匠们从潮涨潮落中受到启发,采用浮运法——等到涨潮时,把石板用木排运到桥墩跟前,再借用浮力放置在石墩上。

与洛阳桥有异曲同工之妙的,是同样位于福建省、同样服务于对外贸易、始建于南宋绍兴八年(1138 年)的安平桥。安平桥具有"中国古代第一长桥"的称号,也是古代世界上最长的梁式石桥,故有"天下无桥长此桥"之誉。现存的安平桥,实际共长 2 070 米,约合五华里,故亦称"五里桥"。

安平桥共有疏水道 362 孔,全桥采用从金门岛上开采再船运而来的花岗岩石板,每块石板重约三吨。安平桥的桥墩利用长条石和方形石横纵叠砌成,与洛阳桥一样使用"筏形基础",但其长度远远超过了洛阳桥,并催生了泉州府地的建桥热潮,造就了"闽中桥梁甲天下"的说法。安平桥的桥墩分为三种形式——水较浅、水流缓慢的水域中采用长方形石墩,水较深时就改用半船型石墩,最深处则采用双头尖的筏形墩。这样的设计,配合四座防波塔,可有效减轻水流对桥梁的冲击力。此外,有些港道水深泥烂,石头容易下陷,就先用木头为垫,然后压上石条,使得木头逐渐沉陷至港底的承重层,从而奠定桥基,称为"睡木基础"。在港道较深处,则先打下木桩,再将木头稀疏地架在桩上,两旁由二桩挡住,防止木头向外滚落。最后压上石条,让木头沉底,称为"木桩基础"。这两种方法都是当时首创。

(三) 泸定桥

泸定桥,又称大渡桥,位于四川省西部的大渡河上,因为是康熙帝御批建造的,所以又叫作"皇桥",而民间则称之为"铁索桥"。泸定桥所在的地区,是四川通往西康、西藏地区的交通要道,来往的商旅甚多。在未建桥之前,人们大都依靠竹索、藤索或附近的三个渡口渡过大渡河,低效且危险。康熙帝平定准噶尔叛乱之后,为了加强与康藏地区的联系,决定在河谷狭窄、地势低平、水流较缓的泸定城西建桥。于是,泸定桥于康熙四十四年(1705年)动工,次年竣工,立即就成为连接藏汉交通的关键纽带。

作为一座悬索桥,泸定桥的跨度为101.6米,宽度为2.8米,底部距离枯水时的水面约14.5米。全桥共使用碗口粗的铁索链13根。其中,9根用作承重底索,上覆横纵木板作桥面,扶手与底链之间用小铁链相连接,将全部锁链连为一个整体,可通行人畜。另4根用作扶手,布置在桥面两侧。每根铁链由862至997个熟铁手工打造的铁环相扣,共有12 164个铁环。铁索出产后需衔接两岸,工人们曾尝试用羊皮筏子或船只运输铁索,但无法实现。最终,人们利用"索渡原理",先将粗竹索系于河两岸,每根竹索上穿上10多个短竹筒后,再将铁链系在竹筒上,最后从对岸拉动已拴好在竹筒上的绳索完成铁索输送。泸定桥全桥体重40余吨,这么巨大的重量,是如何支撑的? 秘密就在两岸的桥头堡下。泸定桥的桥头堡高20米,上为梯形,下为方形,用条石砌筑而成。两个桥台的后面各开有一口深6米的落井,每口井都有生铁铸就的地龙桩7根或8根,与桥身平行地插在井底的井壁上。地龙桩下面再横卧一根铁铸卧龙桩,每根重1 800斤。泸定桥的铁索就固定在这些卧龙桩上,由桥台和桥桩的重力来共同承受桥的拉力,坚固无比。

1935年5月29日,中国工农红军在长征途中"飞夺泸定桥"——22名勇士冒着敌人的枪林弹雨,从铁索上奋勇爬过,粉碎了蒋介石让朱德、毛泽东"成为第二个石达开"的迷梦,打开了北上抗日的通道。从这个意义上说,泸定桥不仅是四川和西藏之间茶马古道的交通咽喉,是中华边陲民族和睦、国家统一的"安定桥",更以飞夺泸定桥的伟大壮举和英雄业绩名扬中外,以"十三根铁链托起一个共和国"载入中国革命的光辉史册。

二、近代的桥

(一) 郑州黄河铁路大桥

迄今为止,黄河郑州段上一共有过三座铁路桥,其中第一座——平汉铁路郑州黄河大桥,曾是京广铁路线上最重要的桥梁之一,是连接南北的大动脉,更是中国第一座横跨黄河南北的钢结构铁路大桥,是1949年之前中国最长的钢结构铁路大桥,堪称"中国铁路大桥之母"。

1889年,张之洞上奏清政府,建议修筑自卢沟桥至汉口的卢汉铁路(建成后改名为京汉铁路)。由于黄河流宽水急,建造跨越黄河的铁路桥梁,成为其中的关键性工程之一。设计阶段有开封、郑州、荥阳、孟津四个建桥选择点,最后选择郑州。因为其黄河两边地势平坦,地处邙山尾,土质坚硬、河床较窄、河道稳定、费用较低。于是,1900年选定桥址,1901年完成定测,1902年开始设计,1903年8月开工建造,1905年11月竣工,1906年4月建成通车。

郑州铁路黄河老桥全长3 015米,102孔。深槽部分有跨长31.5米的半穿式钢桁梁50孔,其中26孔位于北端,24孔位于南端,中间浅滩部分有跨长21.5米的上承钢板梁52孔。桥梁基础用内径30厘米、外径35厘米、下端带有直径120厘米螺旋翼的铸钢管桩,但入土较浅,只有30米,而且桥墩扎在淤泥里,而非岩石层,导致桥梁不够稳固。每年汛期,河床冲刷对大桥的安全造成影响,担负大桥养护维修任务的郑州桥工段黄河桥梁车间都会启动黄河铁路大桥度汛抛石,一笼笼用铁丝捆扎的石块在抛投手的奋力推动下,从一台台固定或能移动的铁架小车上掉入黄河,滚落在桥墩的前方,河面上顿时飞溅起几米高的水柱。从1949年至1952年,郑州铁路局五次对大桥加固,使得2 400吨的列车可以60公里的时速通过。1952年10月31日,毛泽东视察黄河大桥。1958年7月,花园口出现特大洪峰,郑州黄河铁路桥遭受重创,第11号桥墩被冲倒,相邻钢梁落水,导致京广线断线。7月28日和8月5日,周恩来两次前来视察抗洪工作。经过半个多月的抢修,8月1日虽恢复通车,但满身疮痍的大桥随后被鉴定为"不再适合通行火车",改造为单行道公路桥。

1960年,老桥的接班人——嘉应观黄河铁路大桥建成,至2014年一直为京广铁路跨越黄河的唯一通道。这第二座桥为双线铁路桥,通行最高时速为110公里,全长2 889.8米,分71跨、72个桥墩,每孔跨度为40.7米。全桥共用142孔上承钢板梁,桥梁墩台和基础均采用两根直径为3.6米的钢筋混凝土管柱,墩台直接建筑在管柱上,顶部有横梁相连,形成门式刚构。嘉应观黄河铁路大桥用了54年。2014年5月16日,京广铁路开始改经郑焦城际铁路黄河大桥跨越黄河,这是京广铁路跨黄河段的第二次改线。目前的第三座桥,是黄河上第一座也是唯一一座四线铁路桥梁,位于嘉应观黄河铁路大桥下游110米至190米处。

它分为郑焦城际铁路部分及京广铁路部分,其中郑焦城际铁路部分全长9.63公里,设计时速为250千米/小时,京广铁路部分全长11.28公里,设计时速为160千米/小时。黄河上的三座桥,从时速60公里至110公里,再到现在的250公里,祖国的进步有目共睹。

(二) 钱塘江大桥

钱塘江大桥,即现在的杭州市钱江一桥,位于六和塔附近,横跨浙江省第一大河流——钱塘江。作为中国第一座自行设计并组织建造的公路、铁路两用双层桁架梁桥,钱塘江大桥在中国桥梁史上具有特殊而崇高的地位。这样的地位,不仅因为"第一"的称号,还因为它的建设曾克服重重困难,历经了造桥、炸桥、修桥的磨难,更因为它在建造和维修过程中,浙江大学、清华大学、同济大学等几乎当时国内所有的大学桥梁专业的学生都大批来工地实习,从而培养了我国第一代现代桥梁工程师。钱塘江桥工程处处长茅以升被誉为"中国现代桥梁之父",大桥总工程师,曾和茅以升一起留学康奈尔大学桥梁专业的罗英,也在中国桥梁史上具有举足轻重的地位。

1934年8月8日,钱塘江大桥开始施工。1937年9月26日,铁路桥躲过日军多次空袭,提前通车。当时正值淞沪会战最激烈的时候,铁路桥的开通,加上稍前两周横贯千里连接起湖南、江西、浙江三省的浙赣铁路,有力地支援了抗战的开展。钱塘江大桥的公路桥于11月17日全部开通,当时,日本军队已在金山卫登陆,在进逼杭州的最后关头,国民政府被迫于12月23日炸毁大桥。在这一悲壮的时刻,茅以升挥泪写下了"斗地风云突变色,炸桥挥泪断通途。五行缺火真来火,不复原桥不丈夫"的诗句。钱塘江大桥的铁路和公路桥面通车及其随后的主动毁桥,不仅帮助了中国军队从后方的紧急调动和战时物资传输,而且为当时的政府机关、杭州和浙北的大批群众,以及几乎全部的国立和民办大中小学、工厂、实业等撤退赢得了宝贵时间。有的历史学家甚至认为,钱塘江大桥的存在,避免了另外一场南京大屠杀在杭州发生。

钱塘江大桥桥长1 453米,分引桥和正桥两个部分。正桥16孔,15座桥墩。1号到6号墩都架在岩层上,7号到15号墩则架在木桩上。每个桥墩下有160根木桩,整个正桥采用了1 440根木桩,在茅以升的设计中,每根木桩都有35吨的承重力。每根木桩都有 30 米到 40 米长,插入河床深 40 米处,且都是不会腐烂的"千年水底松"。大桥下层为铁路桥,长 1 322.1 米,单线行车。上层公路桥面全宽 9.94 米,其中行车道宽 6.5 米,两侧有人行道 2×1.75 米。大桥承重的钢梁是固定在桥墩顶端的支座上的,而这个支座大致有两种,钢梁一端的支座是完全固定在桥墩上的,但另一端支座的底部却是圆弧形的,可以活动。这样设计有效地解决了钢梁的热胀冷缩问题,同时也可缓解车辆行驶带来的对桥身的冲击。更值得称道的是,钱塘江大桥不但会活动,且大部分结构是可以不断更新的,具有"新陈代谢"功能,这也是大桥历经四次炸桥,如今依然健在的原因。钱塘江大桥从建成至今,一直未进行过技术上的大修,2000 年曾进行过一次规模最大的维修,也仅是更换了公路桥的桥面板。该桥设计寿命 50 年,已经超期服役三十多年。

三、现代的桥

(一) 南京长江大桥

南京长江大桥位于长江口上游 345 千米处,是我国第三座跨越长江干流的大桥,也是第一座完全由中国人设计建造,并基本采用国产材料的特大型桥梁,因而在中国桥梁史上具有首屈一指的地位,还曾以"最长的公铁两用桥"被记载入《吉尼斯世界纪录大全》。20 世纪初,京沪铁路和津浦铁路虽已开通,但在南京被隔断。过江客货都要乘船摆渡,严重影响运输效率。半个多世纪间,长江天堑都是制约我国交通事业发展的严重瓶颈,而南京长江大桥于 1968 年通车后,中国交通大动脉京沪铁路立刻贯通,由此,大桥成为华东交通的关键工程,成为南北交通的要津和命脉。

南京长江大桥主桁采用带下加劲弦杆的平行弦菱形桁架,采用悬臂拼装法架设,通航净空宽度 120 米,桥下通航净空高度为设计最高通航水位以上 24 米。大桥由正桥和引桥两部分组成,正桥长 1 576 米,共 9 墩 10 跨,最大跨度 160 米。下层为 14 米宽、双轨复线的铁路桥,全长 6 772 米,桥墩为双柱式框架结构。上层为 4 车道公路桥,车行道宽 15 米,两侧人行道各宽 2.25 米,全长 4 588 米。大桥采用富有中国特色的双孔双曲拱桥形式。大桥的复式桥头堡方案具有鲜明的时代特色,公路正桥两边的护栏上镶嵌的 202 幅铸铁浮雕,也堪称那个时代大众艺术的经典作品，人行道旁架设的 150 对白玉兰花形的路灯则与北京长安街的路灯完全一致。

大桥在建设过程中，克服了技术、自然灾害等多方面的困难，还跨越了国际形势、国内政治经济等方面的障碍和干扰。由于桥址地质复杂，正桥下部基础采用四种方式建造：在浅水面覆盖层深厚墩址处，采用重型混凝土沉井，穿越深度达 54.87 米，创造了当时的中国纪录；在基岩好而覆盖层较厚的墩位处，选用钢板桩围堰管柱基础，并首次采用大直径 3.6 米先张法预应力混凝土管柱；在基岩较好、覆盖层较厚，但水位甚深的墩位处，采用首创的浮式钢沉井加管柱的复合基础；在水深、覆盖层厚，但基岩强度较低的墩位处，采用浮式钢筋混凝土沉井，上部为钢筋混凝土结构，下部为钢与钢筋混凝土组合结构。1964 年 9 月，大桥工程遭遇建设中的最大危机。在秋汛洪水的冲击下，5 号和 4 号桥墩悬浮沉井的锚绳先后崩断，自重 6 000 多吨的沉井在激流中作最大幅度 60 米的周期性摆动，大桥面临着沉井倾覆、桥址报废的巨大危险。建桥工人在洪水中冒着生命危险，连续抢险近两个月，最终采用林荫岳的"平衡重止摆船"方案克服了沉井摆动，使大桥转危为安。可以说，南京长江大桥的成功建设，以及中国在建桥过程中发展出的低合金桥梁钢和深水基础工程等技术，是中国桥梁建设的里程碑。

南京长江大桥公路桥的通行量设计上限为每日 1.2 万辆。然而，由于城市的发展，桥上的车流量日益增加，2011 年日均车行量约 8 万辆。因长期超负荷使用，有关部门对大桥进行了多次修补，但鉴于它的作用太过关键，始终无法进行需要中断交通的养护。直到 2016 年 10 月 28 日 22 点整，大桥终于迎来历史上首次封闭大修。2018 年 12 月 29 日，焕然一新的南京长江大桥恢复通车，继续着新中国"争气桥""情怀桥"的光荣使命。

（二）黄浦江诸桥

南浦大桥位于上海市黄浦区董家渡，架设于浦西陆家浜路与浦东南码头之间，是继松浦大桥之后第二座，也是中心城区第一座跨越黄浦江的大桥。它是上海市内环线的重要组成部分，也是开发浦东的起步工程之一。南浦大桥于 1988 年 12 月 15 日动工，1991 年 12 月 1 日通车，建成之时，曾为世界第三大叠合梁斜拉桥。它全长 8 346 米,主桥长 846 米,跨度之大为当时全国之最。引桥全长 7 500 米,其中浦东段长 3 746 米,浦西段长 3 754 米。主跨跨径 423 米,一跨过江。通航净空 46 米,下可通行 5.5 万吨级巨轮,在我国当时首屈一指。主桥采用双塔双索面钢与混凝土结合梁斜拉构造,塔高 150 米,上有邓小平亲笔书写的"南浦大桥"四个大字,采用折线"H 型"钢筋混凝土塔柱。双索面呈扇形布置。塔柱每侧索面各 22 对斜拉索,在塔柱中央设置一对垂直索,以代替梁下竖向支承,使主梁在纵向成为漂浮体系。大桥的主桥桥面宽 30.35 米,其中 6 车道车行道宽 23.45 米,主桥两侧各设 2 米宽的人行道。不过,大桥全天只准通行机动车,供游人上桥欣赏黄浦江美景的人行道也未能充分利用。

与南浦大桥一样,黄浦江上的第三座大桥、1993 年底建成通车的杨浦大桥也是双塔双索面斜拉桥。它位于杨浦区与浦东新区之间,也是上海市内环线的重要组成部分。作为目前黄浦江自上而下的第一座大桥,杨浦大桥总长 8 354 米,其中主桥全长 1 172 米,跨径曾在世界同类型斜拉桥中雄踞第一,直到 1995 年被法国诺曼底大桥超过。大桥主桥为双塔三孔结合梁斜拉桥,分跨为 243+602+243 米。桥塔两侧各以 32 对钢索连接主梁索面,呈扇形分布。桥下可通行 5.5 万吨级巨轮,主桥总宽度 30.35 米,设置机动车道 6 条。与上海其他穿越黄浦江的大桥和隧道一样,杨浦大桥在设计之初就定位为城市高架快车道,并没有修人行道以及非机动车道。大桥具有流畅的线条,设计造型动感十足,如一道彩虹横跨浦江两岸,成为一道亮丽的风景。

1997 年通车的徐浦大桥,西为徐汇区,东为浦东新区,负责引领上海外环线跨越黄浦江。大桥设计上保持了与南浦大桥、杨浦大桥一致的风格——高矗的主塔、扇形的索面、简洁的钢结构主桥,遂成为前两座斜拉桥的新家族成员。大桥设双向 8 车道,全长 6 017 米,主桥长 1 074 米,主跨跨径 590 米,总宽 35.95 米,主塔高 217 米。值得注意的是,徐浦大桥建设所需的 6 万余吨钢材,首次全部采用了宝钢集团生产和轧制的板材、线材,开创了在重大桥梁建设中钢材国产化的新格局。

卢浦大桥,北起浦西鲁班路,南至浦东济阳路,2003 年建成通车,2007 年首次亮灯。卢浦大桥曾经是世界上主拱桥最长的钢结构拱桥,直到 2009 年 4 月被重庆的朝天门长江大桥所超越。卢浦大桥为中承式拱桥,主桥为全钢结构,总长8 722米,直线引桥全长3 900米,主桥长750米,宽28.75米。采用一跨过江,主跨跨径达550米。主桥按6车道设计,航道净空为46米,通航净宽为340米。主拱截面高9米、宽5米,桥下可通过7万吨级的轮船。而且,卢浦大桥还是世界上首座完全采用焊接工艺连接的大型拱桥,现场焊接焊缝总长度达4万多米,接近上海市内环高架路的总长度。作为上海世博会会址中轴线上的地标,2008年5月1日,卢浦大桥观光平台正式向游客开放,由此成为世界上第二座在桥顶设置观光平台的大桥。

★ 知识链接·桥梁领域的世界之最

◇ 世界跨径最大斜拉桥排行榜

排名	名称	国家	跨越	主跨长度(米)	桥塔数量	高度(米)	开通年份
1	俄罗斯岛大桥	俄罗斯	东博斯普鲁斯海峡	1 104	2	320.9	2012
2	沪苏通长江公铁大桥	中国	长江	1 092	2	325	2020
3	苏通长江公路大桥	中国	长江	1 088	2	306	2008
4	昂船洲大桥	中国	香港蓝巴勒海峡	1 018	2	298	2009
5	鄂东长江大桥	中国	长江	926	2	242.5	2010
6	嘉鱼长江大桥	中国	长江	920	2	255	2019
7	多多罗大桥	日本	濑户内海	890	2	220	1999
8	诺曼底大桥	法国	塞纳河	856	2	214.8	1995
9	池州长江大桥	中国	长江	828	2	243	2019
10	石首长江大桥	中国	长江	820	2	234	2019

◇ 世界跨径最大悬索桥排行榜

排名	名称	国家	地点	主跨长度（米）	开通年份
1	明石海峡大桥	日本	神户—淡路	1 991	1998
2	武汉杨泗港长江大桥	中国	武汉	1 700	2019
3	南沙大桥	中国	东莞—广州	1 688	2019
4	西堠门大桥	中国	浙江舟山册子岛—金塘岛	1 650	2009
5	大贝尔特桥	丹麦	西兰岛—斯普奥岛	1 634	1998
6	奥斯曼加齐大桥	土耳其	伊兹密特	1 550	2016
7	李舜臣大桥	韩国	光阳—丽水	1 545	2012
8	润阳长江大桥	中国	江苏镇江—扬州	1 490	2005
9	洞庭湖大桥	中国	湖南岳阳	1 480	2018
10	南京栖霞山长江大桥	中国	江苏南京	1 418	2012

◇ 世界最高桥梁排行榜（桥面高度）

排名	名称	桥面高度（米）	国家	地点	用途	桥型	主跨（米）	开通年份
1	北盘江第一桥	565.4	中国	云南宣威—贵州六盘水	公路	斜拉桥	720	2016
2	普立大桥	500	中国	云南宣威	公路	悬索桥	628	2015
3	四渡河大桥	496	中国	湖北巴东	公路	悬索桥	900	2009
4	清水河大桥	406	中国	贵州开阳—瓮安	公路	悬索桥	1 130	2016
5	巴鲁阿特大桥	403	墨西哥	杜兰戈—锡那罗亚	公路	斜拉桥	520	2012

续表

排名	名称	桥面高度(米)	国家	地点	用途	桥型	主跨(米)	开通年份
6	澧水大桥	400	中国	湖南张家界—永顺	公路	悬索桥	856	2013
7	海吉焦峡谷管线桥	393	巴布亚新几内亚	南高地	石油管道	悬索桥	470	2005
8	抵母河大桥	380	中国	贵州水城	公路	悬索桥	538	2015
9	坝陵河大桥	370	中国	贵州关岭	公路	悬索桥	1 088	2009
10	北盘江大桥	366	中国	贵州贞丰—关岭	公路	悬索桥	388	2003

注:"桥面高度"是指从桥面(即桥上路基)至桥跨以下地面或水面的最大垂直落差。

◇ 世界最高桥梁排行榜(结构高度)

排名	名称	结构高度(米)	国家	地点	用途	桥型	主跨(米)	开通年份
1	沪苏通长江公铁大桥	345	中国	江苏张家港—南通	公路铁路	斜拉桥	1 092	2020
2	米约高架桥	343	法国	阿韦龙省米约	公路	斜拉桥	342	2004
3	平塘大桥	332	中国	贵州平塘	公路	斜拉桥	550	2020
4	亚武兹苏丹塞利姆大桥	322	土耳其	伊斯坦布尔	公路铁路	悬索桥	1 408	2016
5	俄罗斯岛大桥	320.9	俄罗斯	海参崴	公路	斜拉桥	1 104	2012
6	大河大桥	314.3	中国	贵州六盘水	公路	悬索桥	1 250	2020
7	苏通长江公路大桥	306	中国	江苏常熟—南通	公路	斜拉桥	1 088	2008
8	明石海峡大桥	298.3	日本	神户	公路	悬索桥	1 991	1998

续 表

排名	名 称	桥面高度(米)	国家	地 点	用途	桥型	主跨(米)	开通年份
9	昂船洲大桥	298	中国	香港	公路	斜拉桥	1 018	2009
10	赤石大桥	286.63	中国	湖南宜章	公路	斜拉桥	380	2016

注:"结构高度"是指从桥梁结构的最高点(如桥塔顶端)到最低点(如桥墩底部所在的承台表面)的最大垂直距离。

四、"基建狂魔"的超级工程

(一) 东海大桥

截至 2022 年底,上海国际货运港的吞吐量已连续 6 年超过 4 000 万标准集装箱,连续第 13 年蝉联全球第一。对这一天文数字般的吞吐量贡献最大的当属洋山港。十五年风雨征程,洋山港集装箱吞吐量已近 2 亿标箱。即便在新冠疫情肆虐、国际贸易受损严重的 2020 年至 2022 年,洋山港的吞吐量也跟我国经济一样实现了逆势增长,突破 2 000 万标箱且连年增长。十五年前,嵊泗县崎岖列岛上没有电力,没有淡水,更没有交通,能够"点石成金",让这些荒岛成为洋山港的核心区,肩负起深水港重任的,正是中国第一座跨越外海的大桥——东海大桥。

东海大桥于 2002 年 6 月 26 日开工建设,2005 年底通车,总耗资 71.1 亿元。它北起浦东新区的芦潮港与 S2 沪芦高速相连,经过 2.3 公里的陆上段后向南跨越杭州湾北部海域,跨海 25.5 公里达崎岖列岛之大乌龟岛,再经 3.5 公里到达小洋山港区,总长 32.5 公里。大桥桥面宽 31.5 米,双向 6 车道设计,限制车速 80 公里/小时,预期寿命 100 年,可抗 12 级台风和 7 级地震。大桥并设有 4 个通航孔,其中主通航孔净高 40 米,净宽 400 米,可供万吨级船舶通过。可以说,东海大桥将小洋山岛与上海市区连接起来,港口只需要修在地质条件坚实、水深充足、对市区影响小的小洋山岛上,再通过东海大桥将货物输送到大陆上即可。有了东海大桥作为纽带,这些小岛就成了不可多得的天然良港。

海洋桥梁与陆地桥梁所处的自然环境截然不同,施工和设计难度也不可同日而语。防海雾腐蚀、防船只撞击,再加上海潮、海流、台风、泥沙等对施工的影响,东海大桥作为中国外海大桥的先驱,就必须要把这些雷挨个排一遍。这座大桥曾被上海市政府列为"一号工程",事实上,它确实是中国跨外海大桥的"一号工程",我们现在耳熟能详的杭州湾跨海大桥、港珠澳大桥等世界名桥,开工和竣工时间都在东海大桥之后,并使用了大量东海大桥建设时成熟的技术,无怪乎东海大桥在业内享有"桥中教父"的美称。

在东海大桥所在海域,每年灾难性气候影响的时间长达125天,可在固定平台上作业的时间只有240天。为保证工期,每一个可以作业的时间,建设者们无论严寒酷暑都会在前线作业。除此之外,项目部还采用了预制安装的施工工艺来辅助建设。重达280吨的桥墩预先在工厂生产出来,海运到施工场所,再使用上海海上救捞局的1000吨"勇士号"浮吊进行吊装。这样,既使桥墩更加致密、微裂纹更少,也能保证其在未来使用中不容易受到海洋环境的侵蚀。

东海大桥工程中采用的预制桥墩质量虽好,但上海的外海海底尽是松软的淤泥,在海浪的作用下很容易发生松动甚至倾覆。因此,工程中采用了预制钢管桩打入海底,再将桥墩承台架设其上的方法。工程采用了铝-锌-铟-镁-钛牺牲阳极与涂装重防腐涂层联合保护的措施。一方面将钢管保护起来,另一方面用阳极合金"李代桃僵",让钢管桩的寿命大幅延长。另外,桥墩的形状选择也是一门学问。为了配筋方便,通常会将桥墩做成方形。但经过计算,使用圆形承台可以降低约21%的波流力。因此工程设计了圆形作为承台形状,而其上不受波流力作用的部分则保持方形截面。

除此以外,为了在风浪中建造东海大桥高达100.7米的结构,工程中采用了爬模法进行施工,即让模板在一段混凝土结构施工完成后,沿结构向上爬升,以供下一段混凝土的浇筑。在爬模的帮助下,桥塔每节浇筑4.5米,只需7天就可以完成一节的施工,爬到下一节继续施工。这样只要半年,桥塔的主体就能浇筑完成。为了使钢筋、模板和斜拉索的空间位置定位稳定方便,在塔柱中还创造性地设置了劲性骨架。施工证明,利用劲性骨架经过初装和精调两次控制定位安装索管,可以让索管的位置准确,斜拉索的安全也能得到保障。

(二) 港珠澳大桥

港珠澳大桥是连接中国香港、澳门和广东珠海的大型跨海通道，于2009年12月15日动工，2018年5月23日完工，2018年10月24日上午9时正式通车。大桥全长55千米，主桥全长约29.6千米，为桥隧结合结构，在珠江口伶仃洋南北两侧分别有两个离岸人工岛，人工岛间通过一条长约6.7千米的海底隧道连接。港珠澳大桥设计寿命为120年。能够抵抗8度地震、16级台风、30万吨撞击以及珠江口300年一遇的洪潮。大桥桥面按双向6车道高速公路标准建设，设计速度100千米/小时，全线桥涵设计汽车荷载等级为公路-Ⅰ级，桥面总铺装面积70万平方米，通航桥隧满足近期10万吨、远期30万吨油轮通行。

港珠澳大桥建成通车，极大地缩短了香港、珠海和澳门三地间的时空距离，行车时间仅需一小时左右，借此，港珠澳将形成"一小时生活圈"，对粤港澳大湾区发展意义重大。作为中国从桥梁大国走向桥梁强国的里程碑之作，该桥被业界誉为桥梁界的"珠穆朗玛峰"，被英媒《卫报》称为"现代世界七大奇迹"之一。建设港珠澳大桥是中国中央政府支持香港、澳门和珠三角地区城市快速发展的一项重大举措，是"一国两制"下粤港澳密切合作的重大成果。可以说，港珠澳大桥工程不仅仅代表了中国桥梁的最先进水平，更是中国国家综合国力的体现。

港珠澳大桥总体设计理念包括战略性、创新性、功能性、安全性、环保性、文化性和景观性几个方面。针对跨海工程"低阻水率""水陆空立体交通线互不干扰""环境保护"以及"行车安全"等苛刻要求，港珠澳大桥采用了"桥、岛、隧三位一体"的建筑形式。大桥全路段呈S形曲线，桥墩的轴线方向和水流的流向大致取平，既能缓解司机驾驶疲劳，又能减少桥墩阻水率，还能提升建筑美观度。结合桥梁建设的经济性、美观性等诸多因素以及通航等级要求，港珠澳大桥主桥的三座通航孔桥全部采用斜拉索桥，由多条8至23吨、1860兆帕的超高强度平行钢丝巨型斜拉缆索从约3000吨自重主塔处张拉承受约7000吨重的梁面。整座大桥具有跨径大、桥塔高、结构稳定性强等特点。

港珠澳大桥海底隧道所在区域没有现成的自然岛屿，需要人工造岛。受800万吨海床淤泥的影响，施工团队采用了"钢筒围岛"方案。在陆地上预先制造 120 个直径 22.5 米、高度 55 米、重量达 550 吨的巨型圆形钢筒,通过船只将其直接固定在海床上,然后在钢筒合围的中间填土造岛。这种施工方法既能避免过度开挖淤泥,又能避免抛石沉箱在淤泥中滑动。岛上建筑采用表面平整光滑、色泽均匀、棱角分明、无碰损和污染的新型清水混凝土,施工时一次浇注成型,无任何外装饰,能有效应对外海高风压、高盐和高湿度不利环境。

港珠澳大桥沉管隧道及其技术是整个工程的核心。在水下沉管对接过程期间,设计师们提出"复合地基"方案,即保留碎石垫层设置,并将岛壁下已使用的挤密砂桩方案移至隧道,形成"复合地基",避免原基槽基础构造方案可能出现的隧道大面积沉降风险。大桥沉管隧道采用中国自主研制的半刚性结构沉管隧道,使沉管混凝土不出现裂缝,并满足隧道 120 年内不漏水的要求。沉管隧道安放和对接的精准要求极高,沉降控制范围在 10 厘米之内,基槽开挖误差范围在 0 至 0.5 米之间。沉管隧道最终接头是一个巨大楔形钢筋混凝土结构,重 6 000 吨,为中国首个钢壳与混凝土浇筑,由外墙、中墙、内墙和隔板等组成的"三明治"梯形结构沉管。为了保证吊装完成后顺利止水,高低差需控制在 15 毫米内。最终接头安放目标是 29 米深的海底、水下隧道 E29 和 E30 沉管间最后 12 米的位置,由世界上最大起重船"振华 30 号"进行吊装。

总之,作为世界上里程最长、标准最高、沉管隧道最长、寿命最长、钢结构最大、技术含量最高、最具挑战性、科学专利和投资金额最多的跨海大桥,港珠澳大桥工程的技术和规模创造了多项世界纪录,以空前的施工难度和顶尖的建造技术冠绝全球,为全球跨海大桥在道路设计、使用年限以及防撞防震、抗洪抗风等方面树立了新的标准。2018 年,港珠澳大桥工程先后获《美国工程新闻纪录》评选的 2018 年度"全球最佳桥隧项目"奖、国际隧道协会评选的"2018 年度重大工程奖"和英国土木工程师学会期刊评选的"2018 年度隧道工程奖(10 亿美元以上)";2019 年 12 月 10 日,港珠澳大桥珠海口岸工程荣获鲁班奖"国家优质工程";2020 年 8 月,港珠澳大桥又获国际桥梁大会 2020 年"超级工程奖"。

参考文献

孔庆普:《中国古桥志》,东方出版社 2020 年版。

茅以升:《桥梁史话》,北京出版社2016年版。

项海帆等编著:《中国桥梁史纲》,同济大学出版社2013年版。

[英]李约瑟著,[英]柯林·罗南改编:《中华科学文明史》第五卷第四章《桥梁》,上海交通大学科学史系译,上海人民出版社2003年版。

第七讲　从都江堰到三峡大坝

陆建松　整理

主要内容

◇ 从最初的建造动机来说，都江堰水利工程是一项军事工程。都江堰为成都平原的农业发展提供了保障，使其在秦统一战争中发挥了应有的作用。秦统一后的历朝历代，这一军事工程继续服务于当地人民群众的生产和生活，造就了发达的地方经济，成都平原因而被称为"天府之国"。长江三峡水利枢纽工程是当今世界上最大的现代水利枢纽工程，具有防洪、发电、航运、水资源利用等巨大的综合效益。

◇ 从都江堰到三峡工程，体现了中华民族古往今来在水利工程建设上的智慧。在都江堰水利枢纽工程上，古代中国人民在有限的科学技术的基础上，顺应自然；在长江三峡水利枢纽工程上，当代中国人民学习先进的现代科学技术并进行自己的创造发明，战胜自然。顺应自然和战胜自然体现了在水利工程中处理天人关系的不同的刚柔艺术，但无论是顺应自然，还是战胜自然，同样都体现了中国人民在具体的历史条件下利用自然的智慧。

精彩案例

◇ 无坝引水。所谓"无坝引水"是指不设拦河闸或壅水坝，从天然河道中直接引水的水利技术。这一传统技术工程简单，投资少，对天然河道的副作用较小，对其他国民经济部门（航运、渔业等）的影响也较小，具有多方面的优点。都江堰水利工程多处采用这一技术，但是最让人称道的是渠首工程。都江堰渠首工程主要指从鱼嘴分水口到宝瓶口一段，它位于灌县西边的岷江中游,是岷江从峡谷到成都平原的起点。岷江发源于四川西北的岷山南麓,水源丰富,除上游地区的雨水直接流入之外,森林中含蓄的雨水也源源不断地渗入,春天冰雪融水也补充进入,因此岷江流经都江堰渠口的时候,水量丰富、河道宽阔、坡度骤减、流速变缓,非常适合无坝引水技术发挥作用。

◇ 三峡工程的世界之最。三峡工程是当今世界最大的水利枢纽工程。它的许多工程设计指标都突破了世界水利工程的纪录,主要有:世界上防洪效益最为显著的水利工程,世界上建筑规模最大的水利工程,世界上工程量最大的水利工程,世界上施工难度最大的水利工程,施工期流量最大的水利工程。此外,它拥有世界上最大的电站,世界上泄洪能力最大的泄洪闸,世界上级数最多、总水头最高的内河船闸,世界上规模最大、难度最高的升船机。2020年,还创造了单座水电站年发电量的世界纪录。

问题思考

◇ 举例说明都江堰造就的"天府之国"在历史进程的重大事件中所发挥的重要作用。
◇ 都江堰在古代的"坚作"和"柔作"之争,以及在现代融入现代科学技术的过程,如何体现了人类对待自然的不同态度?
◇ 三峡大坝创造了哪些世界之最?

水是生命之源,人类文明的兴衰与水息息相关。闻名于世的"四大文明"无不发源于大江大河流域,埃及文明处于尼罗河流域,美索不达米亚文明处于幼发拉底河和底格里斯河流域,印度文明处于印度河和恒河流域,中华文明处于黄河和长江流域。"大文明"如此,"小文明"也一样,处于长江上游的蜀文明就是一个显著的例证。但是,水能造福于人,也能为害于人,人类各大文明几乎都有治理大洪水的传说,这既表明了水的重要性,也表明了治水的重要性。蜀文明也不例外,它的兴旺发达依赖于成都平原和岷江的完美结合,这就是都江堰水利工程。

一、都江堰与"天府之国"的形成

蜀文明拥有悠久的历史，早在4 000多年前，蜀人就在岷江流域建立了自己的国家，早期的蜀人活动中心在岷江上游，以畜牧为主，后来慢慢向东南方向的成都平原迁移，逐渐开始发展农业。但是，在都江堰建成之前，蜀地一直受到水患的困扰，文明的兴衰和国家的更替跟水的失控和治理紧密联系在一起。直到公元前316年为秦国所灭，蜀地才在表面的不幸之下迎来了延续至今的幸运。

众所周知，战国时代七雄争霸的局面愈演愈烈，地处西北的秦国最终取得了优势地位，逐渐走上了统一天下的道路。在统一和反统一的斗争中，大多数人可能对张仪的连横战略和苏秦的合纵战略耳熟能详，却不知道秦国在统一道路的具体方向上，还有另一条不同于张仪连横战略的重要战略。公元前316年，司马错和张仪在秦惠王面前展开了激烈的辩论。张仪主张伐韩亲魏善楚，也就是利用六国之间的矛盾，让魏国做依附秦国的带头羊，逐步实现远交近攻、各个击破的目的。司马错则主张先灭蜀国，再以蜀国为基地灭南方大国楚国，最后灭其他国家。这样做的好处是，蜀国和楚国都是所谓的"戎狄蛮夷"之国，远离中原国家，与它们开战具有战争的"正义性"，不易触犯中原各诸侯国。另外，蜀地是大平原，可以成为进攻楚国的根据地。当时秦惠王采纳了司马错的策略，当年就灭了蜀国及其敌国巴国，不久（前308年）就以巴蜀为根据地进攻楚国。但是，巴蜀作为后方基地并没有想象的那样具有稳定地提供大量粮草的能力，再加上楚国凭借强大国力顽强抵抗，秦国取蜀灭楚的战略受挫。历史最终证明，它只能作为张仪连横战略的一个辅助性战略发挥作用。但是，它也确实发挥了辅助性战略的重要作用，这在很大程度上得益于都江堰水利工程。

从最初的建造动机来说，都江堰水利工程是一项军事工程。在客观原因的限制下，秦国只能积极实行张仪的战略，但也没有放弃司马错的战略。秦国积极经营蜀地，蜀地经济不断发展，人口不断增多，逐渐成为重要的战略后方。秦昭王五十一年（前256年），李冰出任蜀郡郡守，蜀地经济更是迎来了一个质的飞跃。李冰的治水工作是多方面的，除了都江堰水利工程之外，还有沟通文井江和武阳江、沟通岷江和沱江、整治大渡河水道、开辟宜宾长江航道、引水灌溉稻田、发现并开凿盐井、命名新地名,等等,但是最重要的是创建都江堰和沟通相关水路,包括创建都江堰渠首工程、设置石人量测水位、在成都二江之外另开石犀渠、在成都修造桥梁等。

都江堰为成都平原的农业发展提供了保障,使其在秦统一战争中发挥了应有的作用。秦统一后的历朝历代,这一军事工程继续服务于当地人民群众的生产和生活,造就了发达的地方经济,成都平原因而被称为"天府之国"。有趣的是,相比其他地区,托福于都江堰这一军事工程,它的灌溉流域在此后的历史长河中享有更多的和平,成为战乱时代的"世外桃源"或后方基地。例如,秦末楚汉相争,项羽封刘邦为汉王,萧何向刘邦建议:"愿大王王汉中,抚其民,以致贤人,收用巴、蜀,还定三秦,天下可图也。"刘邦采用萧何的策略,果然取得天下。再比如,诸葛亮非常明了成都平原在刘邦夺取天下过程中的重要作用,在"隆中对"中建议刘备进军益州:"益州险塞,沃野千里,天府之土,高祖因之以成帝业。"刘备采用了诸葛亮的计策,虽然没有最终夺取天下,但是作为后来者凭借西南一隅造成数十年的三国鼎立局面,足以说明成都平原的经济实力。从三国到五代十国,成都平原五次成为割据政权的中心。

正是由于这些历史经验,近代中国在面临外来侵略的时候,最先想到四川在反侵略持久战中可能发挥重要作用。林则徐在鸦片战争失利之后的流放途中,写信给朋友表示:(如果东南被敌久踞),"则恢复之策,扼要首在荆、襄,须连结秦、蜀以为之。"也就是说,如果中国东南沿海被外敌侵占,就应该扼守湖北、湖南,以陕西、四川为后方,进行持久抗战,直至把敌人赶出国门。后来的抗日战争,国共双方分别占据陕西和四川,日军受阻于湖南和湖北一带,果然印证了林则徐的话。

从以上历史事实可知,不仅对于当地人民群众而言,而且对于国家民族而言,都江堰造就的"天府之国"具有多么重要的地位。

二、都江堰的建设和发展

秦国出于战争需要而建造的水利工程,并不只有都江堰一处。关中的郑国渠、岭南的灵渠和蜀地的都江堰并称秦国的三大水利工程。虽然战国时期的列国纷争促进了战争技术的发展，使得当时的很多工艺都带有现代社会技术理性的色彩，秦国在这方面尤其明显，但是它们毕竟没有实现足够的技术突破，达到现代科技的水平。表现在水利工程方面，无坝引水成为普遍的技术选择。

所谓"无坝引水"，是指不设拦河闸或壅水坝，从天然河道中直接引水的水利技术。这一传统技术工程简单，投资少，对天然河道的副作用较小，对其他国民经济部门（航运、渔业等）的影响也较小，具有多方面的优点。都江堰水利工程多处采用这一技术，但是最让人称道的是渠首工程。都江堰渠首工程主要指从鱼嘴分水口到宝瓶口一段，它位于灌县西边的岷江中游，是岷江从峡谷到成都平原的起点。岷江发源于四川西北的岷山南麓，水源丰富，除上游地区的雨水直接流入之外，森林中含蓄的雨水也源源不断地渗入，春天冰雪融水也补充进入，因此岷江流经都江堰渠口的时候，水量丰富、河道宽阔、坡度骤减、流速变缓，非常适合无坝引水技术发挥作用。

都江堰渠首工程修建在岷江的一段弯道上，主要由三部分组成：第一部分是利用江心沙滩人工修建的"鱼嘴分水堤"，第二部分是在分水堤下端修建的"飞沙堰"，第三部分是人工开凿的内江进入灌区的总进水口"宝瓶口"。这三部分工程相互依存，形成有机整体。

鱼嘴分水堤把岷江分为外江和内江，外江的主要功能是泄洪排沙，内江的主要功能是引水灌溉。飞沙堰的作用是将进入内江的过量洪水和沙石进一步排到外江。宝瓶口是内江进入灌区的关键入口，内江的水都从这里送往灌区。内外江的理想分水比例被总结为"四六分水"，也就是说，在岷江枯水期，江水主要流向内江，内江水占总水量的六成，外江水占总水量的四成；而岷江洪水期，江水主要流向外江，外江水占总水量的六成，内江水占总水量的四成。如果洪水过大，内江水经过分流之后还是过多，这时候由于宝瓶口狭窄，只有二十米宽，控制水流不能顺畅地通过，迫使大量洪水漫过飞沙堰流向外江，做到二次分流，保证成都平原免受洪水威胁。内江的洪水越大，宝瓶口的水量越高，从飞沙堰流走的水也就越多，在极端的时候，大洪水冲决堰体，排洪效应反而越强。除了分水之外，都江堰还很好地处理了排沙问题，因为它处于岷江弯道上，内江在弯道的凹岸，外江在弯道的凸岸。根据弯道的水流规律，表层水流向凹岸，底层水流向凸岸，因此江水中的沙石大部分随底层水进入外江，进入内江的沙石，多半又随水流经飞沙堰冲到外江,还有一部分沉积在宝瓶口前面的凤栖窝一带。这样就避免了大量沙石进入灌区。

除了无坝引水之外,都江堰渠首的特色还在于很多工程设施由竹笼构件修筑,这就涉及所谓的"岁修"。都江堰的各项工程设施在一定程度上是动态的,根据历史经验,坚持一年一度的岁修是都江堰经久不废的重要条件。每年冬春枯水期,先修外江,再修内江。修江的时候先要截流。传统的做法是,用竹篾和原木做成一种特殊的截流工具"杩槎",这是一种用来挡水的三脚木架,应用时多个排列成行,每个中设平台,台上置石块,在迎水面上加系横木及竖木,外置竹席,并加培黏土,就可以起到挡水作用。杩槎在都江堰中主要用作临时调节水量的拦河堰。它的优点是易拆易建,木桩可重复使用,是一种造价低廉的临时性工程结构。

内江断流后,就开始掏挖河床中的沙石,"深淘滩,低作堰"是岁修内江的经验总结,"深淘滩"就是要沉积在凤栖窝一带的沙石淘到足够的深度,以保证内江能够引入充足的水量。那么究竟什么深度是最合适的呢?经过长期的实践,人们在凤栖窝平埋了三根卧铁,淘滩淘到看见卧铁就够了。"低作堰"是指飞沙堰顶部不能修筑太高,因为如果堰顶过高的话,进入内江的洪水和沙石就无法排到外江。利用沉积在河床中的卵石修筑堤岸,用竹笼装上卵石保护堤岸,不但做到就地取材,而且简易有效。内江修好之后,清明节拆除杩槎,放水到灌区,保证春耕用水,这就是一年一度的清明放水节。

古代人民还顺应成都平原西北高东南低的倾斜地势,兴修了很多河渠,从都江堰引水自流灌溉成都平原中部的近 300 万亩农田,形成一个纵横交错的扇形水网。为了更好地发挥都江堰的灌溉效益,中华人民共和国成立之后,又陆续修建了三合堰、人民渠等渠道网系工程,使得灌溉区域向成都平原两侧扩展。可是,要想将水引向更远的两侧,就要克服地势坡度较小的问题,改变渠道的自然流向,这就面临人工渠道经过自然河道的问题。自然河道高低不一,经过这些河道需要采取不同的办法:渠道高,河道低,就在河道上架设渡槽,让渠水从河道上空通过;渠道低,河道高,就在河床下面建筑涵洞,让渠水从河床底下钻过;渠道和河床相互交叉,高低相等,就建闸门,平时关闭闸门,让渠道通水,河道水量大时再开启闸门,排走洪水。由于运用了这些现代技术可能做到的多种办法,都江堰灌区迅速从成都平原中部扩大到两侧。

如此一来，都江堰的灌区就扩展至整个成都平原。但是，紧邻平原东边的丘陵地区冬春雨少，经常干旱，要求引都江堰水灌田。平原地区海拔在500米以上，丘陵地区海拔在500米以下，理论上有条件引水灌溉，但是平原和丘陵之间隔着一座龙泉山脉。为了让都江堰的水绕过龙泉山，就在山的北麓修建了一条盘山渠道——人民渠七期工程。在山的中路无法修渠，就在山腰打了一条6 000多米长的龙泉山隧洞，让江水穿过龙泉山。南路修建了可以蓄水3亿立方米的黑龙滩水库，把江水蓄在山谷之中。这样龙泉山以东的丘陵地区也能够用都江堰水灌溉农田了。丘陵地区也广泛运用渡槽和隧道引水。都江堰灌区又扩展到丘陵地区。

随着灌区扩大，用水量增加，放水时间和放水总量都有了新的要求。为了满足这些要求，人们首先将岁修时间提前，冬季就先修好内江，立春前后就放水到灌区，比原来清明放水提前了两个多月，之后再修外江，外江修好之后，只拆除部分杩槎，保证外江右边的渠道用水，保留截流外江的杩槎，让江水尽可能多地流入灌区。1974年外江闸建成之后，内外江水量的调控改由外江闸承担，就可以随时使更多的水进入灌区。这些都是现代水利技术对古老的都江堰的改造和补充。

三、都江堰的"坚作"和"柔作"之争

从远古时期的大禹治水开始，中国人就知道疏导的治水方式比堵塞更加有效，崇尚顺应自然。都江堰与现代水利枢纽工程的设计理念和建筑技术非常不同，它充分利用了河流的弯道、崖壁的角度所形成的冲力，自然地控制着水量和水流的方向，工程的建设和自然的规律协调统一、完美结合。都江堰工程不追求一劳永逸，在维修的过程中，多用竹笼卵石，以柔克刚，取材因陋就简，每年的岁修使都江堰不断更新，体现了因势利导、朴实无华的东方文明风格。

但是有人也想要一劳永逸，避免一年一度的岁修。元、明、清时期都江堰鱼嘴多次采用砌石结构。元统二年（1334年），肃政廉访司金事吉当普改革渠首岁修工程，在鱼嘴这一关键部位铸成铁龟，重达一万六千斤，但是不到一百年就崩

溃了。自从吉当普用铁石代替竹笼之后,如同给都江堰的治理打开了一扇窗户,"坚作"和"柔作"各执一词,开始了数百年都江堰工程技术的争论。明代嘉靖年间的刘鎏就是坚定的"柔作"的支持者,他表示:"有司至元间有金事吉当普者,聚铁石,大举缮治,然不如李(李冰)之旧,不百年复崩。"在他的坚持之下,开始恢复用竹笼修筑。但是每年巨大的工程量,总会重新点燃人们变革的欲望。这其中以施千祥的"铁牛鱼嘴"最为出名。明嘉靖二十九年(1550年),水利佥事施千祥在鱼嘴前增设两座铁牛,长约3.5米,首合尾分,如"人"字状,整个工程耗铁7.25万斤,其中用以铸造铁牛的数量达6.7万斤,动用铸工120人,炉工1 200余人。施千祥的铁牛远远超过了吉当普的用铁量。但是二十多年之后,砌石鱼嘴已经有部分损坏。明代的另一位"柔作"支持者卢翱,不仅认为只有李冰竹笼岁修的古法才符合以柔克刚的自然规律,而且指出了"坚作"无法避免的一个弊端:"蜀守李公冰凿离堆以利蜀,刻'深淘滩,低作堰'六字于石,立万世治水者法,所以制水出入,为旱涝计者至矣!其用功缓急疏密之序,意自较然。……元始肆力于堰,无复'深淘'之意。无乃(李)公言不足法欤?"也就是说,"坚作"派的砌石结构只考虑了"作堰",没有考虑到"淘滩",岷江泥沙淤积现象无法避免。但是,尽管从理论上阐明了"坚作"派的缺点,还是有人重蹈覆辙。清光绪三年(1877年),时任四川总督的丁宝桢大修都江堰。此次大修耗费12.9万多两白银,动用大量人力和物力。特别是将渠首鱼嘴和内江干渠分水鱼嘴等都由竹笼结构改为砌石结构,这是清代第一次采用砌石结构。但不幸的是,完工不到三个月,汛期洪水就将渠首各项工程严重冲损。丁宝桢尽管往返渠首12次,不可谓不尽心尽力,最终却落得由一品官降为三品官、革职留任的处罚。

  古代的"坚作"和"柔作"之争,近代以来就演变成中国传统水利技术和西方现代水利技术之争。中华人民共和国建立之前,1943年,英国自然科学史家李约瑟随英国文化科学访华团来到四川,他将这一经历写成了游记,其中的《灌县的灌溉工程》记录了其在都江堰的所见所闻。李约瑟意识到源于西方的水利科学技术对古老的都江堰的冲击,他写道:"请注意这样的对比,二郎庙的前部——李冰庙内香火颇盛;而另一个院落则陈列着许多意欲改良这一工程的众多模型。工程师们将二郎庙作为宿舍,大禹的神坛和庭院成了水文管理委员会的办公室,就在这种古代文化的氛围中,张有龄博士是一位在曼彻斯特受过教育的李冰的后人,徜徉在精致无边的建筑群里,衣袋中的计算尺隐约可见。这个场景使得英国文化科学访华团特别感动地要将他的研究论文带走,交由我们的工程杂志发表。"20世纪20年代以后,欧美国家坝工技术突飞猛进。接受西方水利技术的现代水利工程师很自然地对都江堰的改造充满了热情,他们希望用坝和闸门将岷江完全控制起来,使成都平原的水量调度尽在人力的掌握之中。但是,也有许多科学家和学者对中国古老文明的智慧满怀情感,对都江堰原有建筑形式的改造和治理持保守态度。李约瑟本人这样称道都江堰:"将超自然、实用、理性和浪漫因素结合起来,在这方面任何民族都不曾超过中国人。"来自水利科学发达的荷兰、丹麦、法国等国家的水利科学家、工程师,对改造都江堰的方案基本是否定的。荷兰的普德利接受国民政府经济委员会的邀请,考察都江堰之后,对用现代水利工程取代运用两千多年的都江堰,持反对意见,他表示:"(都江堰)以数万元的岁修,享五百万亩灌溉之利,不可谓不优且美矣。强为改作,恐不及古人。"对渠首改造、工程新建必须慎重是当时中外水利科学家的共识。

中华人民共和国建立之后,国家十分重视都江堰的修缮和管理工作,充分利用现代水利技术,取得了显著的成果。上文对这些成果已经作了介绍。从古今对比来说,古代都江堰的设计,从鱼嘴的无坝引水到整个灌区的灌溉都采用了有口无闸的自动分水方式。水以自然的行进方式,一分为二,二分为四,四分为八,在广阔的平原上形成了繁密的自然渠系。但是,自然引水只能灌溉成都平原中部有限地区,而运用现代水利技术,通过渡槽、隧道和水库引水,使得都江堰灌区向两侧扩展至整个成都平原,并且克服龙泉山的阻碍,进一步扩展至紧邻平原东边的丘陵地区。在古代,枯水期为了增加鱼嘴分水处内江的引水量,还有一种被称为鱼嘴活套笼的临时工程措施。就是由杩槎组成的导流堤,沿鱼嘴外沿向外江延伸,或者拦河或者部分拦河。而现在,随着灌区的扩大和用水量的增加,就必须同时利用现代科技建造水坝,由外江闸随时调控内外江的水量,让更多的水进入灌区。由此可见,现代水利技术对古老的都江堰的改造实际上是全方位的,也不得不是全方位的。

这种全方位的改造对都江堰的运作产生了深刻的影响。往年一年一度的岁修,逐渐变成十年一次的大岁修,最后岁修甚至可能永远成为历史。岁修的一个重要原因是清理凤栖窝河段沉积的沙石,这就是所谓的"深淘滩"。同时,利用沙石加固堤岸和飞沙堰,这时要遵循"低作堰"的原则。所以,"深淘滩,低作堰"曾经一直是都江堰岁修的金科玉律。但是,在现代水利技术的影响之下,这一金科玉律不再有效。因为不仅是江堰本身已经被现代科技大规模地改造,而且其他现代水利工程也影响到都江堰。以前,每年内江凤栖窝河段都会有大量的泥沙淤积,但是岷江上游紫坪铺水电站修建以后,从上游下来的泥沙比以前少了很多,因此河道的流速增大,造成了河道不仅没有泥沙淤积,反而冲刷比较严重。随着河床底部被冲低,宝瓶口水流流量也相应增大,这就加大了下游的防洪压力。因此,新的河道修理工作反而需要将凤栖窝河段整个抬高,回填砂浆,再打上混凝土,防止水流冲刷。所有这些工作也只有依靠现代科学技术才能完成。

由此可见,如果说古代都江堰代表了一种人与自然相处的方式,那么现代科学技术已经形成了另一种人与自然相处的新方式。

四、现代水利工程的代表——长江三峡工程

这种人与自然相处的新方式,在水利工程上的代表,非长江三峡水利枢纽工程莫属。长江三峡水利枢纽工程(以下简称"三峡工程")是当今世界上最大的现代水利枢纽工程,具有防洪、发电、航运、水资源利用等巨大的综合效益。

近代以来,随着现代科学技术传入中国,兴建三峡工程成为中华民族的百年梦想。早在1894年,孙中山先生就提出了"平水患、兴水利"的建议,在1919年的《建国方略之二——实业计划》中更是描绘了建设三峡工程的宏伟设想,在1924年的一次演讲中,他说:"象扬子江上游夔峡的水力,更是很大。有人考察由宜昌到万县一带的水力,可以发生三千余万匹马力的电力,比现在各所发生的电力都要大得多,不但是可以供给全国火车、电车和各种工厂之用,并且可以用来制造大宗的肥料。"中华人民共和国成立后,毛泽东等历届党和国家领导人高度重视和关心三峡工程论证工作。1953年,毛泽东主席在听取长江干流及主要支流修建水库规划的介绍时,希望在三峡修建水库,以"毕其功于一役"。他指着地图上的三峡说:"费了那么大的力量修支流水库,还达不到控制洪水的目的,为什么不在这个总口子上卡起来?""先修那个三峡大坝怎么样?!"1956年,毛泽东主席在武汉畅游长江后写下了"更立西江石壁,截断巫山云雨,高峡出平湖"的著

名词句。在历经半个世纪的勘测设计、规划论证后,1992年4月全国人大通过《关于兴建长江三峡工程的决议》。

根据中国长江三峡集团有限公司网站的介绍,三峡工程作为治理和开发长江的关键性骨干工程,主要由枢纽工程、输变电工程及移民工程三大部分组成。

枢纽工程为Ⅰ等工程,由拦河大坝、电站建筑物、通航建筑物、茅坪溪防护工程等组成。挡泄水建筑物按千年一遇洪水设计,洪峰流量98 800立方米每秒;按万年一遇加大10%洪水校核,洪峰流量124 300立方米每秒。主要建筑物地震设计烈度为Ⅶ度。拦河大坝为混凝土重力坝,坝轴线全长2 309.5米,坝顶高程185米,最大坝高181米,主要由泄洪坝段、左右岸厂房坝段和非溢流坝段等组成。水库正常蓄水位175米、相应库容393亿立方米。汛期防洪限制水位145米,防洪库容221.5亿立方米。电站建筑物由坝后式电站、地下电站和电源电站组成。坝后式电站安装26台70万千瓦水轮发电机组,装机容量1 820万千瓦;地下电站安装6台70万千瓦水轮发电机组,装机容量420万千瓦;电源电站安装2台5万千瓦水轮发电机组,装机容量10万千瓦。电站总装机容量为2 250万千瓦,多年平均发电量882亿千瓦时。通航建筑物由船闸和垂直升船机组成。船闸为双线五级连续船闸,主体结构段总长1 621米,单个闸室有效尺寸为长280米、宽34米、最小槛上水深5米,年单向设计通过能力5 000万吨。升船机最大提升高度113米,承船厢有效尺寸长120米、宽18米、水深3.5米,最大过船规模为3 000吨级。茅坪溪防护工程包括茅坪溪防护坝和泄水建筑物。茅坪溪防护坝为沥青混凝土心墙土石坝,坝轴线长889米,坝顶高程185米,最大坝高104米。泄水建筑物由泄水隧洞和泄水箱涵组成,全长3 104米。

输变电工程承担着三峡电站全部机组满发2 250万千瓦电力送出的重要任务,具有向华中、华东和广东电网送电的能力。最终建成的规模为:500千伏交流变电总容量2 275万千伏安,交流输电线路7 280公里(折合成单回路长度);±500千伏直流换流总容量2 400万千瓦,直流输电线路4 913公里(折合成单回路长度);相应的调度自动化系统和通信系统。

移民工程涉及湖北省、重庆市19区县和重庆主城区,共搬迁安置城乡移民131.03万人(库区移民129.64万人,坝区1.39万人),其中外迁安置19.62万人,主要安置到上海、江苏、浙江、安徽、福建、江西、山东、湖北、湖南、广东、四川、重庆等12个省(直辖市)。库区复建各类房屋5 054.76万平方米,迁建城市2座、县城10座、集镇106座,搬迁工矿企业1 632家,以及专业项目复建、文物保护、生态环境保护、库底清理和地质灾害防治、高切坡防护等。

三峡工程建设聚集了世界上最先进的技术,进行了大量自主创新。在大坝混凝土施工中,实行快速施工技术,选用了国外先进的塔带机设备;首次使用性能优良的Ⅰ级粉煤灰和高效减水剂,优化混凝土配合比,使大体积混凝土配合比单位用水量达到世界领先水平;首创混凝土骨料二次风冷技术,创立了一整套大容量、全方位、全过程的综合混凝土温控生产体系。在双线五级船闸建设中,取得了控制爆破、岩体锚固、船闸输水、超大规模人字门制作安装等几十项技术突破。在两次大江截流中,针对水深、堤头坍塌等技术难题,创造性地采用了深水平抛垫底措施。在围堰防渗施工中,引进了国际最先进的防渗墙设备,开发新设备与新工艺,推出世界领先水平的水下防渗施工技术等。大坝混凝土快速施工技术,是三峡工程集成创新的一个典型范例,是大坝混凝土浇筑的一场工艺革命。经反复咨询论证和比选研究,决定选用国外先进的塔带机设备,并根据三峡工程实际加以创新。形成了以6台套塔带机为主,辅以少量门塔机、缆机的综合混凝土浇筑方案。集混凝土水平运输和垂直运输于一体,混凝土从各拌合楼生产出来后,通过皮带机将混凝土输送到塔带机,再由塔带机提升后直接将混凝土有序地摊铺到大坝仓面。这是一种工厂化连续生产方式,具有连续作业、干扰小、均匀高效等优点。三峡大坝二期混凝土浇筑从1998年开始,1999—2001年连续3年高强度混凝土施工,年浇筑量均在400万立方米以上,打破了大坝年混凝土浇筑量的世界纪录。三年共浇筑混凝土1 409万立方米,其中2000年浇筑混凝土548万立方米、最大月浇筑量55.35万立方米、最大日浇筑量2.2万立方米,创三项世界纪录。

三峡工程是当今世界最大的水利枢纽工程。它的许多工程设计指标都突破了世界水利工程的纪录,主要有:世界上防洪效益最为显著的水利工程,世界上建筑规模最大的水利工程,世界上工程量最大的水利工程,世界上施工难度最大的水利工程,施工期流量最大的水利工程。此外,它拥有世界上最大的电站,世界上泄洪能力最大的泄洪闸,世界上级数最多、总水头最高的内河船闸,世界上规模最大、难度最高的升船机。2020年,还创造了单座水电站年发电量的世界纪录。

五、从水利工程看天人关系的柔与刚

从都江堰到三峡工程，体现了中华民族古往今来在水利工程建设上的智慧。在都江堰水利枢纽工程上，古代中国人民在有限的科学技术的基础上，顺应自然；在长江三峡水利枢纽工程上，当代中国人民学习先进的现代科学技术并进行自己的创造发明，战胜自然。顺应自然和战胜自然体现了在水利工程中处理天人关系的不同的刚柔艺术，但无论是顺应自然，还是战胜自然，同样都体现了中国人民在具体的历史条件下利用自然的智慧。

参考文献

孙荣刚：《长江三峡水利枢纽工程》，五洲传播出版社2008年版。

谭徐明：《都江堰史》，中国水利水电出版社2009年版。

中国长江三峡集团有限公司：《三峡工程》，https://www.ctg.com.cn/sxjt/sxgc4/gcgk7/index.html。

第八讲　从算盘到超级计算机

黄　伟　整理

主要内容

◇ 准确便捷的计算能力在古今的社会生活中都发挥着重要作用。本章首先简单介绍中国古代算盘的发明及其应用，讲述算盘的主要种类、发展过程，以及珠算算法的发展历程。接着，扼要说明超级计算机的发展历程，从第一代电子管、第二代晶体管、第三代集成电路直至第四代超大规模集成电路的发展脉络，展示超级计算机近年来的飞速发展。然后，展现中国在超级计算机领域的奋起直追并引领潮流的历史性飞跃，刻画中国历代科研工作者突破国内外重重封锁，通过自主创新，研制出"天河"系列以及"神威·太湖之光"的光辉历程。其后，说明研发超级计算机的巨大功效以及显著意义，强调超级计算机在情报战、核武器安全、信息化技术、医疗卫生等领域的重要作用。最后，展望未来超级计算机的竞争态势，强调中、美、日、欧在未来E型超级计算机领域的竞争大幕已拉开，中国科技工作者必将不辱使命，不断为祖国争得更大的荣耀。

精彩案例

◇ 寻找马航370（MH370），是世界科技角力的战场。大量的卫星雷达集中对准南印度洋，当这些高科技"眼睛"采集到信息后，一个必经的环节是数据处理，担当这一环节的角色即是超级计算机。只要有足够精确的相关数据，超算就能找到失事飞机。除了找飞机，还有更多接地气的事情倚仗超级计算机来解决。建一栋楼对周边的环境到底有什么影响？如何建设风道便于污染物扩散?通过超算模拟,可以根据目前污染物的情况,计算出未来一段时间的大气污染物浓度和分布,进行空气质量预报。从预报结果还可以计算出哪些污染源"贡献"最大,了解污染的来龙去脉,为污染防控提供决策指导。现在已经可以实现倒推排查究竟是哪个排放点导致了某次大气污染,未来将能够实现每个小区、每个居民点空气质量的准确预报。

◇ 你对自己了解多少?好奇自己究竟是什么样的人?翻到星座运程时,半信半疑,但还是会瞄瞄和自己相关的那一页?人类最好奇的永远是自己本身。超级计算机,在我们认识自己方面也能派上用场。该功能的正式名称叫"个性特征服务"。美国的IBM超级计算机"沃森"(Watson)通过对每个人2300条最新社交网络推文的解读,应用语言学分析方法归纳总结你的社交特性,然后将你与其他几十万甚至数百万用户进行比较,从而勾勒出你与众不同的个性。这套分析程序如果由"神威·太湖之光"来做,会更加准确,这在理论上是可以实现的,毕竟我国的超算已经达到了足够的分析能力。

问题思考

◇ 中国科技工作者如何突破重重封锁,自主创新,不断研发出代表国际先进水平的超级计算机?你能想到哪些激励人心的感人事迹?
◇ 超级计算机在社会、经济、国防等领域都发挥着不可替代的重要作用,你能简单介绍几个超级计算机应用的具体实例吗?

一、中国古代算盘的发明和应用

算盘,又作祘盘,是中国古代劳动人民发明创造的一种简便的计算工具。人们往往把算盘的发明与中国古代四大发明相提并论。由于算盘运算方便、快速,几千年来一直是中国古代劳动人民普遍使用的计算工具,即使现代最先进的电子计算器也不能完全取代算盘的作用。联合国教科文组织还把珠算正式列为人类非物质文化遗产。

(一) 基本概念

算盘是一种计算数目的工具。

现存的算盘形状不一、材质各异。一般的算盘多为木制(或塑料制品),算盘是在矩形木框内排列一串串等数目的算珠,算珠内贯直柱,俗称"档",一般为9档、11档或13档。档中横以梁,梁上1珠或2珠,每珠为5;梁下5珠,每珠为1。

许多文明古国都有过各自的与算盘类似的计算工具。古今中外的各式算盘大致可以分为三类:沙盘类、算板类、穿珠算盘类。

(二) 起源发展

算盘是中国传统的计算工具,是中国古代一项伟大、重要的发明,在阿拉伯数字出现前是全世界广为使用的计算工具。

算盘究竟是何人发明的,无法考察,但是它的使用应该是很早的。东汉末年,数学家徐岳《数术记遗》载:珠算"控带四时,经纬三才"。可见至迟在东汉已经出现算盘。有些历史学家认为,算盘的名称,最早出现于元代学者刘因(1249—1293年)撰写的《静修先生文集》里。公元1274年,杨辉在《乘除通变算宝》里,1299年朱世杰在《算学启蒙》里都记载了有关算盘的《九归除法》。公元1450年,吴敬在《九章详注比类算法大全》里,对算盘的用法记述较为详细,北宋张择端在《清明上河图》中画有一算盘,可见,早在北宋或北宋以前我国就已普遍使用算盘这一计算工具了。

已经进入了电子计算机时代,但是古老的算盘仍然发挥着重要的作用。在中国,各行各业都有一批打算盘的高手。使用算盘和珠算,除了运算方便以外,还有锻炼思维能力的作用,因为打算盘需要脑、眼、手的密切配合,是锻炼大脑的一种好方法。

(三) 珠算算法发展历程

古珠算法是以手拨算珠进行运算。古珠算只用这十个码衍化各种算法,为了便于掌握而编成口诀。到了明代,古珠算法被总结、规范,应用领域由商贸到科研,有了开拓和发展。例如,程大位(1533—1606年)在《算法统宗》里,主张上法诀加法、退法诀减法、留头乘法、归除法、盘上定位法等。明代规范珠算法的中心思想是提高机械化程度,尽可能达到不假思索地拨珠得数的自动化目的。

明代完善珠算机械化算法的直接结果,就是使数学在大众中空前普及。运用珠算机械化算法,口诵歌诀,拨珠练习,即便不懂原理,也能掌握珠算法。不管公学、私塾和家教,以及商工店主授徒,都能够教学珠算法,即便小孩子也都能学会和掌握。这种珠算法一直延续到20世纪50年代,有些地方甚至直到如今。这些口诀朗朗上口,便于记忆,运用又简单方便,因而在我国被普遍应用,同时也陆续传到了日本、朝鲜、印度、美国、东南亚等国家和地区。

二、超级计算机的发展历史

(一) 第一代电子管计算机

1945年春天,在美国宾夕法尼亚大学的莫尔电机学院揭幕典礼上,世界上第一台现代电子计算机"埃尼阿克"(ENICA)为来宾表演了它的"绝招"——分别在一秒内进行5 000次加法运算和500次乘法运算,与当时最快的继电器计算机的运算速度相比,要快1 000多倍,为此来宾们大加喝彩。不过这个庞然大物占地面积达170平方米,重达30吨,肚子里装有18 800只电子管。

第一段计算机ENICA操作指令是为特定任务而编制的,每种机器的语言各不相同,功能受到限制,运行速度比较慢。而且电子管体积大、功耗大、发热厉害、寿命短、电源利用率低,且需要高压电源,没有系统软件,只能用机器语言和汇编语言编程,因此它只能在少数尖端领域中用于科学、军事和财务等方面的计算,后来它的绝大部分用途已被固体器件晶体管所取代。但是电子管负载能力强,线性性能优于晶体管,在高频大功率领域的工作特性要比晶体管更好,所以仍然在某些特定地方继续发挥着不可替代的作用。

作为第一代计算机,它起着承上启下、继往开来的作用,推动了计算机事业的快速发展,它所采用的二进位制与程序存储等基本事项,奠定了现代电子计算机的技术基础。

(二) 第二代晶体管计算机

1947年,贝尔电话实验室研制出了第一个半导体三极管,即晶体管。晶体管的发明,在计算机领域迎来一场革命。晶体管没有玻璃管壳,不需要真空,体积很小,重量轻,生产成本很低,寿命比电子管长得多,同时还具有效率高、发热少、功耗低等优点,改变了电子管元件运行时产生的热量太多、可靠性较差、运算速度不快、价格昂贵、体积庞大等缺陷。因此,晶体管一问世,立即得到迅速发展且取代了电子管的位置。从此计算机大步跨进了第二代的门槛。

1955年贝尔实验室研制出世界上第一台全晶体管计算机TRADIC,它装有800个晶体管,只有100瓦功率,占地也仅有3立方英尺。1958年,IBM公司制成了第一台全部使用晶体管的计算机RCA501型。由于采用晶体管逻辑元件以及快速磁芯存储器,计算机速度大幅度提高,从每秒几千次一下子提高到几十万次,主存储器的存储量,从几千字节一下子提高到10万字节以上。

1959年,IBM公司又生产出全部晶体管化的电子计算机IBM7090,换下了诞生不过一年的IBM709电子管计算机。IBM7090从1960年到1964年一直统治着科学计算的领域,并作为第二代电子计算机的典型代表,永载计算机发展的史册。

1958—1964年,从印刷电路板到单元电路和随机存储器,从运算理论到程序设计语言,不断的革新,使晶体管电子计算机日臻完善。1961年世界上最大的晶体管电子计算机ATLAS安装完毕。1964年中国制成第一台全晶体管电子计算机441-B型。

(三) 第三代集成电路计算机

20世纪60年代初,美国仙童半导体公司发明了集成电路,引发了电路设计革命。集成电路是做在比手指甲还小的芯片上,包含了几千个晶体管元件的一个完整的电子电路。

集成电路发明不久后的1961年,美国德州仪器公司用不到9个月时间,研制出第一台用集成电路组装而成的计算机,共有587块集成电路,重量不超过300克,体积不到100立方厘米,功率只有16瓦。1964年,摩尔天才地提出"摩尔定律"。集成电路迅速把计算机推上高速成长的快车道。

1964年4月,IBM公司同时在14个国家、全美63个城市宣告,世界上第一个采用集成电路的通用计算机IBM360系统研制成功。该系列有大、中、小型计算机的6个型号,它同时兼顾了科学计算和事务处理两方面的应用,各种机器都能够互相兼容,各方面的用户都能够适用,就如罗盘有360度刻度一样,具有全方位的特点,所以命名为360。它的研制开发经费是研制第一颗原子弹的"曼哈顿计划"的2.5倍,从而开创了民用计算机使用集成电路的先例。与第二代晶体管计算机相比,它体积更小、价格更低、可靠性更高、计算速度更快。IBM360成为第三代集成电路计算机的里程碑。

20世纪60年代集成电路的发明,预示着硅片时代正在到来。它使一台小型电子计算机便能容纳几千个电路,大一些的则可增加至100倍甚至更多。现代的技术可以在一块不到10平方毫米的硅片中包含几千个电子元件。20世纪70年代以来,伴随计算机用集成电路集成度的提高,微处理器和微型计算机应运而生,并得到广泛应用。随着集成电路技术的快速发展,计算机的体积不断缩小,各方面的性能飞速提高,而价格却继续下跌,计算机走进人们生产生活的各个领域。1993年英特尔公司推出了第五代微处理器"奔腾"(Pentium),它的集成度已经达到310万个晶体管,主频高达66 MHz,计算机从此进入"奔腾"时代。目前计算机中央处理器(CPU)的主频已经达到GHz,内存也已达到Gb。可以毫不夸张地说,没有集成电路就没有微型计算机的今天,更没有微型计算机的明天。

仅仅半个世纪,集成电路变得无处不在,计算机、手机和其他数字电器成为现代社会结构中不可缺少的一部分。这是因为,现代计算、交流、制造、交通系统,包括互联网,全都依赖于集成电路的存在。集成电器带来的数字革命,是人类历史中最重要的事件之一。

(四)第四代超大规模集成电路计算机

20世纪60年代,微电子技术发展迅猛。1967年和1977年,大规模集成电路和超大规模集成电路分别出现,并立即应用到计算机的逻辑元件和主存储器里。所谓大规模集成电路,是指在单元硅片上集成1 000—2 000个以上晶体管的集成电路,其集成度比中小规模的集成电路提高了1—2个以上数量级。此时计算机发展到了微型化、耗电极少、可靠性很高的阶段。这样,由大规模和超大规模集成电路组装成的计算机就成了第四代电子计算机。

美国 ILLIAC-Ⅳ 计算机,是第一台全面使用大规模集成电路作为逻辑元件和存储器的计算机,它是计算机发展到了第四代的标志性产品。1973年,德国西门子公司、法国国际信息公司和荷兰飞利浦公司联合成立了统一数据公司,研制出 Unidada7710 系列机;1974年,英国曼彻斯特大学研制成功 DAP 系列机;1975年,美国阿姆尔公司研制成 470V/6 型计算机,随后日本富士通公司生产出 M-190 机。以上都是比较有代表性的第四代计算机。

1971年末,世界上第一台微处理器的计算机在美国硅谷应运而生,开创了微型计算机的新时代。此后各种各样的微处理器和微型计算机如雨后春笋般地研制出来,潮水般涌向市场,这种势头直到今天依然方兴未艾。特别是 IBM-PC 系列机诞生以后,几乎一统世界微型机市场,各种各样的兼容机也相继问世。

大规模集成电路使军事工业、空间技术、原子能技术得到前所未有的发展,这些领域的快速发展对计算机提出了更高要求,更有力地促进了计算机工业的空前发展。随着大规模集成电路技术的不断发展,计算机除了向小型机和微型机方向发展外,还朝着巨型机方向飞跃前进。

(五)超级计算机飞速发展

超级计算机是计算机中功能最强、运算速度最快、存储容量最大的一类计算机,多用于国家高科技领域和尖端技术研究,是一个国家科研实力的体现。它对当今国家安全、经济和社会发展具有举足轻重的意义,是国家科技发展水平和综合国力的重要标志。

把普通计算机的运算速度比作成人的走路速度,那么超级计算机就达到了火箭的速度。在这样的运算速度前提下,人们可以通过数值模拟来预测和解释以前无法实验的自然现象。

自1976年美国克雷公司推出了世界上首台运算速度达每秒2.5亿次的超级计算机以来,突出表现一国科技实力的超级计算机,堪称集万千宠爱于一身的高科技宠儿,在诸如天气预报、生命科学的基因分析、核工业、军事、航天等高科技领域大展身手,让各国科技精英竞折腰,各国都在着手研发亿亿级超级计算机。巨型计算机是电子计算机的一个重要发展方向,它的研制水平标志着一个国家的科学技术和工业发展的程度,体现着国家经济发展的实力。

2011年6月国际组织"全球超级计算机500强"(TOP500)宣布,日本超级计算机"京"(K computer)以每秒8 162万亿次运算速度成为全球最快的超级计算机。"京"比当时位居第二的中国超级计算机速度快出约3倍,甚至比排名第二至第六的计算机运算速度总和还要快。

2012年6月,世界上运算速度最快的超级计算机变为由IBM研发的"红杉"(Sequoia)。美国超级计算机由此重夺世界第一宝座,而中国超级计算机排名第五。"红杉"的持续运算测试达到每秒16 324万亿次,其峰值运算速度高达每秒20 132万亿次,令其他计算机望尘莫及。IBM研制开发的另一台超级电脑"米拉"(Mira)以每秒8 162万亿次的运算速度名列第三。日本研发的超级电脑"京"在名单中位居亚军,其测试速度上升到每秒10 510万亿次,峰值运算速度11 280万亿次。排名前十的超级计算机系统实测运算速度都超过每秒千万亿次,其中美国的超级计算机有3个,中国和德国各2个,日本、法国和意大利各1个。中国国家超级计算天津中心的"天河一号"超级计算机在排名中名列第五;另外超级计算深圳中心的"星云"超级计算机排名第十。2012年10月,美国的"泰坦"(Titan)成为世界上最快的超级计算机。

2013年6月,在德国莱比锡开幕的2013年国际超级计算大会上,中国的"天河二号"超级计算机,以每秒3.39亿亿次的浮点运算速度拔得头筹,成为全球最快超级计算机。从2013年起,我国的超级计算机就一直占据着世界超级计算机排名的第一位,直至2018年6月。

2018年6月,美国打造出了新一代超级计算机"顶点"(Summit),其峰值运算速度达到每秒20亿亿次浮点,是截至当时性能最强的超级计算机,也标志着自2013年以来美国超算再次夺冠。

2020年6月,日本超级计算机"富岳"(Fugaku)超越美国"顶点"计算机,夺取TOP500第一名宝座,其浮点运算测试结果达到每秒41.55亿亿次,约是第二名美国"顶点"超级计算机运算速度(每秒14.88亿亿次)的2.8倍。"富岳"超级计算机不仅在TOP500的排名中取得了第一,而且在HPCG、HPL-AI和

Graph500 的排名中均取得了第一。时隔 9 年,日本再次重返超算巅峰。

排名第二、第三的是美国的"顶点"和"山脊"(Sierra),峰值性能运算速度分别是 20 亿亿次及 12.5 亿亿次。排名第四和第五的是中国的"神威·太湖之光"和"天河 2A",运算速度分别是 9.3 亿亿次和 6.14 亿亿次,这也是最近几年我国的超级计算机首次掉出 TOP500 前三名。虽然如此,我国上榜 TOP500 的超级计算机总数量仍居第一位,算力居第二位,而且我国和美国一样,已经在研究新一代百亿亿级的超级计算机,即 E 级超算。

根据 2019 年 11 月的 TOP500 排名,我国上榜的超级计算机达到 228 台,总体算力占据 32.3%,美国上榜超级计算机 117 台,总体算力占据 37.1%。从我国超级计算机上榜数量位列第一可以看出我国经济、科技的实力及发展速度,而从我国算力只排第二也可以看出美国综合实力的强大,短期内仍是难以撼动的对手。

三、中国在超级计算机领域的奋起直追和引领潮流

(一) 奋起直追,后来居上

在 2008 年的全球超级计算机 500 强榜单里,前几名被美国包揽,而且前 100 名里中国一席身影都没有。这种状况一直持续到 2010 年,国家超级计算深圳中心"星云"超级计算机实现了前 100 名零的突破,一举获得世界第二的名次。随后,我国的超级计算机发展势如破竹,2010 年,中国"天河 1A"超级计算机超过原排名第一的美国"美洲虎"(Jaguar),取得了世界超级计算机的第一把交椅。紧接着,从 2013 年开始,我国的超级计算机就一直位居世界超级计算机第一。

2013 年 6 月,中国国防科技大学研制的"天河二号"超级计算机,以每秒 33.86 千万亿次的浮点运算速度夺得头名。同年 11 月,"天河二号"再次位居榜首。2014 年 6 月,"天河二号"获得世界超算"三连冠",其运算速度比位列第二的美国"泰坦"快了近一倍。2014 年 11 月,"天河二号"再次被评为全球最快的计算机,获得世界超算"四连冠"。2015 年 7 月和 11 月,"天河二号"以每秒 33.86 千万亿次的浮点运算速度又连续两次蝉联冠军,获得"六连冠"。

2016 年 6 月,使用中国自主芯片制造的"神威·太湖之光"取代"天河二号"

登上TOP500榜首,中国超级计算机上榜总数量也有史以来首次超过美国名列第一。2016年11月,"天河二号"依然以每秒33.86千万亿次的浮点运算速度排名第二。2017年6月,"天河二号"以每秒3.39亿亿次的浮点运算速度继续排名第二。2017年11月,中国超级计算机"神威·太湖之光"和"天河二号"连续第四次分列冠亚军,且中国超级计算机上榜总数又一次反超美国,夺得第一。此次中国"神威·太湖之光"和"天河二号"再次领跑,其浮点运算速度分别为每秒9.3亿亿次和每秒3.39亿亿次。2018年11月,中国超级计算机"神威·太湖之光"和"天河二号"分列第三名和第四名。2020年6月,中国的"神威·太湖之光"超级计算机和"天河2A"超级计算机分别排名第四和第五。

(二)突破封锁,自主创新

超级计算机,体现着一个国家在全球信息技术竞争中的强国地位,是支撑综合国力提升的国之重器。40年来,我国超算经历了从无到有、从跟跑到局部领先、从关键核心技术引进到实现自主可控的艰难发展历程。

自1978年我国启动首台巨型机"银河-Ⅰ"研制以来,目前已在天津、深圳、济南、长沙、广州、无锡、郑州、昆山、成都和西安建成10个国家级超算中心,十几次拿下世界第一。这是举国之力所铸就出的"国之利器"。

20世纪70年代,首台超级计算机问世后,国际上对超级计算机需求猛增。发达国家在重点产业领域,已利用超级计算机取得多方面突破。当时,美国、日本等在关键核心技术上,就对中国全面封锁。那时,我国由于没有高性能的计算机,勘探的石油矿藏数据和资料不得不用飞机送到国外去处理,不仅费用昂贵,而且受制于人。

超算由大量的计算节点组成,每个计算节点由一些CPU组成,计算节点由高速互联网络连接起来,另外,还有大规模存储系统、系统软件、应用软件和冷却系统等。我国要想在短时期发展超算,在超算核心技术上有重大突破,跑在世界前列,不是一件轻易能够实现的事。

突破封锁,让大型科学计算不再受制于人,成为广大科研工作者必须迎难而上的奋斗目标。我国政府高度重视发展超算,于1978年正式启动巨型计算机研制工程。然而,由于当时技术基础、生产工艺等都与先进国家存在巨大差距,要一下子把计算速度提升到每秒一亿次,面临着一个一个难题。

承担此项艰巨任务的研发团队,解决了无数个基础理论、技术和工艺难关,攻克了数以百计的关键技术难题,创造性地提出了"双向量阵列"结构,并完成整体设计,比原计划提前研制成功"银河-Ⅰ"巨型计算机,系统达到并超过了预定的性能指标,机器整体稳定可靠。这标志着中国成为世界上少数几个能够独立设计和研制亿次级巨型机的国家。

我国的超算是从一穷二白做起的。在 2002 年之前,TOP500 上就没有中国的超算,或者说中国超算本身就很少。从 2002 年之后,经过十多年的高速发展,无论是中国超算的上榜数量还是性能,都呈指数级增长。特别是"天河"系列和"神威·太湖之光",实现了真正的高速低耗和安全自主可控。

国防科技大学的"天河"大楼里,机房内长达数十米的机箱整齐排列着,指示灯明暗交错,发出高速运转的低沉"嗡嗡"声。这就是我国六度称雄全球超级计算机 500 强榜单,让"中国速度"震惊世界的"天河二号"。

"走别人没有走过的路,太难!但我们喜欢挑战!"这是"天河二号"科研团队时常挂在嘴边的一句话。20 世纪末,大规模计算机系统中通常采用的电互联技术传输速率低且易受干扰,成为我国研制千万亿次级超级计算机路上的一块"绊脚石"。如何搬开这块"绊脚石"?用光互联替代电互联好像是唯一的最优解。2003 年,"天河二号"科研人员立即将科研准星瞄向了该技术难题。然而,按照最初思路做出来的系统根本跑不起来。解决思路一次次提出,但又一次次被推翻。在山重水复疑无路之时,科研团队灵光乍现,"是不是数据传输有问题?"由此找到了解决问题的"钥匙",随即逆向思维反推,最终找到症结所在。

这一刻,我国光互联技术在大规模计算机系统中得到有效验证,为后续该技术在超级计算机系统中的应用奠定了坚实基础。此后,"天河二号"科研团队马不停蹄,瞄准这一技术领域,拿下了一只又一只"拦路虎",解决了光互联替代电互联的系列技术难题,成功研制出我国首台采用光互联技术的并行计算机互联通信系统。

2010 年 11 月,"天河一号"凭借优异性能登上 TOP500 榜首,中国超算首次摘下世界超算桂冠,五星红旗飘扬于世界之巅;2013 年 6 月,"天河二号"轻松取得 TOP500 首位,我国超级计算机研制达到世界领先水平……2015 年 11 月,

"天河二号"六次问鼎 TOP500，"中国速度"继续领跑世界。

在这些耀眼成绩的背后，是"天河"系列的科研团队始终瞄准世界高性能计算机技术前沿，不懈探索创新的丰硕成果。高速互联通信是决定大规模并行计算机系统实用效率的关键，美国对中国严格封锁高速互连技术转让。当时，"天河一号"在国内首次创新性地采用了"CPU+GPU"异构融合体系架构，其内部数万个 CPU 和 GPU（图像处理器）需要通过互联通信系统实现信息交换，难度可想而知，组织并全面负责互联通信系统自主设计研制任务的科研人员经常铆在试验一线，从原理验证到工程实践，一个环节都不放过。团队齐心协力，开展关键技术、核心技术攻关，成功将"天河一号"送上世界超算第一的宝座。

短暂的喜悦过后，"天河"系列的科研人员又开始了紧张的工作，在原有基础上，又进行了 10 个月的"封闭攻关"，"天河二号"高速互连通信系统性能得到提升，是当时国际商用互联系统的 2 倍。它可以把上万颗微处理器联系起来，共同解决同一个计算问题，解决了高效互联中"微处理器越多效能越低"的世界难题。

一台超级计算机系统好比一个大城市，互联通信系统就是城市的公路网，路由器就是立交桥，网络接口就是主干道出入口。中国科研人员在长达一年的封闭设计工作中，自主研制出互联通信系统最核心的两块芯片：路由器和网络接口。依靠自主创新，掌握了属于自己的核心关键技术。这是"天河二号"在发展迅猛、竞争激烈的世界超算领域长时间保持领先地位的主要原因。他们深知，只有自立自强，掌握自主核心关键技术，才能在国际上掌握发言权，让世界听到来自中国的声音，让中国更好地了解国际前沿发展趋势。他们正全力投入新一代高性能计算机的研制攻关中，他们的目标是摘取"超级计算机的下一顶皇冠"。

"神威·太湖之光"是我国第一台全部采用国产处理器构建的世界排名第一的超级计算机，其运算系统全面采用了由国家高性能集成电路设计中心通过自主核心技术研制的国产"申威 26010"众核处理器，实现了对该领域产品的国产化替代。这标志着中国超算后来居上，且快速走向自主可控。

"神威·太湖之光"是安装在国家超级计算无锡中心的超级计算机，在多个国家重大科研项目上得到应用，涉及天气气候、航空航天、船舶工程、海洋环境、石油勘探、生物信息、药物设计、电磁仿真、量子模拟、先进制造、新材料、新能源等 20 多个应用领域，并支持了包括科学与工程计算、大数据、人工智能领域的

10多个国家重大专项和重点研发项目,200余项应用课题达到百万核心计算规模。

特别是其中22个大型应用能够高效运行整机计算资源,并行规模达到千万核心,并取得了一批高水平的应用成果。其中2个应用,分别获得2016、2017年度戈登·贝尔奖(ACM Gordon Bell Prize),这是国际高性能计算应用领域的最高奖,实现了中国在此领域零的突破。

"天河""神威"等我国系列超级计算机,已经融入国家发展的方方面面。下一步,随着我国新一代百亿亿次级超级计算机系统的研制工作顺利推进,未来超算将继续推动国家的科技创新、战略性新兴产业快速发展,推动大数据、人工智能、物联网快速发展,共同为解决人类发展面临的重大挑战发挥重要作用。

(三) 天之骄子——"天河"系列超级计算机

"天河一号"于2008年开始研制,2009年10月29日,作为我国第一台国产千万亿次级超级计算机在长沙亮相。"天河一号"超级计算机使用由中国自行研发的"龙"芯片。每秒钟1 206万亿次的峰值速度,和每秒563.1万亿次运行速度的Linpack(线性系统软件包)[①]实测性能使"天河一号"位居当时中国超级计算机前100强之首,也使中国成为继美国之后世界上第二个能够自主研制千万亿次超级计算机的国家。此后,国防科技大学对其加速节点进行了扩充和升级,2010年,"天河一号"以持续速度每秒2 570万亿次浮点运算、峰值速度4 700万亿次的速度雄冠全球,并以这样的速度持续运行。它运行1小时,相当于13亿人同时计算340年。"天河一号"是中国在超级计算机世界之巅插上的第一面红旗。2013年,"天河二号"超级计算机系统以峰值计算速度每秒5.49亿亿次、持续计算速度每秒3.39亿亿次双精度浮点运算的优异性能成为当年度全球最快超级计算机。

从"天河一号"开始,中国超算不再受制于人。第一速度背后具有深刻意义,它代表着一个国家的整体国力。此前,中国没有属于自己的千万亿级超级计算机,缺乏强大的超算能力意味着,在气候、气象、海洋和能源等关系国计民生的重

---

① 目前国际上使用最广泛的测试高性能计算机系统浮点性能的基准测试软件。

大基础领域,都将难以开展长效的预测、勘探等工作。

速度的提升带来的一个最直观变化,是外国同行的态度。此前,欧美等国对中国使用他们的超级计算机开出高昂的价格,不仅如此,为了封锁技术,他们还要求让计算机"住进单间",中国人不得靠近。然而,当"天河一号"在 TOP500 榜单登顶后,不少外国同行主动来到中国,请教"天河一号"首创的让 CPU 和 GPU 高效协同的计算模式。

超级计算机的研制历程表明,中国要在高技术领域有所作为,必须走一条具有中国特色的自主创新之路。一味追求国际排名是没有意义的,只有在核心技术、实际效益和人才培养上不断实现新的突破,科学研究才有持续发展的动力。

"天河一号"的诞生,是我国战略高技术和大型基础科技装备研制领域取得的又一重大创新成果,实现了我国自主研制超级计算机能力从百万亿次到千万亿次的跨越。"天河一号"系统突破了多阵列可配置协同并行体系结构、高速率可扩展互联通信、高效异构协同计算、基于隔离的安全控制、虚拟化的网络计算支撑、多层次的大规模系统容错、系统能耗综合控制等一系列关键创新技术,系统峰值性能达每秒 1 206 万亿次双精度浮点运算,内存总容量 98 Tb,点点通信带宽每秒 40 Gb,共享磁盘容量为 1 Pb,具有高性能、高能效、高安全和易使用等显著特点,综合技术水平进入世界前列。

(四)国之神脑——"神威"超级计算机

2016 年 6 月,TOP500 榜单显示,"神威·太湖之光"超级计算机登上榜首,不仅速度比第二名"天河二号"快出近 2 倍,其效率也提高 3 倍。2016 年 11 月,"神威·太湖之光"以较大的运算速度优势轻松蝉联冠军。算上此前"天河二号"的六连冠,中国已连续 4 年占据全球超级计算机排行榜的最高席位。2017 年 6 月,"神威·太湖之光"超级计算机以每秒 12.54 京次的峰值计算能力以及每秒 9.3 京次的持续计算能力,再次斩获 TOP500 第一名。2017 年 11 月,"神威·太湖之光"和"天河二号"连续第四次分列冠亚军,且中国超级计算机上榜总数又一次反超美国,夺得第一。此次"神威·太湖之光"和"天河二号"再次领跑,其浮点运算速度分别为每秒 9.3 京次和每秒 3.39 京次。2018 年 11 月,"神威·太湖之光"位列 TOP500 第三名,2020 年 6 月,"神威·太湖之光"排名第四。

"神威·太湖之光"峰值计算速度达到12.54亿亿次每秒,这是全球首个突破十亿亿次的超级计算机;持续计算速度达到9.3亿亿次每秒,是"天河二号"的近3倍;计算功耗比为60.51亿次/瓦,比"天河二号"节能60%以上。"神威·太湖之光"从"性能、效率,到我们自主的可控技术上都是一个非常大的进展"。

"神威·太湖之光"的重大创新突破主要体现在三个方面:第一,"神威·太湖之光"是我国第一台全部采用国产处理器构建的超级计算机,打破了国外技术封锁,具有里程碑意义。此外,我们还自主研发了全部软件,真正意义上实现了软硬件系统的自主可控、安全可靠。第二,"神威·太湖之光"是世界上第一台峰值运算速度突破十亿亿次的超级计算机,其一分钟的计算能力相当于全球72亿人使用计算器不间断计算32年。第三,"神威·太湖之光"是当时世界上绿色节能效果最好的超级计算机,比第二名系统节能60%以上。

与此前"天河二号"使用的是英特尔至强E5(Xeon E5)中央处理器和至强融核(Xeon Phi)协处理器不同,"神威·太湖之光"首次使用"中国芯"。这块"中国芯"就是5厘米见方的薄块"申威26010",它集成了260个运算核心,数十亿晶体管,达到了每秒3万多亿次计算能力;单芯片计算能力相当于3台2000年全球排名第一的超级计算机。

如果没有坚持完全自主生态,没有"搞十几年不行,再搞十几年"的劲头,不可能有核心指标齐头并进的"神威"。

30年前的屈辱历史令人终生难忘,当时中国的超级计算机用户有一个神秘的"玻璃房"——美国人把一台超级计算机卖给中国,用不透明的玻璃封藏得严严实实,中国技术人员没有授权不得入内。全国只有几个有授权的科学家能够进入玻璃房,而且是在美国人的监视下。一旦程序运行完,机器立即被锁回玻璃房。那个所谓的超算速度,在今天看来充其量是一台高性能电脑,但对于当时的中国来说,却是一个难以企及的高峰。

20世纪80年代,我国已逐步迈入独立设计和制造巨型机的国家之列,但因核心处理器等关键部件与技术的短板只能受制于人,直接导致了我国虽是国外超级计算机"大买家",却无法拥有匹配的"议价权"。2015年4月,美国政府更是宣布,把与超级计算机相关的4家中国机构列入限制出口名单。

如今"神威·太湖之光"首次采用国产核心处理器"申威26010",实现了所有核心部件的全部国产化,"中国芯""申威26010"成了我国自主研发打破30年技术封锁的一柄利器。

与此同时,"神威·太湖之光"的低功耗设计也是全球领先。通过采用直流供电、全机水冷、资源层次化管理等关键技术,建立了从处理器、部件、系统到软件和应用的全方位低功耗设计与控制体系,远比目前其他国际顶尖超级计算机系统节能得多。

在高速度、低功耗的"神威·太湖之光"平台下,诸多科技应用项目得以实现。平台开放以来,国内外多个应用团队项目通过使用该系统获得突破,已取得100多项应用成果,涉及气候气象、海洋、航空航天、生物、材料、高能物理、药物、生命科学等19个应用领域。基于"神威·太湖之光"的"千万核可扩展全球大气动力学全隐式模拟"应用项目,荣获国际高性能计算应用领域最高奖——戈登·贝尔奖。这是我国超算应用团队近30年来首次获得这一有着"超算应用诺奖"之称的全球最高奖,标志着我国科研人员正将超级计算的速度优势转化为应用优势。

四、研发超级计算机的巨大功效和显著意义

超级计算机是一个国家综合实力的体现,在国家经济建设、国防建设、科学研究等方面均具有巨大作用。超级计算机由于极快的运算速度,可以应用于各种尖端科技行业,比如天气预测、弹道计算、人工智能推演、天文物理计算、地震模型建立、各种实验模拟(包括核爆炸模拟)等,是各个国家的战略级项目。超级计算机的功用主要表现为:

1. 左右情报战攻防

世界各国都拼命争抢超级计算机的世界第一,其背后的深刻原因在于,超级计算机的一个主要应用领域正是情报收集,它代表着对安全防护系统的破解能力。

一个国家的超算能力一旦领先,就意味着有能力配其他国家安全门锁的钥匙,甚至可以打开任何锁,其他国家的所有信息都将处于不设防状态。超算能力领先后,对手的安全系统就要全面升级,原来能破解64位的密码,现在一经升

级,就能破解128位的密码。如果不升级安全系统,对手的整个密钥便失效了,就能强行攻破,拿到情报。

除了破解能力外,超级计算机还能用于筛选情报。美国国家情报机构的"棱镜"计划显示,美国花巨资收集各国的信息,其中包括普通民众的海量信息。这意味着需要有巨大的信息处理能力。特别是反恐等情报具有时效性,需要从天文数字的信息里尽快筛选出有价值的情报,这只能依靠超级计算机。

2. 核武器安全离不开超算

对美国而言,超算的作用首先在研制核武器领域。美国诸多的国家实验室都参与了利用超级计算机维护美国核武库安全的工作。由于美国大批核弹头已经接近服役年限,而囊中羞涩的五角大楼希望延长其服役周期,这就必须通过超级计算机模拟预测这些核武器何时会失效,哪个部件需要更换。

由于《全面禁止核试验条约》已经生效,是否具备超级计算能力,标志着能不能继续发展下一代核武器。利用1945年到1992年本国进行的1 054次核试验获取的数据,美国还通过超级计算机建立核爆炸数学模型,深入了解核爆炸的原理,进而研制新一代核武器。

3. 带动信息化技术的火车头

在计算机行业内,超级计算机一直被认为是信息化发展的火车头。因为很多最先进的信息化技术,包括现在我们使用的很多处理器技术、虚拟化技术、量子计算、新的存储器部件等,都是最早为超算领域服务,之后随着技术成熟、价格下降,才开始普及,用于服务器、个人电脑乃至手机的。

事实上,现在信息技术领域概念火热的云计算和大数据,其计算能力也来自超级计算的基础和演绎。云计算能同时运行大量的小任务,这些任务之间没有什么关系,在业内被称为高吞吐量的计算。大数据主要是作数据挖掘,以图算法为主。相比之下,超级计算的要求最高,它追求性能,要在最短时间内计算出单个任务。尽管形式不一样,它们背后都是对计算能力的要求,因此也可被称为广义超算。

4. 改变未来生活

过去科学研究主要都是以理论分析、实验观察为手段,现在在尖端科研领域,已越来越多地利用计算模拟。2013年诺贝尔奖中物理学奖、化学奖、生物医学奖3个领域都与超算有关系。

超算的计算结果最终的表现形式可能是重大科研课题的突破,也可能是创新性的产品,或者是制作精美的文化创意作品等。而这些成果可以为人们带来更加便捷、科技化的生活,提升人们的生活质量。例如,医学领域使用超级计算机,既可以进行基因测序,从根本上破解人类生命的"密码",从基因修复的角度来避免很多先天性疾病,也可以在几百万药物成分中选择最合适的配比,进行新药物的研发。在智能穿戴设备走向普及之后,可以使用超级计算机对每个人的健康情况进行实时的监测,像感冒前兆、过度疲劳等各种很小的症状都会获得及时的提醒。

应用实例一:雾霾实时预警,优化治理方案

在看得见或看不见的各个领域,超级计算机都在改变着人们的生活。

有时,它可以变成宇宙飞船的模样,模拟大型航天器在虚拟的外太空飞行的全部数据;有时,它会钻到地下数千米,算出石油和天然气到底藏身何处。曾经的"全民公敌"——雾霾,也是它瞄准的方向。

精确预测雾霾其实并不容易。中国各个城市的PM2.5(细颗粒物的来源),有工业烟尘排放、汽车尾气、建筑工地和道路扬尘、生活取暖排放以及农村的秸秆燃烧等,但至今没有一份完整的清单。即使在同一个城市中,不同区域的雾霾浓度也有很大差别。

雾霾预报被形容成"天气预报+化学",因为PM2.5其实包含着许多种不同的化合物,它们的大小也不尽相同。"温、湿、风、压"是天气预报主要关注的4个指标,而雾霾则涉及70个左右,每一个数值都不是固定不变的,任何一个指标的变化都会带来完全不同的结果,因此预报雾霾的计算量是预报天气的好几倍。

以计算机动车尾气对雾霾形成到底有多少具体的影响为例,专家们需要构建一套道路交通尾气排放的监测系统。在这套系统中,地图上标注出了城市中每个监测站点的位置,通过路面摄像头的监控,在汽车行驶的同时就把车的大小、型号统计起来,然后自动计算出它的排量。再加上环境中污染浓度和气象水平等数据,最终得出机动车实时排放的尾气污染物情况。这套系统每5分钟进行一次刷新,将搜集到的数据传送到"天河一号"上,提供综合数据模型,最终算出汽车尾气排放对雾霾形成的具体影响。

由此,"天河一号"可以把每一种污染源都精确到"点"来计算,结合大量数据进行分析后,得出不同的污染源在雾霾形成过程中扮演何种角色,从而大大提高雾霾预警的精度。而完成一次预报用时只需 2—3 小时。

"天河一号"掌握了大气化学反应、污染源监控等大数据信息后,通过建立计算模型进行模拟,已经形成了一个实时、高精度、大范围的雾霾监测预报系统。更重要的是,依据这些精准信息,有望找到一个对雾霾治理而言更优化的解决方案。

应用实例二:模拟血流心脏,和谐医患关系

模拟血流、模拟心脏、模拟人体任何一个部分,有了超级计算机,这些都不再是梦想。

美国科学家利用世界前十的超级计算机,选择一名真人扫描其血管系统,通过 3D 建模技术建立动脉系统模型,成功地再现了整个人体的动脉系统。任何直径或宽度在 1 毫米以上的动脉血管都会出现在模型中,而且模型的分辨率达到了 9 微米。

只要运算核够多、速度够快,医疗工作者的诊断和治疗水平将大大提升,而科学的治疗手段更容易让患者接受。

中国的医务工作者也在利用"神威·太湖之光"对人体血流进行模拟与分析,如可以及时有效地判定一个病人是否会发生脑梗的风险。

过去,对一个可能发生脑梗的病人,医院难以判断是否要进行支架手术,一般都会通过从大腿动脉处放进测压导丝进行测量,这种方式既危险又痛苦。如今,经过模拟计算,只要血流储备分数小于 0.8,就要做手术。科学解决医患关系,从超级计算机开始。

五、未来的超级计算机竞争正酣

当前,全球科技强国的超算计划都在大幅往前推进,毕竟每秒可进行百亿亿次数学运算的"E 级超算"被公认为"超级计算机界的下一顶皇冠",是国际上高端信息技术创新和竞争的制高点,将在解决人类共同面临的能源危机、污染和气候变化等重大问题上发挥巨大作用。未来的百亿亿级超算,各国均已经公布研发计划和进度,力争掌握未来高性能计算的脉搏,中、美、欧、日四强正在铆足劲向这一目标冲刺。

我国面对未来新的挑战与考验,超前布局了下一代超算,在"十三五"国家重点研发专项中,重点支持三个不同技术路线的E级原型系统。目前,我国E级超算系统研发正在稳步推进之中,将全面打造国产超算生态环境,实现中国超算可持续创新发展。

中国曾计划于2020年推出首台E级超算;美国能源部启动了"百亿亿次计算项目"(Exascale Computing Project),希望于2021年至少交付一台E级超算,其中之一台名字为"极光"(Aurora),初步规划峰值运算能力超过每秒130亿亿次,内存超过8 Pb,系统功耗约为40 MW。另外,欧盟预计于2022—2023年交付首台E级超算,使用的是美国、欧盟处理器,架构有可能类似ARM[①];日本发展E级超算的"旗舰2020计划"由日本理化所主导,完成时间也设定在2020年。

2018年5月,国家超级计算天津中心对外展示了我国新一代E级超级计算机"天河三号"原型机,这也是该原型机首次正式对外亮相。原型机于2018年底正式投入使用。"天河三号"原型样机的研制将为进一步研发自主芯片、自主操作系统、自主运行计算环境的全自主新一代E级超级计算机打下基础。E级超级计算机提升的不仅仅是计算能力,更重要的是在计算密度、单块计算芯片计算能力、内部数据通信速率等技术上,全面得到极大提升。"E级超算赛跑"中国在进度上暂时处于领先位置。

此外,国内现在同时启动了三大E级超算研发,分别是国防科技大学和国家超级计算天津中心的"天河三号"、中科曙光的"E级超算"以及国家并行计算机工程技术研究中心和国家超级计算济南中心的"神威"E级超算。以上三套E级超算中,有一条要求是共同的,那就是核心处理器必须是国产的。

在2022年5月的全球超级计算机500强榜单中,来自美国的"前沿"(Frontier)超算荣登榜首,其浮点计算速度的峰值实测性能为每秒1.102百亿亿次,成为世界上第一台官方认可的E级超级计算机。

2023年6月,欧洲超算管理组织EuroHPC JU宣布了全欧第二个E级超算

---

① 英国Acorn公司设计的32位元精简指令集(RISC)中央处理器架构。

系统将落户法国,由名为"儒勒·凡尔纳"(Jules Verne)的特设主体负责建设运营,预计将于2025年底部署。

那么,中国的E级超级计算机研制已经到达哪个阶段?

其实,2018年的公开报道就显示,中国至少有"神威"E级原型机、"天河三号"E级原型机和"曙光"E级原型机三个不同技术路线的原型机系统完成交付。但为何全球超级计算机500强榜单中不见它们的身影呢?

2022年5月的全球超级计算机500强榜单出炉后,有专家透露"中国已经研制出两台E级超算,其运算速度超过了'前沿'"。但全球超级计算机500强排行榜上没有中国E级超算的踪迹,其原因在于,中国方面没有提交相关数据。根据流程,全球超级计算机500强采用企业自主提交超算资料,然后由国际超算大会进行排名的模式,如果中国企业没有提交相关资料,相关榜单上就不会更新。2022年有媒体就声称,中国首台E级超算已运行一年多,第二台E级超算也开始运行,却都没有参与全球超算排名,也没有正式亮相。

这牵涉到最近几年中美关系的巨大变化,尤其是两国在科技领域竞争的新态势。2019年,美国曾对中国5家与超算相关的实体进行出口管制,一年后又将7家中国相关实体列入"实体清单"。根本原因在于,它们都与"中国试图建造世界上第一部E级超算"有关。全球超级计算机500强榜单上表现突出的中国企业可能被美国列入黑名单、遭到更严厉的制裁,直接导致的结果就是中国企业不愿意提交最新的超算数据。

美国针对中国科技企业的打压只会暂时阻碍中国超算事业的发展,并且刺激中国超级计算机走向自主可控、完全国产化的进程,而且,中国的超级计算机科研人员定会继续发扬艰苦奋斗的精神,不断增强中国在超级计算机研制领域的科研实力,实现在硬件、软件和应用等相关领域的自主性和原创性,力争将重大和前言科技成果牢牢掌握在中国自己的科研人员手中。

参考文献

http://js.people.com.cn/n2/2016/0627/c360301-28573716.html。
http://js.people.com.cn/n2/2016/0628/c360301-28579015.html。
《7家超算实体被"拉黑",该如何应对走好自立自强创新路?》,《科技日报》2021年4月16日。

《"神威·太湖之光"彰显"中国速度"》,《光明日报》2016年12月12日。

《"天河一号""天河二号"副总设计师肖立权:自主创新铸就超算"中国速度"》,《光明日报》2019年8月11日。

白瑞雪:《巅峰决战》,湖南科学技术出版社2014年版。

百度百科:"算盘","超级计算机","天河一号","天河二号","神威·太湖之光"。

龚盛辉、曾凡解编著:《超算之路》,五洲传播出版社2019年版。

龚盛辉:《中国超算——"银河""天河"的故事》,河南文艺出版社2017年版。

人民网:《"神威·太湖之光"神在何处》,《人民日报》2016年6月28日。

新华网:《"神威·太湖之光"成为全球最快超算》,http://www.xinhuanet.com/tech/zt1300.htm,2016年6月2日。

新浪财经:《日本"富岳"在四项超级计算机世界排名中实现"三连冠"》,《澎湃新闻》2021年6月29日。

姚绍益编著:《从珠算到神威蓝光系统》,上海科学普及出版社2014年版。

第九讲　从郑和下西洋到海洋强国战略

刘炳涛　整理

主要内容

◇ 中国古代有发达的船舶制造业，能够支持远洋航行，其中最著名的就是郑和下西洋，无论是规模还是时间，均创造了世界航海史上的壮举。由此可见，中国在船舶制造业方面并不落后，我们今天要大力发展船舶制造业，重铸昔日的辉煌。但我们不能重蹈郑和下西洋的覆辙，我们走的是一条崭新的道路，即"丝绸之路经济带"和"21世纪海上丝绸之路"政策，其目标是：物畅其流，政通人和，互利互惠，共同发展。

◇ 挖泥船主要用于航道疏浚、建设港口，其使用范围不断在扩大：开拓运河、修筑堤坝、采掘矿藏、围垦造田以及填海造陆等，是重要的工程船舶。但随着领土争端的日益加剧，尤其是填海造陆功能的凸显，巨型挖泥船越来越具有军事设施的性质，成为建设中国海疆的国之重器。我国挖泥船的发展经历了从无到有，从引进到吸收再进行创新、研发的过程，赶超国际水平，扛起了"中国制造"大旗。

◇ 航空母舰是一个国家综合实力的体现。拥有航母，将一个国家的海上活动能力从近海推向了中远海，是建设海洋强国的必备力量。中国的航空目前也经历了从无到有的一个过程，经过几代人的努力，我们不但拥有了航空母舰，而且掌握了自主研发的全部能力，在有些领域的技术甚至超越美国。在中国船舶制造业发展壮大的背后，有甘于默默奉献的科学家，"两弹一星"功勋们的奉献精神、攻坚克难精神在他们身上薪火相传。

精彩案例

◇ 郑和下西洋的辉煌以及中国远洋航行的衰落。(点评：郑和下西洋所展示的中国古代伟大的造船业，以及郑和下西洋的负面结果分析。)

◇ 中国机器挖泥船的崛起。(点评：我国挖泥船的发展经历了从无到有，从引进到吸收再进行创新、研发的过程，机器挖泥船在海洋发展中具有突出作用，不愧为国之重器。)

◇ 航空母舰的设计和建造。(点评：西方国家的封锁导致中国很长一段时间内不能制造航空母舰，但经历了几代人的不懈奋斗，我们终于掌握全部技术，甚至赶超美国，使之成为大国重器。)

问题思考

◇ 分析郑和下西洋之后中国航海事业衰落的原因。

◇ 中国航空母舰设计建造过程中遇到哪些困难？又是如何克服的？

党的十八大报告明确提出"建设海洋强国"的战略目标，这也是实现中华民族伟大复兴的必由之路。建设海洋强国需要先进的船舶制造业作支撑，船舶制造的发展能够提升中国的海上力量，与中国的海洋强国战略息息相关。从近十年中国船舶制造业占世界造船市场份额的变化可以看出，中国船舶制造业在全球市场上所占的比重正在明显上升，中国已经成为全球重要的造船中心之一。由于船舶制造业涉及领域太广，本讲拟从三个个案来展示船舶制造在建设海洋强国战略中的重要性。

一、由盛而衰：郑和下西洋

永乐三年(1405年)7月11日，郑和奉明成祖朱棣之命，率领庞大船队首次出使西洋，船队有240多艘海船，多达27 800名人员，此后近三十年间又六次下西洋，访问了30多个在西太平洋和印度洋的国家和地区，涉10万余里，与各国建立了政治、经济、文化方面的联系，完成了七下西洋的伟大历史壮举。

《明史·郑和传》记载:"成祖疑惠帝亡海外,欲踪迹之;且欲耀兵异域,示中国富强。永乐三年六月,命和及其侪王景弘等通使西洋,将士卒二万七千八百余人,多赍金币。造大舶,修四十四丈、广十八丈者六十二。"除《明史》外,尚有《三宝太监西洋记通俗演义》《瀛涯胜览》《三宝征彝集》《国榷》《客座赘语》《郑和家谱》等历史文献均记载郑和宝船的尺寸。但有学者对此表示怀疑,认为从成书的时间来看,其他文献可能是抄自《三宝太监西洋记通俗演义》(简称《西洋记》),而《西洋记》是神魔小说,其记载并不可靠。那么,历史文献中记载的"长四十四丈,宽十八丈"是什么概念呢?研究者认为:以明尺为0.317米计,郑和宝船的长与宽约为140米和57米。如果按照文献记载的宝船尺度对其吨位进行估算,则满载排水量约4.4万吨,空载排水量约1.8万吨,最大载重量2.6万吨。其规模相当于今天的小型航空母舰,所以许多学者认为迄今为止并没有出土文物,考古发现能证明存在过这么大的巨舶,也没有模拟试验和航海试验的成功例子证实可以有这么大的木帆船。实际上直至19世纪中后期凭借近代工业水平与铁质龙骨,世界上最大木船的长度才开始突破百米,有史以来最大的木质帆船"怀俄明号"(USS Wyoming, BB-32/AG-17)诞生于1909年,长140米,使用钢铁龙骨,尺寸仅略大于传说中宝船的尺度44丈。

关于郑和宝船的规模,目前仍在争论中,但通过文献记载可以确认,郑和等人真正使用过的大船是什么样子呢?据1936年郑鹤声教授在南京静海寺拓印的《静海寺碑记》残文可知,永乐三年出使西洋使用了"二千料海船",永乐七年出使西洋使用了"一千五百料海船"。"建弘仁天妃之宫于都城外龙江之上……复建静海禅寺,用显法门,诚千古之佳胜,岂偶然之……一、永乐三年,将领官军乘驾二千料海船,并八橹船……海道。永乐四年,大船驻于旧港口,即古之三佛齐……首陈祖义、金志名等于永乐五年七月内回京。由是……永乐七年,将领官军乘驾一千五百料海船,并八橹船……国王阿烈苦奈儿谋劫钱粮船只……"

宋、元、明时期,"料"是当时流行的用来表示舟船大小的一种计量单位。迄今为止对"料"的概念的理解,大体上有两种:一种认为"料"是一种重量单位,一种认为"料"是一种容积单位。根据唐志拔、辛元鸥、郑明等人复原明代"二千料"海船的结果,其总长61.2米(19.12丈),身长即水线长53米(16.56丈),船宽13.8米(4.31丈),舱深4.89米(1.57丈),设计吃水3.9米,估计排水量约

1 170吨。

2010年,郑和的副手,副使太监洪保之墓在南京被发现,由洪保墓出土的《大明都知监太监洪公寿藏铭》铭文又可知出使西洋船队中存在"五千料巨舶"。"永乐纪元,授内承运库副使,蒙赐前名。充副使,统领军士,乘大福等号五千料巨舶,赍捧诏敕使西洋各番国,抚谕远人。"

根据上文的分析,如果二千料海船的排水量在千吨左右,五千料巨舶的排水量则大于2 000吨。在15世纪初,如此庞大的体量足以笑傲全球。五千料海船几乎与150年后世界上最大的帆船——汉萨同盟[①]的"吕贝克之鹰"一样大!放眼当时世界,即使是如英格兰于1418年建成的战舰"主之恩典号"(Grace Dieu)等少数巨舰亦难望其项背,据对1930年发现的"主之恩典号"残骸之研究,其排水量仅约1 400吨,同时地中海国家存在部分1 000余吨的大型商船,与二千料海船略相当。比较郑和航海船队与西方大航海的船队,可以看出明代中国强大的远航能力和发达的造船业。

郑和船队与西方大航海船队比较

	郑和船队	哥伦布船队	达·伽马船队	麦哲伦船队
船只数目	200余艘	3艘	4艘	5艘
船员数目	27 000余人	88人	160人	360人
最大船只排水量	1 000吨以上	100吨	120吨	130吨

但郑和航海为什么没有使中国走上海洋强国的道路呢?这与郑和航海的目的以及后来统治者采取的政策有关。

郑和航海的目的众说纷纭,但有一点共识就是为彰显天朝上国之威仪,怀柔万国。郑和第七次下西洋前在福建长乐驻泊期间立下石碑,镌刻《天妃灵应之记》文,俗称天妃碑,又称郑和碑。碑文总共1 177字,历述下西洋目的、意义,前六次下西洋经过、成果和第七次下西洋任务。这是考证郑和下西洋最权威的碑

---

① 12—13世纪中欧的神圣罗马帝国与条顿骑士团诸城市之间形成的商业、政治联盟,以德意志北部城市为主。14世纪晚期—15世纪早期达到鼎盛,加盟城市最多时有160个。

刻史料。关于郑和远航的目的,碑文记载:"海外诸番实为遐壤,皆捧琛执贽,重译来朝。皇上嘉其忠诚,命和等统率官校旗军数万人,乘巨舶百余艘,赉币往赍之,所以宣德化而柔远人也。"寥寥56字告诉我们:哪怕是边远的海外各国都对我国非常尊敬,纷纷带着珍贵的礼物来访;皇帝派遣郑和率领庞大舟师运载大量礼物回赠他们,是为了宣扬我们中国的道德文化,与他们建立和平友好的关系。根据碑文的这段文字可以得知,郑和航海是为了彰显明朝威仪德化,怀柔海外诸国。但是凡事都有度,宣扬国威同样如此。郑和远航每次都要建造庞大的船队,筹备维持这支船队正常航行所需的人员和物资,配备2万多人在海上长期生存的物资,携带无数显示明朝富足的商品和赠送各国的礼品,这样远航的花费是何等之巨!

诸多学者认为,郑和航海还有一个目的就是进行海外贸易。马欢、费信、巩珍等人在各自的著述中都介绍了郑和下西洋所到各国的物产资源情况和货物交易规则,甚至还详细记载了他们与当地直接贸易的情形。如巩珍在《西洋番国志·满剌加国》中记载:"中国下西洋宝船以此为外府,立排栅墙垣,设四门更鼓楼。内又立重城,盖造库藏完备。大䑸宝船已往占城、爪哇等国,并先䑸暹罗等国回还船只,俱于此国海滨驻泊,一应钱粮皆入库内存贮。各船并聚,又分䑸次前往诸番买卖以后,忽鲁谟厮等各国事毕回时,其小邦去而回者,先后迟早不过五七日俱各到齐。将各国诸色钱粮通行打点,装封仓舟者,停候五月中风信已顺,结䑸回还。"马欢在《瀛涯胜览·宝船与人员》中记载:"计下西洋官校、旗军、勇士、通事、民梢、买办、书手,通计二万七千六百七十员名。"其中"买办"就是负责贸易的工作人员。甚至严从简在《殊域周咨录》中载:"自永乐改元,遣使四出,招谕海番,贡献毕至。奇货重宝,前代所希,充溢库市。贫民承令博买,或多致富,而国用亦羡裕矣。"但郑和远航所谓的贸易并不是今天所讲的平等互利。

葛剑雄认为郑和时代没有这样的概念。首先,当时的中国,从皇帝到臣民都相信"天朝无所不有,无需仰赖外人"。而且实际上,要维持一个农业社会,养活当时大约7 000万人口,中国自己出产的粮食和物资也绰绰有余。而朝鲜、越南、缅甸、老挝、琉球等属国和日本等邻国,的确不如中国富强,尽管其中有些国家已深受中华文明影响。至于更远的其他国家,在明朝人的眼中还是不懂天朝礼仪的"蛮夷"和茹毛饮血的"生番"。一方面自己并没有需要,另一方面又因对方比自己贫穷落后,以为人家都有求于自己,所以就只有"朝贡",而不会有真正的贸易。所谓"朝贡",必须有对方向中国称臣的前提,即承认政治上从属于中国,其君主的地位低于中国皇帝,只相当于中国的臣子,因此对方只有向中国"进贡"或"纳贡"的义务,没有讨价还价的权利。"贡"什么,"贡"多少,用什么方式、从什么地方、来多少人、可以停留多久,都得由中国方面决定。选择"贡品"也不是根据双方国民的需求和实际产量,而是出于中国皇帝或主管官员(有时甚至是具体经办人员)的爱好,或者只是为了维持传统。但另一方面,中国是天朝大国,"富有四海",对小国、臣下、"蛮夷"自然要"薄来厚往","赐"的物品一定要比对方"贡"的更多,更好,更值钱,更体面。"赐"物中虽然也有对方的确需要的商品物资,另一部分却是贵而无当的礼品,中国方面花不少钱,对方带回去却没有什么用。郑和进行的就是这类"朝贡贸易",带出去的是金银财宝、古玩文物、丝绸、茶叶、瓷器,带回来的或由各国使者随后"进贡"的,却是对普通百姓毫无用处或者根本无权享用的福鹿(长颈鹿)、狮子、珍珠、宝石、沉香、苏木、胡椒等。有的长期储存在国库备用,有的还得花钱供养,如要在冬天相当寒冷的北京饲养原产于东非的福鹿,政府的开支和编制都要增加。"朝贡贸易"的规模越大,民众负担越重,政府的开支越紧。宣德年间,一度无法开支官员的俸禄,只能将国库积存的苏木折价代币。

启示录:

一、郑和航海的成功标志着中国在造船、航海技术、航海能力方面并不落后于西方,我们要重铸辉煌,建设海洋强国。

二、郑和航海并没有使明朝走上侵略扩张的道路,是和平之路、文化之路、贸易之路,我们的海洋强国战略也绝不走西方的海洋霸权道路,正如习近平主席所说:"中国人的血脉中没有称王称霸、穷兵黩武的基因。"

三、郑和航海虽然伟大,但并不提倡,我们现行的"丝绸之路经济带"和"21世纪海上丝绸之路"政策的目标是:物畅其流,政通人和,互利互惠,共同发展。

二、从引进到创新:挖泥船的崛起

2014年9月5日,新华网刊登一则题为《美国关注中国挖泥船南海造岛:改变南沙地图》的消息：外媒称，美国和亚洲情报机构正在"密切"追踪中国一艘大型挖泥船的动向，该船在南海的"造岛"活动正在时时刻刻改变该地区的地图。这里所说的大型挖泥船指的就是"天鲸号"。为什么这样一艘大型挖泥船却得到多国情报机构的关注呢？挖泥船主要用于航道疏浚、建设港口，其使用范围不断在扩大：开拓运河，修筑堤坝，采掘矿藏，围垦造田以及填海造陆等，是重要的工程船舶。但随着领土争端的日益加剧，尤其是填海造陆功能的凸显，巨型挖泥船越来越具有军事设施的性质。"天鲸号"挖泥船装机功率、疏浚能力均居亚洲第一、世界第三，被称为"填海神器"。其作业能力惊人，能够从海底挖泥，然后以每小时4 500立方米的速度排泥。情报部门最近从空中拍摄的照片显示，中国这艘127.5米长的挖泥船在过去3个月时间里，将南沙群岛的两处目前处于中国控制下的岛礁变成了可以在上面从事新的建设活动的状态。因此，外国情报部门如此关注此船的动向也就不足为怪了！

自从1617年世界首条抓斗式挖泥船在荷兰问世以来，历经400余年沧桑，挖泥船与人类社会的生存和发展结下了不解之缘，大大加快了工程建设，促进了现代化进程。中国挖泥船的发展史大致可以分为四个阶段：

第一阶段：从设计到制造，全部从国外引入（中华人民共和国成立之前）

18世纪后期，英国瓦特发明了蒸汽机，引发了欧洲的工业革命，以蒸汽机为动力的机械挖泥船随之问世，从此，疏浚工程开始了从人力为主变为机械为主的新时代。尤其是进入19世纪80年代之后，"新旧大陆各国家，对于挖泥机之制造与设计，皆有突飞猛进之惊人发展；旧日之迟缓不力、效率低下之器具，一变而为现代庞大无伦、高度效率之机械。"随着国门的打开，国外一些先进的技术首先传入上海，极大提升了工程建设的能力，加速了上海的近代化进程，机器挖泥船就是其中之一。

1864年李鸿章在苏州河上使用机器挖泥船疏浚河道，开启了上海航道机械疏浚的时代。1905年6月，在英、荷等国的压力下，南洋大臣答应聘请荷兰人奈格为河道局技术顾问、总经营师（即总工程师），同时，成立浚浦工程总局，负责航道疏浚工作。奈格提出治理黄浦江的计划主要任务之一就是浚深航道，而此项工程采用传统的人工疏浚方法根本行不通，只能使用机器挖泥船。奈格曾说道："将北道极力用挖泥之法浚深且修筑水闸，及他种工程于南道一带阻止流水冲入,是为浚浦工程当务之急。今欲为成效可观而需费甚廉起见,急应用最精挖泥机器二副(或三副尤要)刻日开工。"工程刚开始时只有 3 艘挖泥船——2 艘有挖斗,1 艘有抽水泵[这 3 艘挖泥船分别是"科隆尼亚号"(Colonia)、"罗迈尼亚号"(Rhemania)和"沙可罗号"(Cyclaop)],后来添了 2 艘有挖斗的挖泥机。1910 年 12 月经外交团的批准,由从事道路、河流和运河工程的瑞典皇家工兵部队中尉海德生(H. von Heidenstam)接替奈格总工程之职。他基本沿袭奈格的整治方案,侧重于挖泥,继续浚深黄浦河道。

1912—1920 年间,在海德生的主持下,浚浦局对航道进行了一系列的工程。伊始,由于机器设备不足,浚浦局承包外商从事作业,或租用其他各国的挖泥机,如 1915 年曾先后租用荷商如江公司两部挖泥船,随着工程的进展,浚浦局不断购置新的挖泥船。浚浦局的规模和资产越来越雄厚,专门从事航道疏浚。"本局有大号斗梯式挖泥机三艘,挖泥速度每小时六百立方码,大号吹泥机二艘;大号抓泥机三艘,每艘每小时可挖一百立方码;小号斗梯式挖泥机三艘,小号铁抓式挖泥机一艘,又实验冲泥机一艘。本局运泥船只,计有大拖船十一艘,小拖船三艘,又运泥船二十六艘(容量自一百一十至三百八十立方码),其中九艘装有倾泥齿轮,一艘自能推动。"

1937 年查得利离职后,由薛卓斌担任浚浦局总工程师,为该局有史以来第一位任总工程师的中国人,其主要工作是疏浚长江口的神滩。但由于工程浩大,普通挖泥船无法胜任此项重任,"故欲于合理时期内,达到此项目的,非有最大出泥量之挖泥机不为功;盖神滩随挖随淤,挖泥率必须超过重淤率而后可也。"于是便于 1932 年通过招标的方式向全世界征集,最后决定由德国但泽造船厂承造,定名为"建设号",开全世界最大挖泥船之新纪录。

但挖浚工作仅限于白昼,浚浦局为谋工程迅速起见,筹划日夜浚挖办法,"查氏末称该局正在筹划建造与'建设号'同样巨型之挖泥船一艘",并于 1937 年招商投标,其规模要大于"建设号"挖泥船。这就是由中国人薛卓斌自主设计的巨型挖泥机"复兴号"。"此轮乃由浚浦局总工程师薛卓斌及 P. M. Fawcott 君、Chatley 博士与 Wiliam Smith 君合作定规范,设计而成",由德国但泽造船厂承造,造价 235 000 镑,较"建设号"贵一半。新轮每小时可挖泥浆 12 000 立方码,合原来积泥 6 000 立方码,等于每 15 分钟装满一船,计 4 000 吨,为当时世界上最大之挖泥船,但因战争被羁留在德国但泽船厂。

第二阶段:测绘、设计仿造(中华人民共和国成立初期)

中华人民共和国成立初期,百废待兴,但当时国内没有专业化的挖泥船设计队伍,只能临时组织力量,对早期进口的小型挖泥船进行测绘仿造。如中华船厂的"水工一号"、武昌船厂的"洞庭号"等。20世纪50年代后期,随着中国船舶工业集团公司第708研究所(708所)等一批专业设计院所的组建,挖泥船开始走上了专业化设计的阶段,一大批绞吸挖泥船、链斗挖泥船等被设计建造,但直到60年代末仍处于仿造阶段。

第三阶段:独立开发设计(20世纪70年代初期至80年代)

20世纪七八十年代,我国挖泥船开始走上独立设计阶段,一批专业化的工程船建造厂及配套初步形成,并开发出一大批国内急需、具有一定技术水准的船型。其间所建造的挖泥船无论在数量、品种还是技术含量上都较60年代以前有了明显进步。经几代人的努力,先后设计建造了各类挖泥船近千艘,初步摆脱了对国外的依赖局面,一定程度上满足了国内需求,并在挖泥船出口方面实现了零的突破。

第四阶段:以高新技术为目标的高性能挖泥船研制(20世纪90年代以来)

20世纪90年代以来,一大批高技术含量的创新产品相继问世,填补了国内多项空白。在国际上首创采用喷水推进的耙吸船,出口泰国的耙吸船、绞吸船、抓斗船以及配套的挖泥机具等,表明我国挖泥船技术跃上了一个新台阶,拉近了与世界先进水平的差距。

进入21世纪后,中国挖泥船制造突飞猛进,研发、制造能力居世界前列。

以耙吸挖泥船为例,中交天津航道局有限公司(天航局)研发的"超大型耙吸挖泥船研制及工程应用"科技成果被鉴定为总体达到国际先进水平。"超大型耙吸挖泥船研制及工程应用"成果针对超大型耙吸挖泥船整船设计和建造技术的难题与我国海域重大工程建设的需求,开展了超大型耙吸挖泥船船型结构、动力系统、疏浚装备、控制系统等系列研究,成功建造了国内第一艘超大型耙吸挖泥船"通程"轮和亚洲舱容最大的超大型耙吸挖泥船"通途"轮,解决了远海珊瑚礁、天津港航道下层硬质粉土、盘锦港硬质黏土等疏浚工程中常规耙吸挖泥船难以开挖的技术难题。该成果填补了我国超大型耙吸挖泥船的空白,全面提高了超大型耙吸挖泥船的设计和建造水平,在船体研发、系列化耙头研制、泥泵国产化研发、精确与高效疏浚集成控制系统等核心技术方面填补国内空白,取得了自主知识产权,成果应用效果和经济、社会效益显著。

还有上文中提及的"天鲸号",它是国内首艘超大型自航绞吸式挖泥船,由天航局投资建造,其装机功率及生产能力在同类船型中居亚洲第一、世界第三。该船能在八级风浪条件下作业,且能够在坚硬土质定桩,定位精确牢靠,可在狭窄水域施工。其电气设备与自动控制系统均具备目前世界先进水平,具有驱动功率大、启动平滑、控制精确等特点,并实现了自动挖泥与监控。"天鲸号"长127.5米,型宽23米,据称配备多种当前国际最先进的疏浚设备,总装机功率达20 020千瓦,其中绞刀功率达到4 200千瓦,拥有亚洲在用挖泥船中最为强大的挖掘系统,不仅可以疏浚黏土、密实沙、碎石,还可以开挖耐压强度高达40兆帕的岩石。它的建造可大大减少海底爆破工程的数量,增大工程安全系数,也可减少对海洋的污染,更好地保护海洋环境。该船还装配3台高效泥泵,具有强大的吹填造地能力,排距超过6千米,并具有装驳功能,可以将挖上来的泥沙石块通过驳船运到其他地方,极大地拓展了疏浚范围,具备无限航区的航行能力,灵活机动,调遣方便,适应能力强,创造了总装机功率最大、绞刀功率最大、挖掘能力最强、生产能力最强、集成控制技术最先进、作业适应能力最强六项亚洲纪录,是中国疏浚产业的旗舰。

2017年11月3日,被网友誉为"造岛神器"的亚洲最大绞吸挖泥船"天鲲号"在江苏启东下水。"天鲲号"性能已全面超越"天鲸号",它能以每小时6 000立方米的速度将海沙、岩石以及海水混合物输送到最远15 000米的地方,成为建设中国海疆的国之重器。不仅如此,该船配置通用、黏土、挖岩及重型挖岩4种不同类型的绞刀,相比于"天鲸"号,可以开挖海底硬度更高的岩石。

如此强大的能力,来自科研设计工作者不懈的努力。组建于1950年的708所正是其中之一。公开资料显示,它是我国规模最大的船舶设计技术国家工程研究中心,全所共有职工700余名,专业技术人员600余名,覆盖了20多个专业。执行中国首次环球海洋综合科学考察任务的"向阳红01号"、2017年10月下水的千吨级海监船"中国海监1001"、3 000吨级出口护卫舰都是他们设计的。"天鲲号"的一位副总设计师丁勇,也是来自708所。2017年7月,他获评首批全国疏浚行业专家。2001年,丁勇进入708所,担任了多个重点项目或高难度项目的专业主任设计师和副总师,参与解决多个关键技术问题。他南下北上,频繁现身于国内各大疏浚作业现场。2005年,他先后担任国内首艘3 500立方米/时大型绞吸挖泥船"新海鳄号"的机械专业主任设计师、多艘3 500立方米/时绞吸挖泥船的机械专业主任设计师或兼副总设计师。在大型耙吸挖泥船领域,他担任天航局13 000立方米大型耙吸挖泥船"通旭号"的机械专业联系人,担任中港11 888立方米、南通港闸船厂12 000立方米等大型耙吸挖泥船设计的副总设计师兼专业联系人。其中,"通旭号"荣获中国航海科技奖二等奖。2014年开始,他担任国内最先进的自航绞吸挖泥船"天鲲号"的副总设计师,参与设计并解决该船多种技术难点。

经验谈:

一、在引进国外先进技术的同时一定要进行消化和吸收,在此基础上进行自主开发,自我创新,赶超国际水平,扛起"中国制造"大旗。

二、大型挖泥船虽然是工程船舶(民用),但随着领土争端的日益加剧,尤其是填海造陆功能的凸显,巨型挖泥船越来越具有军事设施的性质,成为建设中国海疆的国之重器。

三、从无到有:中国航空母舰的设计建造

航空母舰是一个国家的综合国力、工业制造水平、科学技术发展水平以及这个大系统的集成能力发展到一定阶段的体现和产物。

航母是一个绵延了近百年的中国梦。毫无疑问,20世纪60年代以后中国航母梦的标志性人物,就是刘华清。

早在20世纪60年代初期,刘华清任舰艇研究院院长时就着意留心世界各海军强国航空母舰的发展和应用,思考过航母研制问题,并于1970年亲自主持起草了新中国历史上第一个航母工程报告,组织领导了中华人民共和国成立以来首次航母研制专题论证。1975年9月,刘华清第二次建言造航母。在《关于海军装备问题的汇报》的万言书中,他向时任中央军委副主席邓小平大胆陈言"尽早着手研制航空母舰"。1980年5月15日,时任解放军副总参谋长的刘华

清率团访美,先后参观了 CV-63"小鹰号"(USS Kitty Hawk,CV-63)和CV-61"突击者号"(USS Ranger,CVA/CV-61)航空母舰。这是中华人民共和国高级军事将领首次登上美国的航空母舰。

如果说以往刘华清只是从"外围"观察和思考航母问题,那么担任海军司令员之后,航空母舰在其心中的分量,"自然大不相同了"。从 1983 年开始,他有条不紊地在海军组织开展了航母的前期论证工作,并定下了航母研制的"时间表"和"路线图"。然而,1987 年 2 月下旬,却传来了中央军委常务会议讨论全军"七五"装备发展规划时,拟将海军装备发展排在末位、延缓航母发展与新一代核潜艇研制的消息。刘华清心急如焚,"要让军委总部首长全面了解我们的真实想法。"他毅然决定向总参谋部汇报,"不然等上级规划好了,再放马后炮就难办了!"

3月31日,刘华清亲自主持汇报会,并重点围绕"海军核心力量建设"问题,全盘托出他的思考与主张。关于海军装备规划顶层设计,刘华清开门见山:"第一是航母。我们设想用 15 到 20 年时间搞航母的预研,到 2000 年后形成战斗力。第二是新一代核潜艇。这两个问题涉及海军核心力量的建设。""这两种装备搞出来,从长远看对国防建设是有利的。"刘华清特别强调,"这两种装备不仅为了'战',平时也是为了'看','看'就是威慑!"

"我们设想,"刘华清定下航母研制时间表,"'七五'开始论证,'八五'搞研究,对平台和飞机的关键课题进行预研,2000 年视情况上型号。"

刘华清的汇报,在总参、国防科工委产生了重大反响,并对中央军委研究制定军队中长期装备发展规划形成了直接影响。

刘华清很释然,也很淡定。汇报会过后,他将海军军校部长和干部部长召进办公室。"今年秋季在广州舰艇学院开办一期'飞行员舰长班'。"刘华清下达指令,"这个班人不在多,10 个足矣。关键是综合素质过硬、年轻,要优中选优,百里挑一!"

"他的这个设想深深鼓舞了后来人。"时隔 24 年之后,新中国第四任海军司令员张连忠上将首度撰文公开证实:"海军广州舰艇学院专门举办飞行员舰长班,目的就是为将来的中国航空母舰培养舰长。"

刘华清毫不怀疑,若中国第一艘航空母舰 20 多年后如期建成服役的话,它的首任舰长,乃至航母编队司令,将从他们中间遴选产生并获得任命。时间是公正的,它为刘华清深谋远虑的战略决策作出了客观的历史见证。

在中央军委任职10年间,特别是担任军委副主席以后,刘华清更是矢志不渝谋划航母建设。

"我国要实现国防现代化,要建立完善的武器装备体系,不能不考虑发展航母的问题。"作为邓小平亲自点将的国防装备现代化建设的领军主帅,在海军装备发展战略上,刘华清对航母情有独钟,"如果问我航母和核潜艇以后如何排队,我说海军缺少的航母应安排在先!"

为推进航母研制进程,刘华清做了大量工作。他多次主持召开航母规划研讨会议,领导完成了航母全系统论证预研,批准相关部门领导和专家出国考察,并聘请国外航母专家来华讲学,还引进了部分技术资料。为掌控航母核心技术,凸显后发优势,他采取多种解决方案,取得了突出成效。为促成航母早日立项建设,他在军委高层会议上,多次提出自己的意见与建议。

刘华清渴望有生之年见到中国的航空母舰服役成军。毋庸讳言,未能在军委任期内促成航母立项开工建造,是其漫漫70载辉煌军事生涯留下的最大遗憾。

"中国不发展航母,我死不瞑目!"刘华清的这一明志誓言,已经深深烙印在中华民族的历史记忆中。

令刘华清欣慰的是,继他之后的历任海军司令员和海军领导班子,为早日实现中国航母梦,进行着马拉松式的接力赛。"瓦良格号"航空母舰就是其中最重要的事情。

1998年,澳门一家名为"创律旅游娱乐公司"的老板徐增平,通过竞标买下"瓦良格号"。2000年4月1日,中国船舶重工集团总经理再度受命出征,负责把"瓦良格号"从乌克兰尼古拉耶夫市托运到大连港。与此同时,海军某舰艇支队退役支队长、大连造船厂副厂长唐士源也受派前往增援指挥海上拖运航行。但在欲进入博斯普鲁斯海峡时,遭到土耳其政府阻拦,并命令退回黑海,"瓦良格号"开始了此后五百多天在黑海上的徘徊。经过中国政府的多方努力,经过两年零七个月的漫长周折(从1999年7月算起),行驶1.52万海里(约2.82万公里),2002年3月3日,历尽艰险的"瓦良格号"抵达了大连港。

中国第一艘航空母舰的总设计师朱英富回忆："'瓦良格'拖到大连时，几乎就是个空壳子，只有船体和几台主机，我们刚开始也不知道怎么办，因为之前从来没接触过航母设计，也没有任何图纸参考。"此前有传闻说买回"瓦良格号"时还顺带运回了几卡车图纸，但事实上是没有的。有报道称此前"瓦良格号"完工60%到70%，这应该是真实的，但是这艘船在乌克兰放了很长时间，里面很多建好的设备后来又拆掉了，事实上等于从头再来。我国也曾试图联系"瓦良格号"的设计方提供一些帮助，但被对方拒绝了。还曾邀请过建造"瓦良格号"的乌克兰船厂专家前来，但其能够提供的帮助少之又少。"'瓦良格号'到我们手上时就像是一栋'烂尾楼'，我们必须要完工，而且还要建得满足我们的需要。"因为苏联设计航母的思路和美国完全不同，更强调单舰的全面能力，舰上甚至布置了反舰导弹的位置，这并不符合我国海军的需要。"我们需要的是编队作战，依靠舰载机，更靠近美国的思路。"朱英富说。

从2004年中央决定续建，到2012年正式服役，8年时间，朱英富和团队成员把"烂尾楼"变成了一艘现代化航母。我国第一艘国产航母"山东舰"副总设计师孙光甡院士曾说："还有我们一位副总设计师，可以说他一辈子，都在做航空母舰的研制。当时这个（项目）刚刚启动以后，我当时记得非常清楚。我跟他在一起谈工作的时候，他爱人还探头进来：'你们还在聊啊，怎么还不去吃饭啊？'因为那时候已经很晚了，但没过两天，说他爱人查出非常非常严重的癌症来，但是他没有太多的时间去陪同他的夫人。在不久他一次长出差的，远距离出差的过程中，没能跟他爱人见上最后一面。确确实实，他把他的整个心血、整个智慧、整个经历全部投入到了我们航空母舰的研制中。

"正是因为有他们的感召，有他们的表率，在整个设计师团队的努力下，如期地保质保量地完成了，就是我们'辽宁舰'的这样一艘航空母舰的设计研制工作，使得我们首艘国产航母有了一个非常好的基础。……应该说这个是速度快的、质量好的、成本控制也很好的。

"就是通过这样一艘航空母舰的研制，也培养了一大批年轻的设计师团队。有一个系统，从策划，从设计，从安装，从设备生产到实验，前前后后花了五年时间，没有节假日，'五一''十一'、春节全在现场。我们这帮年轻的设计师团队，非常非常年轻的，就硬是把我们这样一个关键的系统，从设计到实验，到科学规律的探寻,到边界条件的获取等等,成功了!……可以说决定了我们这个既有外在颜值又有内在气质的非常非常关键的系统,我们没有耽误我们这艘航空母舰整个工程进度。"

如果说"辽宁舰"的整修让中国开启了航母之旅的话,那么"山东舰"的设计建造则真正让中国完全掌握了一艘航母的全部秘密。2017年4月26日,中国首艘自主建造的新航母"山东舰"在中国船舶重工集团有限公司大连造船厂举行下水仪式,中共中央政治局委员、中央军委副主席范长龙出席仪式并致辞。中国还有在建航空母舰,其作战能力能否取得飞跃,电磁弹射器的上舰问题是关键,解决电磁弹射器上舰的关键人物是马伟明院士,被称为"国宝级"专家。

2016年8月4日,湖南省政府与海军工程大学签署了一项合作协议,双方出席签约仪式级别最高的领导是湖南省省长杜家毫和海工大校长韩小虎。值得关注的是,《湖南日报》在介绍其他人员时如是表述:中国工程院院士、海军工程大学教授马伟明出席,海军工程大学副政委沙成录、副省长张剑飞代表双方签约。按惯例,省级党报时政报道中,一般只有副部级以上领导才会列名。那么仅以教授身份亮相的马伟明,为何不仅列名,还排在校领导和副省长之前呢?

事实上,《湖南日报》省略了马教授的几个重要身份。马伟明34岁破格晋升教授,38岁成为博士生导师,41岁当选中国工程院院士,中央军委两次为他记一等功。他42岁晋升海军少将军衔,岗位级别是专业技术一级,待遇相当于中央军委委员级别。马伟明还是中国科协副主席和中央候补委员,中共十八大上当选中央委员会候补委员的得票数比一些现任省长还要高。在中央委员会中,像他这样不担任行政职务的成员,屈指可数。

在此次入湘签约之前,马伟明已经因为一张风靡网络的图片为人所知。2016年6月底,时任海军司令吴胜利上将到海军工程大学参加活动,马伟明教授向他介绍情况。当时天空正下着雨,吴上将亲自为马少将打伞,赢得网友点赞无数,称此举是对"国宝级"专家的重视。马伟明曾当选全国十大"杰出专业技术人才",排名紧随享誉世界的"杂交水稻之父"袁隆平院士之后,是军队系统当选的唯一科技专家。

在电磁弹射器的上舰问题上,马伟明曾有一句名言:"哪怕少活十年,也要攻下特种电力技术难关!"

自2002年开始,马伟明带领团队开始对电磁弹射器原理样机进行科研攻关,于2008年完成,经过5年的不懈冲刺,马伟明带领项目组完成了样机研制和试验的全过程,43项关键技术全部被攻克,申报国防专利32项。中国科学院、中国工程院7位院士在对这一重大成果评审时激动不已,认为其意义不亚于"两弹一星"和载人航天。随后马伟明及其团队又马上启动更尖端技术的研发。2015年时,马伟明表示,中国舰载机弹射起飞技术完全没有问题,实践多次也很顺利,有信心运用到现实当中去。他还强调,中国掌握的技术已经不输美国,甚至更为先进。马伟明曾经说过:"有人问我,你最缺的是什么?我说是时间。与世界发达国家相比,我们很多技术特别是关键技术存在着一代甚至几代的差距。因此,我们必须与发达国家赛跑,与时间赛跑,外国十几年搞出来的东西,我们必须在更短的时间内,发挥后发优势搞出来。有人算过一笔账,一年365天,我们没有双休日,没有寒暑假,基本上是'五加二''白加黑',天天在搞科研,1年顶别人3年。"为了攻克难关,马伟明一心投入到科研,往往忽略了家人。他回忆道:"2007年,我父亲患胃癌到武汉做手术,当时我特别忙,天天在实验室,把已经联系好住院的事忘说了。老爷子见几天没动静,气呼呼地闯进实验室,对我吼了起来:'马伟明,你上不管老下不管小,家里事不闻不问,你究竟着了什么魔?'我一听懵了,这才想起来,赶紧安排送老爷子去医院。事后我也内疚,感到这些年来对家人确实亏欠太多。"

马伟明院士在获国家科技进步奖时的获奖感言中说道:"有人问我,你这么拼死拼活,究竟图的是什么?我回答,我一不图名,二不图利,三不图官,就想实实在在为国家和军队做点事。我认为,盯着名利,科研之路注定走不远;盯着权力,科研大门早晚会对你关闭。我和团队搞了几十项课题,我从不在别人的科研成果上挂名;我们拿了很多奖,一些人以为我们赚了很多钱,但知情人却称我们是'最穷的教授''高智商的傻子'。说实话,如果我们只想个人发财,每个人都能成百万富翁、千万富翁。但作为军人,不能只盯商场、忘了战场,只图赢利、忘了打赢!有一次,组织上到学校考察干部,一名首长提名要我当校领导。我当时想都没想,就婉言谢绝了。我知道自己的舞台重心在哪里,我们搞科研的人必须心无杂念,远离功名,沉下心来踏踏实实干上二三十年,才可能有所成就。"

未来想:

一、航空母舰是一个国家综合实力的体现。拥有航母,国家的海上力量将出现立体化、体系化、综合化和信息化的提升,一个国家的海上活动能力将从近海推向中远海,是建设海洋强国的必备力量。

二、每一项事业的成功,都离不开核心价值观的支撑。在充斥着太多利益和诱惑的今天,唯有坚守一份淡泊和清贫,才能潜心攻关克难,勇攀科技高峰。

三、在中国船舶制造业发展壮大的背后,有很多像朱英富、孙光甦、马伟明这样甘于默默奉献的科学家,"两弹一星"功勋们的奉献精神、攻坚克难精神在他们身上薪火相传。

参考文献

http://amuseum.cdstm.cn/AMuseum/ship/history/explore/explorezh01.html。

http://news.xinhuanet.com/mil/2014-09/15/c_126984394.htm。

《浚浦局拟再添造巨型挖泥船》,《航业月刊》1936年第12期。

《浚浦局添造挖泥船》,《航业月刊》1937年第10期。

《浚浦局之拖吸式挖泥轮"复兴号"》,《工程报道》1947年第29期。

《开挖河口》,《申报》1879年12月23日。

《上海浚浦局建造大挖泥船》,《轮机期刊》1934年第8期。

"船舶数字博物馆"网站:http://amuseum.cdstm.cn。

葛剑雄:《追寻时空》,广东人民出版社2015年版。

施昌学编:《海军司令刘华清》,长征出版社2013年版。

唐志拔、辛元鸥、郑明:《2000料6桅郑和木质宝船的初步考证与复原研究》,《海交史研究》2004年第2期。

杨槱:《现实地和科学地探讨"郑和宝船"》,《海交史研究》2002年第2期。

乍人:《挖泥与挖泥机之历史的研究》,《津浦铁路日刊》1936年第1483—1507期。

张箭:《从考古文物实验辨析郑和宝船的吨位》,《华夏考古》2005年第4期。

朱锡培:《苏州河之最》,《城建档案》2003年第2期。

第十讲　从秦直道到现代高铁

罗　薇　整理

主要内容

◇ 高铁已经成为中国老百姓主要的交通出行工具之一。高铁的成功是中国当今发展过程中的一个现象级事件，它的成功看似突然，以至于让人产生很多疑问。但其实中国高铁的发展并非一蹴而就，而是经历了一个循序渐进的过程。经过多年努力，中国已形成覆盖多种专业、具有自主知识产权的高速铁路技术体系，在技术标准、建造工艺、高速动车组、运营管理、列车控制、安全管理等方面具有比较优势。回首过去，"四纵四横"高铁网络完美收官。放眼未来，"八纵八横"将在神州大地上大展宏图。

◇ 高铁打破了城市间的往来壁垒，淡化了空间距离。高铁加快了人员、物质和资本在城市间的流动，对中国的区域发展产生了深刻影响。

◇ 党的二十大报告指出，在全面建设社会主义现代化国家的道路上，必须牢牢把握"五个坚持"的重大原则。其中，第四个坚持是"坚持深化改革开放"。开放带来进步，封闭必然落后，中国开放的大门只会越开越大。进入新时代，开启新征程。随着中国特色的大国外交形成全方位、多层次、立体化的外交布局，中国高铁也迎来了"走出去"的良好外部条件。高铁成为中国一张靓丽的国家名片，至今中国高铁已经出口到了亚、欧、非、美等五大洲数十个国家。中国高铁还将攻坚克难，继续前行，将自己这张"中国名片"越擦越亮。

精彩案例

◇ 邓小平考察日本新干线。

◇ 京沪高铁之争。
◇ 中国高铁的创新之路。

问题思考

◇ 中国高铁走过了怎样的发展历程？
◇ 中国高铁在"一带一路"倡议中有何地位和作用？

高铁已成为人们日常出行的重要交通工具之一。中国幅员辽阔，人们离不开铁路。高速铁路的快速发展给我们的出行带来了极大的便利，扩大了人们的活动范围。高铁不断刷新"中国速度"，为中国经济发展带来前所未有的活力和机遇，加快了乡村振兴和区域融合的步伐。党的十八大以来，中国高铁"走出去"的步伐更稳更快，中国高铁已成为一张闪亮的国家名片和一个新时代的中国地标。

截至2022年底，中国铁路运营总里程达到15.5万公里，其中高铁运营里程4.2万公里。2023年，全国铁路预计投产新线3 000公里以上，其中包括2 500公里的高铁。数以亿计的中国人民乘坐高铁，驰骋在全面建成社会主义现代化的道路上。高铁的普及不仅改变了中国，也影响了世界。

一、中国古代道路简史

早在公元前2000年前，中国已经有可以行驶牛车和马车的道路。据《古史考》记载："黄帝作车，任重致远。少昊时略加牛，禹时奚仲驾马。"

西周(前1046—前771年)时道路初具规模。《周礼·考工记》中关于道路规划有如此记载："匠人营国，方九里，旁三门。国中九经九纬，经涂九轨，左祖右社，面朝后市，市朝一夫"；道路管理方面，《国语·周语》有"司空视途"，"列树以表道，立鄙食以守路"，"雨毕而除道，水涸而成梁"的记载；《诗经·小雅·大东》中关于道路质量方面的记载有"周道如砥，其直如矢"。

战国时期，秦惠文王开始修建陕西至四川的褒斜栈道。这条栈道是在陡峭的悬崖上钻孔铺板而成的通道。

秦朝时期，秦始皇在道路建设上强调"车同轨"(《史记·秦始皇本纪》)，以及

"为驰道于天下"(《汉书·贾山传》),修建车马道路,统一道路宽度。公元前500年左右,随着一些城市的兴起和发展,形成了许多商队道路。秦始皇三十五年(前212年),秦始皇统一六国后,命大将军蒙恬率三十万大军,耗费两年时间,南起咸阳林光宫(位于今陕西淳化),北至九原郡(位于今内蒙古包头),修筑一条700公里长的军事道路,以防匈奴入侵。秦直道是由咸阳至阴山最短的一条公路,大体南北相直,故称"直道"。蒙恬负责该工程的建设。然而,由于沿线地形复杂,道路陡峭,工程进展非常缓慢。直到秦始皇三十七年(前210年)蒙恬被胡亥赐死时,秦直道仍未完全完成。秦二世即位后,继续修建秦直道,但综观史料,既没有记载秦直道的建成时间,也没有记载秦直道的具体路线。

公元前2世纪,中国通往中亚细亚和欧洲的丝绸之路开始发展。丝绸之路起于长安(今陕西西安)、洛阳,经甘肃、新疆,到达中亚、西亚,连接地中海欧亚各国。丝绸之路全长7 000多公里,是一条横跨欧亚大陆的贸易运输线。从广义上讲,丝绸之路是指从上古开始形成的,覆盖欧亚大陆、连接中国和西方的商路。它有2 000多年的历史,涉及陆路和海路,所以有"海上丝绸之路"和"陆上丝绸之路"的说法。

两汉时期确定了陆上丝绸之路的基本走向,包括南道、中道和北道三条路线。来自各国的使者和商旅团队沿着丝绸之路进行贸易交流的同时,也在这条古老的道路上留下了文明的痕迹。丝绸之路不仅是一条国际贸易通道,也是连接古代中国与西方政治、经济、文化和思想的大动脉。丝绸之路连接了沿途各国的文化,促进了东西方文明的交流。

唐代是中国古代道路发展的鼎盛时期,初步形成了以城市为中心、四通八达的道路网。宋代、元代和明代,对驿道网的建设和管理也发展起来。

清代的路网系统分为三类:从北京辐射到各个省城的"官马大路";从省城通往地方重要城市的"大路";从大路或重要城市通往各城镇支线的"小路"。每条道路上的重要位置还设置有驿站。"官马大路"又分为东北路、东路、西路、中路四条主要道路,全长2 000多公里。

随着火车和铁路的发明,这种新型社会发展大动脉日益显示出强劲的势头。1865年,英国商人杜兰德为了向当时的中国宣传铁路的优势,用自己的钱在北京宣武门修建了一小段0.5公里长的"展览铁路"。但清政府认为"观者骇怪",

很快就将其拆除了。光绪五年(1879年),清政府允许开平矿务局投资修建唐山至胥各庄的运煤铁路——唐胥铁路。从中海到北海的第一条皇家专用铁路紫光阁铁路(又称西苑铁路),建于清光绪十二年至十四年(1886—1888年),全长1.5公里。据说慈禧每天都乘坐小火车欣赏风景,往返于怡鸾殿和北海镜清斋之间。她坐火车时还制定了三条规则:(1)她必须先上火车;(2)火车上的男性必须是太监;(3)火车司机开车时不能坐着。她认为火车喇叭声会破坏紫禁城的风水和氛围,所以她不允许每天午餐开车时使用机车,而是依靠人力拉动向前行驶。

甲午战争后,清政府在洋务运动和国内仁人志士的不断倡议下,终于改变了修建铁路会"失我险阻,害我田庐,妨碍我风水"的看法,意识到"铁路开通可为军事上之补救",最终确定了修建铁路的方针,成立了铁路公司,开始修建铁路。1905年,在中国首位铁路工程师詹天佑的主持下,中国第一条自主兴建的铁路——京张铁路开始修建。

二、现代高铁的定义

高铁在不同的时代、不同的国家有不同的定义。在中国国家铁路局发布的《高速铁路设计规范》文件中,高速铁路被定义为设计速度为250公里(含)至350公里(含)、运行动车组列车的标准轨距的客运专线铁路。中国国家发改委将中国的高速铁路定义为时速250公里及以上标准的新线或既有线铁路,并发布了相应的《中长期铁路网规划》文件,将时速200公里的轨道线路纳入中国高速铁路网的范畴。可以说,较高的列车速度是高速铁路区别于普通铁路的根本特征。

对于中国人来说,高铁进入我们的生活就像在一夜之间。高速铁路的发展历程是怎样的?对此,我们需要从历史的深处寻找答案。

三、现代高铁的发展历程

(一)国外高铁发展

1. 1825年蒸汽机车问世

1825年9月27日,世界上第一条铁路在英国建成通车,同时世界上首列客运蒸汽机列车在这条铁路线上成功测试。放牛娃出身的英国工程师斯蒂芬森发明了蒸汽机车,火车成为人类历史上第一个完全依靠机械动力的交通工具。蒸汽机车虽然已经成功制造,但仍然存在噪声大、振动大、启动时浓烟滚滚、车轮摩擦铁轨火花飞溅等问题。尽管如此,蒸汽机车仍然是推动人类发展进步的重大发明之一,也是社会进步的重要标志。

2. 1964年日本新干线

世界上第一条高速铁路是1964年开通的日本东海道新干线。它是世界上第一条时速超过200公里的高速铁路,也是世界上第一条投入商业运营的高速铁路。以此为灵感,日本漫画家铃木伊织创作了一部经典动漫《铁胆火车侠》,陪伴着中国"90后"甚至"80后"的童年。东海道新干线在4小时的运营时间内连接了日本三大工商业区,即京滨、中京和阪神。(日本工业主要分布在太平洋沿岸的京滨、阪神、中京、濑户内海等工业区,集中了日本国民生产总值的90%左右。)在高速铁路的推动下,日本经济在20世纪70年代快速增长。1978年10月26日,邓小平乘坐新干线时说:"就感觉到快,就像推着我们跑一样,我们现在正合适坐这样的车"。

而此时的中国铁路状况如何呢?1978年,中国可统计铁路里程为5.2万公里,其中4万公里运行的是蒸汽机车,就是那种冒烟的古董火车。先进一点的电力机车不到200辆,时速只有40公里。对比之下,对于当时的中国人而言,时速210公里、有着银色子弹头车头的日本新干线,简直就是科幻片里的逆天科技。

20世纪60年代到80年代末,世界范围内掀起了一股高铁热。法国在1981年有了高速铁路TGV,德国在1991年有了高铁ICE,日本在全国各地建设了新干线网络的主体结构,在高速铁路领域处于世界领先地位。

(二) 国内高铁发展

近20年来,中国高铁的发展在艰难曲折中度过。可以说,京沪高铁的发展史就是我国高铁的发展史。

1. 京沪高铁

自20世纪90年代以来,中国一直经受着一种大国之痛——春运。经济社会转型带来劳动力由经济欠发达地区向经济发达地区大规模流动,但是回家过年的风俗又促使这些人口集中在春节前后展开迁移。每年的春运成为"全世界最为壮观的人口迁徙",哪怕票再难买,路途再拥堵,路程再远,人们也一定要走向回家的路,吃上一碗团圆饭。春运前后,我们的交通运输承受着世界上最沉重的压力。运力不足、服务质量不高,买票难、乘车难的持续发酵使得铁路系统处于舆论的漩涡中心。中国人见面喜欢问:"你吃了吗?"而春节前后,老百姓的问候语绝对是:"朋友,你买到票了吗?"

印象中,小时候坐绿皮火车,每次都看到为了挤上火车,人们使出浑身解数。门太小,挤不上,怎么办?后面有人踹你一脚。或者从窗户爬进去,此时人们一个个身手矫健如蜘蛛侠,一秒变身爬窗高手。车厢里、座位底下、过道里、洗脸池上,到处都是人。以前我们说"挤火车",这个"挤"字太贴切了,实在是太挤了!破解这个困局唯一的办法就是加快推进中国铁路现代化,推进铁路技术装备现代化,让回家的路不再难走。

1990年关于高速铁路的构想在中国浮出水面。铁道部完成《京沪高速铁路线路方案构想报告》,这是中国首次正式提出建设高铁并提交七届全国人大三次会议讨论,但这次讨论无果而终。1993年4月,铁道部和当时的国家科委、国家计委、国家经济贸易委员会和国家经济体制改革委员会("四委一部")联合成立了"京沪高速铁路前期研究课题组"。同年12月,国务院批准了京沪高速铁路可行性研究。高速铁路"建设派""缓建派""磁悬派"就中国是否应该建设高铁,以及建设什么标准展开了旷日持久的争论。争论的焦点主要在高速铁路的必要性和经济性上,技术问题排在后面。支持方认为,高铁建设有利于未来的经济发展。反对方认为,以国外的实例参考,新建高铁大多亏损高、利润低。目前运力不足的问题可以通过提高速度、扩大运力等方法来解决。而"磁悬派"认为,磁悬浮列车速度快,无轮轨接触,振动小,舒适性好。然而,磁悬浮的技术和投资风险很高,与现有的轮轨铁路网不兼容。不兼容意味着未来推广的话,所有铁路线都需要重建。如何避免强磁场对人体和环境的影响,也是磁悬浮线路沿线居民最忧心的问题。

涉及国计民生的大事,最终的决策还是要国家来定。2006年1月7日,国务院常务会议通过了《中长期铁路网规划(2006年)》,批准建设京沪高速铁路。京沪高铁全线设计最高时速350公里,初期运营时速300公里。一次性建设高铁线路1 318公里,总投资2 209.4亿元。同时,确定京沪高铁将采用高速轮轨技术。可以说,京沪高铁的建设是中国高铁发展史上最重要的理论和技术探索与实践。无论建与不建,建轮轨还是磁悬浮,所有专家学者都在用他们的知识和热情为中国铁路事业披荆斩棘。

2011年6月30日,万千铁路建设者精诚合作,共克时艰,最终建成了中国高铁建设的代表作——京沪高铁。京沪高铁全长1 318公里,最高时速350公里,将北京和上海拉入了过去难以想象的时空距离。它横跨海河、黄河、淮河和长江四大水系,连接中国三大直辖市和四个省。它所经过区域的面积占全国陆地面积的6.5%,人口占全国的26.7%。京沪高铁运营试验最高时速达到486.1公里,是高铁的标杆线路,也是中国经济的生命线。它是中国最大、最快、最繁忙的高铁线路,承载着中国人民的荣耀和梦想。

2. 快速发展的中国高铁

2003年:建成秦沈客运专线。秦沈客运专线是一条连接秦皇岛与沈阳两座东北城市的客运铁路,是全线双线电气化铁路,是中国铁路步入高速化的起点,行车速度达到每小时200公里。秦沈客运专线为后来在中国各地修建的高速铁路累积了宝贵的经验。秦沈客专于2007年并入京哈线。

2004年:国务院常务会议批准通过中国历史上第一个《中长期铁路网规划》,这一规划支撑了中国高铁的主要发展内容,规划形成"四纵四横"的快速铁路客运网。

"四纵四横":第一纵为京沪高速铁路(北京—上海)。第二纵为京港客运专线(北京—香港)。从北京至广州至深圳,又延伸到香港。这是迄今全球运营里程最长的高速铁路。第三纵为京哈客运专线(北京—沈阳—哈尔滨),这是世界上首条高寒高铁。第四纵为杭福深客运专线(杭州—宁波—福州—深圳),即东南沿海客运专线。

第一横为沪汉蓉快速客运通道(上海—南京—武汉—重庆—成都)。第二横为徐兰高速铁路(徐州—郑州—兰州)。第三横为沪昆高速铁路(上海—杭州—南昌—长沙—昆明)。第四横为青太高速铁路(青岛—石家庄—太原)。"四纵四横"使我国东部、中部、西部和东北四大板块实现高铁互联互通,我国现代化的高速铁路网初具规模。一条京沪高铁争论了十几年,然而,竟然在短短一年的时间,抛出了 1.2 万公里的高速铁路网规划。中国高铁大建设的黄金时代已经来临。

2006 年:就中国高铁发展技术而言,这一年是关键的一年。2006 年 7 月 31 日,国内首列时速 200 公里动车组成功下线并开始批量生产。两个多月后,党的十六届六中全会召开,会议审议通过了《中共中央关于构建社会主义和谐社会若干重大问题的决定》。构建社会主义和谐社会已成为党和国家的中心任务,于是高速动车组被统一命名为"和谐号"。在过去,人们已经习惯了"火车跑得快,全靠车头带"的说法。"和谐号"动车组让人们惊叹,原来世界上有这么一种列车,不仅机车有动力,每节车厢都有动力。由于动力不是唯一的,每节车厢相当于一台机车,动力充沛,运行速度快。而传统列车的动力来自火车头,火车头拉着十几节车厢"负重前行",速度无法提高。

2007 年:中国铁路提速年。2007 年 4 月 18 日,中国铁路实施第六次大提速,标志着世界上首次在既有线路上大规模提速。列车的速度从每小时 120 公里提高到 200—250 公里,这已经是既有线路提速的极限了。人们很担心,火车开得这么快,怎么能保证安全呢? 车身还能保证稳定性吗? 乘客在火车上洗脸和喝水时会溅到全身吗? 结果这次提速取得了前所未有的成功。人们担心的事情没有发生,火车运行顺利,主要城市之间的整体旅行时间被压缩了 20%—30%。火车加速让中国人热血沸腾,"和谐号"动车组自此走入中国人的日常生活。六次大提速,从人才储备、技术储备,到人们观念更新,都发生了重大变化,中国高铁迎来了质的飞跃。

2008 年:这一年发生了两件大事。首先,京津城际铁路开通。其次,国家正式批准了《中长期铁路网规划(2008 年调整)》。这一年,中国经济总量超过德国,成为世界第三大经济体;世界上海拔最高的高原铁路青藏铁路、世界上最大的水电站三峡工程相继建成;中国航空航天领域取得举世瞩目的成就。我国形成了世界上最完备最齐全的工业体系,成为世界上唯一拥有联合国产业分类中全部工业门类的国家。无论是从经济实力、技术实力还是市场环境来看,建设高铁的基础环境都已经完全成熟。在中国对既有铁路线路进行最后一次大规模提速改造的同时,高铁建设全面启动。

2008 年 8 月,北京奥运会开幕前夕,京津城际铁路开通运营。京津城际高铁西起北京南站，东至天津站。主线全长113.54公里，其中约86%为高架线路。这是中国第一条高速铁路客运专线。京津城际高铁是中国高铁工程的试验场，大量新技术标准最先在这条高铁上采用。如大量采用以桥代路的方式，据统计，京津城际高铁桥梁长度占线路全长的87%。京津城际高铁连接北京和天津两个直辖市，形成"半小时经济圈"。对于那些已习惯动不动一两个小时城市交通的北京市民来说，30分钟的旅程真的是一种"一瞬间"的体验。京津城际高铁开通运营后，周末去天津吃零食、听相声，成为许多北京人休闲的方式。在过去的10年里，客流已从最初的旅游和探亲流逐渐演变为旅游、探亲、商务和学生流。

2008年10月，国家正式批准《中长期铁路网规划（2008年调整）》，这是中国高速铁路网的2.0版本，进一步扩大了铁路网规划。该规划提出，到2020年，中国将建设1.6万公里的高速铁路。当时外界的反应非常强烈，因为当时全球高铁已经建设了40多年，总里程还没有那么多，中国一出手就相当于世界上其他国家高铁里程的总和。但很快，人们意识到这一目标设定得过于保守了。到2014年底，中国人提前6年实现了这一目标。高铁网让天南海北的中国人"远在天涯，近在咫尺"。

2011年：2011年7月23日20时30分05秒，这是中国高铁史上的至暗时刻。当天，风雨雷电交加，甬温线浙江省温州市境内，由北京南站开往福州站的D301次列车与杭州站开往福州南站的D3115次列车发生列车追尾事故，导致D301次列车第1至第5节车辆脱轨，其中第2、第3节车厢从高架桥上坠落，第4节车厢悬挂在高架桥上。这次事故造成40人死亡（其中外籍人员3人），172人受伤，这就是震惊中外的"7·23"甬温线特别重大铁路交通事故。这起重大铁路交通事故是由列控中心设备（高铁列控技术是高铁的大脑和中枢神经系统）存在严重设计缺陷、上道使用审查不严、雷击导致设备故障后应急处置不到位等因素造成的责任事故。当实际有车占用时，列控中心设备仍然按照无车占用的状态控制输出，造成两车追尾的事故。

在人们心目中，列车的安全系数非常高，几乎是人类历史上最安全的运输方式，因为它是在贴着地面的轨道上运行，发生安全事故的概率极低。因此，当"7·23"甬温线特别重大铁路交通事故发生后，人们非常震惊。社会上对于事故原因、事故处置工作有很多疑问和批评。事故所引起的舆论风暴，最终引发了对于中国高铁的全面质疑。中国铁路建设陷入低谷，高速铁路建设进一步放缓，大量在建铁路停工，甚至无法获得铁路建设贷款。

2016年：2016年7月，国家发布了新修订的《中长期铁路网规划》，勾画了新时期"八纵八横"高速铁路网的宏大蓝图，规划期为2016—2025年，远期展望到2030年。规划提出，到2025年，铁路网规模达到17.5万公里左右，其中高速铁路3.8万公里左右，网络覆盖进一步扩大。根据规划显示的中长期高铁网示意图（到2030年），"八纵"通道包括沿海通道、京沪通道、京港（台）通道、京哈—京港澳通道、呼南通道、京昆通道、包（银）海通道、兰（西）广通道。"八横"通道包括绥满通道、京兰通道、青银通道、陆桥通道、沿江通道、沪昆通道、厦渝通道、广昆通道。2021年2月，江苏连云港至新疆乌鲁木齐的高速铁路全线贯通，打通了"八纵八横"中的最长一"横"，形成横跨3个时区的全长3422公里陆桥通道，为新亚欧大陆桥经济走廊发展提供有力支撑。通过建构以沿海、京沪等"八纵"通道和陆桥、沿江等"八横"通道为主干，城际铁路为补充的高速铁路网，能实现相邻大中城市间1—4小时交通圈、城市群内0.5—2小时交通圈。

其中，合肥、深圳、郑州、长沙、福州等几个城市是"高铁新贵"。例如，长沙在普铁时代的铁路枢纽地位因为株洲而分流，进入高铁时代后，长沙的交通地位大幅提升，通过"八纵八横"，可北达北京，东至上海，南达广深，西至昆明。又如福州，由于地理位置、地形以及对台关系等，福州在全国铁路枢纽中的地位一度被边缘化，"八纵八横"时代，福州的通达性得到了极大的拓展。"八纵八横"高铁网相比"四纵四横"高铁网更加紧密，就像"经脉"遍布全国各地，给祖国注入新血液、新动力。

2017年："复兴号"列车以每小时350公里的速度实现商业运营，创造了世界高铁商业运营的最高速度。"复兴号"高速动车组的254项重要标准中，84%为中国标准，性能优于以往动车组。习近平总书记在2018年新年贺词中特别提到"'复兴号'奔驰在祖国广袤的大地上"。"复兴号"首次实现动车组牵引、制动和网络控制系统的完全自主化，标志着我国全面掌握了高铁核心技术。整个牵引系统中，最核心、技术含量最高的是软件系统。"复兴号"的软件是中国人所写的，源代码在自己手里。"复兴号"比"和谐号"更安全、更舒适、更节能、更优雅，更宽敞。它有无需注册的 Wi-Fi、充电端口和非常酷炫的外形。在我国决胜全面建成小康社会、实现中华民族伟大复兴"中国梦"的重要历史节点,中国标准动车组被命名为"复兴号",表达了中国铁路人对中华民族伟大复兴的追求和期待。2017 年 6 月 26 日,"复兴号"动车组在京沪高铁两端的北京南站和上海虹桥站双向首发,从北京到上海的运行时间由原来的 6 个多小时缩减至 4.5 小时。

2018 年,原铁道部与科技部签署了《中国高速列车自主创新联合行动计划》,提出针对京沪高速铁路研制自己的车辆。我们引进了航空航天领域的技术来解决高铁的空气动力学问题。最终成果就是众所周知的"和谐号 380"(CRH380)系列动车组,它现在是我国高铁运营的主力车型。

2019 年,全球首条智能高铁京张高铁实现了时速 350 公里的自动驾驶。100 多年前,面对西方人"中国能修京张铁路的工程师还没出生"的讥讽,留美归来的詹天佑临危受命,担任京张铁路局会办兼总工程师。他设计建造了中国第一条铁路——京张铁路,在崇山峻岭间写下的"人"字,也书写了中国人的骨气、智慧和荣耀。在中国人的心目中,"京张"两个字的分量一直很重。詹天佑曾说:"生命有长短,命运有沉升。所幸我的生命能化成匍匐在华夏大地上的一根铁轨。"

100 多年后的今天,京张智能高铁通车。它最亮眼的设计在于全自动驾驶(automatic train operation,ATO),首次采用中国自主研发的北斗卫星导航系统,可实现车站自动发车、区间自动运行、车站精准自动对标停车、自动开门防护等。司机本身成为自动驾驶的另一套备案,为列车安全提供应急冗余和双重保护。京张高铁的购票、候车、调度、运维等也实现了全面智能化。该线八达岭长城站,是世界上埋置最深、洞室群最集中、暗挖断面最大的地下高铁车站。微震微损伤精准爆破、超大跨度隧道施工技术应用、300 年耐久性结构体系设计,让古老雄伟的长城与现代智能的高铁交相辉映。回望百年历史,我们更能体会到京张高铁的重大意义。习近平说:"1909 年,京张铁路建成;2019 年,京张高铁通车。从自主设计修建零的突破到世界最先进水平,从时速 35 公里到 350 公里,京张线见证了中国铁路的发展,也见证了中国综合国力的飞跃。"从当年的时速 35 公里,到今天的时速 350 公里,京张之变、铁路之强,如詹天佑所愿!习近平专程乘坐京张高铁抵达张家口,他说:"我国自主创新的一个成功范例就是高铁,从无到有,从引进、消化、吸收再创新到自主创新,现在已经领跑世界。"

2020年8月17日,中国智能高铁的新标杆——京雄城际铁路(连接北京市与河北省雄安新区)建成。京雄城际铁路全长106公里,设计时速350公里,被称作新时代中国高铁建设的标杆和典范。"光谷"采光,建成长556米、宽15米的能量收集场;清水混凝土技术,打造192根"开花柱";高铁数字孪生,构建全过程、全专业运用建筑信息模型(Building Information Modeling,BIM)设计的智能数字模型;全封闭声屏障,在高速铁路上修建847.25米"隔音隧道";超大光伏屋顶,铺设4.2万平方米光伏建材,年均发电量可达580万千瓦时;5G信号全覆盖。这些亮点纷呈的智能设计都来自中国智能高速铁路——京雄城际铁路。这是一条超级"智慧"的高速铁路,世界上最先进的技术手段在这里得以充分展示。例如,一个螺丝坏了,维修人员可以利用高铁的"智慧大脑"来了解螺丝是哪家制造商生产的,以及如何安装螺丝。一些重要的设备和节点配备了传感设备,可以对其健康状态发出警报。针对列车运行过程中的设备隐患、行车事故和自然灾害,车站采用了综合视频一体化、地震预警等智能技术,实现了超前预防,有效提高了高速列车的防灾能力。

有人说,我们的高铁技术是"剽窃"他国的。而实际上,我们的高速铁路上跑的是中国自己的火车。我们不排斥向国外先进技术学习,我们要在这个基础上吸收、消化人类已有的科技成果,同时要自主创新。外企转让了制造技术,但是诸如转向架、网络控制、变流装置、空气制动等核心硬件和软件技术都拒绝转让,关键技术还得靠我们自己消化吸收再创新。2004年,在中国高铁引进日本川崎重工高铁技术的时候,川崎重工总裁大桥忠晴曾耐心地奉劝中国技术人员:不要操之过急,我们的图纸你慢慢学,先用8年的时间掌握时速200公里的速度,再用8年的时间掌握时速350公里的速度。然而,一个2004年还曾出巨资向国外购买调整列车的引进国,如今已华丽变身为高铁技术的输出国。高铁技术在中国落地生根,开花结果。

中国的高铁建设于21世纪伊始,却实现了由"追赶"到"领跑"的角色转换。而中国高铁的发展也见证了社会主义制度的优越性。全国一盘棋,打破部门界限,众人握指成拳,中国高铁发展势如破竹。

一位在中国旅行的瑞典小伙,乘坐京沪高铁时录了一段9分钟的视频。视频中,他把硬币立在高铁车窗窗沿,硬币稳稳站立长达9分钟不倒,甚至在列车即将到站减速时依旧立得相当稳。直到列车将要进站变换轨道时,硬币才倒下。日本网友不服气,在他们引以为傲的新干线试了10分钟也没让硬币立住,只好放弃。中国高铁运行的平稳程度可见一斑。为什么我们坐汽车、飞机都要系上安全带,而坐高铁不用呢?因为我国高铁动车制动力设计得比较小,运行相当平稳,不用系安全带,而平稳的背后是技术支撑。

高铁不仅乘坐平稳,候车环境也是极度舒适的。全国各地的高铁站修得相当美观。印象当中,火车站一般是狭窄、拥挤的,人声鼎沸,燥热的空气,焦急等待的人群,小孩哭、大人闹。现在,我们的高铁站宽敞、明亮,设计前卫、大气,秩序井然。我国高速铁路采用公交化、高密度的列车开行方式,基本可以做到随到随走,极为方便,而且正点率非常高。网上订票、无线上网、自主选座、刷脸进站、高铁订餐,一切都是那么贴心便捷。

四、中国高铁的技术支持与突破

高速铁路体现了一个国家的综合科技实力。我国高铁建造技术具有先进性和全面性的特点,从动力系统到运营管理都有很多创新技术。

我国有世界上一次建成运营里程最长的京沪高铁;世界上第一条热带环岛高铁海南环岛高铁;世界上第一条畅行沙漠戈壁和雪山风区的兰新高铁;世界上第一条穿越高寒季节性冻土地区的哈大高铁;世界上跨度最大的公铁两用悬索桥梁——连镇高铁中的五峰山长江大桥,主跨度1 092米;世界上最长的高铁隧道太行山隧道,全长约27.8公里;世界上最长的高铁无缝线京广线,全长2 200多公里;世界上跑得最快的动车组"复兴号",时速350公里。这些世界第一的背后都有雄厚的技术支撑。

比如,我们把由飞机和导弹空气动力学性能实验发展起来的风洞实验也应用到了高铁技术中。把列车放置在一个大通道里,列车保持不动,前面产生风,按照相对运动原理,相当于列车在跑。风洞实验可以把列车的气动特性、气动力测出来,从而检测和改进设计方案,再由高铁制造企业进行人机工程验证、工装台位验证,这样一辆高速列车就可以投入生产了。但是风洞只能模拟明线单车在正常匀速行驶时的情况。两车相会时怎么办？隧道会车时怎么办？遇到横风时怎么办？工程师设立了列车动模型实验平台，这些技术难题都被攻克。

另外，我国地域广阔，气候和地质条件差异巨大，西部干旱、风沙大，南部湿热，东北严寒，东部有软基（土质软弱），中部有湿陷性黄土。这些使得我国高铁运营的场景十分复杂，而这些技术难题最终都被我国全部攻克。

尽管高铁建设的技术瓶颈有很多，需要逐个突破，但对中国高铁而言，每一次看似不起眼的技术突破都具有重要意义，譬如无砟轨道和无缝钢轨。

（一）无砟轨道

无砟轨道又叫无碴轨道，"砟"，就是小块石头。普通铁路上，枕木都是铺在"砟"上面，枕木上铺设铁轨，但这种铺设形式不适合高速运行的列车。如果高速列车使用这种常规轨道系统，就会造成道"砟"粉化严重，并且随着列车速度越高，石砟道床还会出现不规则沉降，轨道也会出现严重变形，从而带来后期的频繁维修，而无砟轨道就能很好地克服以上缺点。我们现在普遍采用的是板式无砟轨道，这是一种具有混凝土刚性和沥青弹性的半刚性体。而铺设无砟轨道板也是对高精度的挑战，我国铁路对无砟铁路铺设的精度要求是轨道的高低和轨向偏差值为2毫米，轨距偏差值为正负1毫米，轨道水平偏差值为1毫米。正是这种高精确度的技术保障了高铁在行驶的过程中更加通畅平稳。

（二）无缝钢轨

坐过普通绿皮火车的人都知道，列车在行进时会响起"咔嗒咔嗒"的声音，这是由于普通铁路的钢轨与钢轨之间在连接处有几毫米到十几毫米的空隙，火车经过缝隙时就会造成车轮与钢轨的撞击，从而发出"咔嗒"声。这种撞击，不仅对钢轨，而且对车轮都会造成很大损害，大大缩短车轮的寿命，而且上述这种接缝不利于高速运行，为了解决这些问题，就必须选择无缝钢轨。无缝钢轨是把25米长的钢轨焊接起来连成几百米甚至几千米长，再铺在路基上。有人认为，只要焊接上就行了。焊接确实容易，但是钢轨的热胀冷缩才是难点。暴露在中国广袤土地上的钢轨，每天日晒雨淋，温差变化大，就会产生热胀冷缩，钢轨会伸长或者缩短。这种因热胀冷缩产生的力，专业术语叫"应力"。这一难题我国已经解决，如今我们采用的即是无缝钢轨铺设技术。目前无缝钢轨要解决热胀冷缩问题的方法有两种：一种是长轨节自身承受全部温度应力，这种方法适用于四季温差不大的地方。而在一些温差较大的地方就需要用另一种方法，即长轨节自身不承受温度应力，通过自动放散式和定期放散式的方法，使长轨节随温度升降而自由收缩。

五、中国高铁"走出去"

中国高铁经过长期发展，最终实现技术上的"弯道超车"，打造了具有独立自主知识产权的高铁建设和装备制造技术体系，深刻诠释了中国制造的创新基因。随着"一带一路"建设的推进，以中国标准建设的高铁也越来越多地进入亚洲、欧洲、非洲等地，给沿线国家的发展带来了前所未有的活力。

（一）雅万高铁

2015年10月16日，中国高铁"走出去"迎来标志性事件，由中国铁路总公司（现已改制为中国国家铁路集团有限公司）牵头组成的中国企业联合体，正式拿下印度尼西亚雅加达至万隆高铁项目。雅万高铁是中国高铁走出国门的第一单，是东南亚第一条高速铁路，也是中国高铁首次全系统、全要素、全产业链在国外建设的第一条高铁。雅万高铁全长约142.3公里，最高时速可达386公里，通车后，印度尼西亚首都雅加达和旅游城市万隆两地之间的交通时间缩短至40分钟。印度尼西亚作为"一带一路"的重要节点国家，采用中国标准建设高铁，这对中国高铁以及中国制造的形象具有重大的示范意义。

（二）麦麦高铁

2018年，中国企业参与承建的沙特城市麦加到麦地那的高速铁路麦麦高铁通车。麦麦高铁线路全长450.25公里，设计最高时速为360公里，是世界上第一条穿越沙漠地带并且时速最高的双线电气化高速铁路。麦麦高铁沿线多是沙漠山峦，气温高达55摄氏度，施工难度非常大；不时袭来的沙尘暴还会造成电气设备、通信信号设施的损坏，工程面临巨大的技术挑战。中国工程师们创新技术、因地制宜,最终保质保量地完成了工程。随着麦麦高铁的通车,麦加和麦地那两城间的通行时间由原来的 4 小时缩短到 2 小时,年客运量突破 1 500 万人次,使每年大量穆斯林的朝觐旅程变得更加舒适。在麦麦高铁建设的 7 年中,还带动当地就业人数达 1 500 人。

(三) 匈塞铁路

匈塞铁路是中国高铁进入欧洲的第一单,实现了中国铁路标准与欧盟 UIC 标准首次对接,是中国高铁技术和装备"走出去"的重要组成部分,被匈牙利人誉为"留给子孙后代的礼物"。

匈塞铁路连接匈牙利首都布达佩斯和塞尔维亚首都贝尔格莱德,全长 350 公里,是中国与中东欧国家共建"一带一路"的重点项目。中国铁路通信信号股份有限公司为匈塞铁路量身打造了一个列车运行控制系统实验室。这是中国首个海外高铁列控核心技术实验室,不仅可以大大减少现场测试工作量,为工程提供坚实保障,未来还可作为匈塞铁路信号设备运行维护基地,为塞尔维亚铁路的运营维护技术人员提供培训环境。

目前,中国高铁"走出去"的版图已经扩展到了亚、欧、非、北美、南美等五大洲数十个国家。正如习近平总书记 2015 年 7 月视察中车长春轨道客车股份有限公司时所说的那样:"高铁是我国装备制造的一张亮丽的名片,成为我国对外经济技术合作的'抢手货'。"

六、未来中国高铁发展

(一) 追求更高速高铁

我国高铁现在运行最高时速为 350 公里。这个速度还能提高吗? 能。当前时速 600 公里的高铁样车已经在青岛中车四方股份公司下线,但是在悬浮技术、牵引技术、导向技术、制动技术等方面还需进一步深化研究。

我国正在设想研制一种"超级高铁"。这是一种将超声速飞行技术与轨道交通技术相结合的新一代交通工具,运用超导磁悬浮技术和真空管道,实现一种超音速的"近地飞行"。它的基本理念是通过一个真空管道来减少空气阻力,同时利用磁悬浮技术减少轨道摩擦力,从而实现速度的突破。据了解,这种"高速飞行列车"最高速度可达每小时 4 000 公里。这意味着这种"高速飞行列车"相比传统高铁运行速度提升了 10 倍,相比民航客机速度提升了 5 倍,可以看作人类对高铁发展的一种极致追求。当然,这种研究尚处于起步阶段,还有很长的路要走。

(二) 追求更智能高铁

我们今后的高铁要实现更加智能化,主要包括三个方面:一是智能建造。下一步要在智能设计、智能施工等方面下功夫,同时充分利用大数据进行智能管理。二是智能装备。下一步要在动车组自动化、无人驾驶以及智能安全监控、智能诊断等方面下功夫,尽量实现内外部信息的全面感知、泛在互联。三是智能运营服务。下一步要研发无感安检、行程智能规划、交通工具一卡通,并加大融合北斗导航、物联网、5G 等新型技术等。

(三) 追求更绿色高铁

在绿色高铁方面,我们还有很多潜力可以挖:一是要做到更节能;二是要进一步减振降噪;三是要更加节地,这就要求在双层车站、双层桥梁等方面下功夫;四是要更节省材料,尽量实现废物再利用,进一步延长钢筋混凝土结构的使用寿命;五是做到更环保,通过建设绿色长廊,更好地解决沙漠化、石漠化、干旱地区的绿化问题;六是要更加经济。

高铁,新时代的高科技出行工具,让诗和远方不再遥远。世界这么大,我想看就看。高铁,输送着国家强有力的生机脉搏,已成为彰显我国国力和对外发展的一张重要名片。

高铁向前,中国向前。

参考文献

高铁见闻:《大国速度——中国高铁崛起之路》,湖南科学技术出版社 2017 年版。
高铁见闻:《高铁风云录》,湖南文艺出版社 2017 年版。
郭建红编著:《从夏特古道到京沪高铁》,上海科学普及出版社 2014 年版。

第十一讲　从交子到支付宝

方恩升　整理

主要内容

交子是中国乃至世界上最早的纸币。宋初，四川使用铁钱，但体大值小，流通不便。十六户富商发行一种楮纸片，这种纸片被视为其他商人的铁钱寄存凭证，并被称为"交子"。交子可兑现，也可流通，后常因交子发行人破产等原因而不能兑现。北宋天圣元年（1023年），改由政府发行，一交一缗，但其后国家因财政紧张而超额发行，遂致贬值。崇宁四年（1105年）改为钱引。几乎同一时期，欧洲一些国家出现了主要通过市场发债解决政府财政短缺的债券，并出现了民间企业融资的金融制度。在明清时期，中国因民众惧怕纸币贬值而倒退回白银这一商品货币时代。为了获取白银货币，中国出口大量的丝绸、茶叶和瓷器等，从16世纪中期至18世纪后期，当时主要产银地区新大陆和日本的白银中1/3至1/2流入中国。综上，交子的产生原因、历史影响与不足等，值得探讨。

2003年起，以支付宝为代表的移动电子支付，使得网络购物得以快速发展。支付宝成功的主要原因有二：一是国有企业提供了免费的个人金融信息和实名制的通信服务；国有银行对16岁以上的公民免费发行实名制借记卡，这是世界罕见的普惠金融服务；国有电信公司的通信网络覆盖到行政村，中国成为世界上唯一实名制接入互联网的国家。二是后发优势，中国通信几乎跳过铜线的固定电话而跨越到移动通信，移动支付因而具备了良好的硬件基础。

精彩案例

◇ 交子，最初是一种存款凭证的楮纸片。公元994年前后，经济地位居北宋第二位的益州(扬一益二,益州即现今的成都)时有战乱,且限用铁钱,但铁钱购买力低,仅是铜钱的1/10,如宋初一匹罗价值130斤重的2万个铁钱。各地到成都从事贸易的商人,为了旅途安全和避免随身携带沉重铁钱的麻烦,把铁钱寄存在经营存款业务的铺户,铺户把铁钱数额临时填写在用楮纸做的纸券上,并交给商人;商人在异地交付存款的约3%保管费后,可以提取铁钱,这种存款凭证的楮纸片被称为交子。1694年英格兰银行成立前,英国商人把黄金存入金店,店主却向商人支付利息。因为店主发现,只要留下很少比例的黄金就可以应对商人取款,而更多的黄金可以用于房贷。后来,牛顿测算了用来支付取款的比例,这部分钱被称为准备金。

◇ 世界上第一笔网络交易在1994年完成,中国第一笔网络交易则是在1998年。但是由于信任、资金、物流等问题尚未解决,这一时期中国的网络购物发展并不理想。当时,网购主要的支付方式有货到付款、银行转账和网银支付,但这些支付方式十分低效。诚信缺失是当时国内电子商务发展中公认的障碍之一;网络购物不同于传统一手交钱、一手交货的面对面交易,买卖双方因支付等而难以成交,以至于网络购物最初四五年的年规模不超过10亿元。直到2003年,传染性强的"非典"在国内大规模暴发,使得人们不敢轻易外出,网上购物、家庭在线办公、电子贸易迅速流行,于是,为了解决网络购物等电子商务交易过程中买卖双方资金划转的支付结算问题,2003年10月作为担保账户的第三方支付方式支付宝应运而生。后其所提供的服务扩展至网络支付、余额理财、网络购物担保、信用卡还款、手机充值、公共事业缴费等多个领域。2008年,进入移动支付领域后,支付宝逐步开始为零售百货、电影院线、连锁商超、出租车、餐饮、旅行等多个行业提供即时的在线支付服务。2014年春节,微信(一款拥有数亿用户的社交平台)凭借抢"新年红包"的营销,打破了支付宝对移动支付市场的自然垄断。

问题思考

◇ 交子产生的原因是什么?
◇ 国有电信行业和国有银行业在移动支付上失败的原因是什么?
◇ 支付宝等第三方移动支付在中国盛行的原因是什么?他国能否复制中国的

移动支付方式?

货币是当今人们尤其是城市居民维系生存不可或缺的,因为正常情况下人们的衣食住行等需要货币方能购买;人们的发展也离不开货币,因为个人需要为书籍(无论是纸质还是电子版)、教育和培训等支付费用。人们日常所说的货币是经济学家所指的"通货",即纸币和硬币;经济学家将货币(或称货币供给)定义为产品和服务支付体系以及债务偿还中被普遍接受的东西。在任何经济社会中,无论货币是贝壳、岩石、黄金还是纸张,都具有三个主要功能:一是交易媒介,即货币用来购买产品和服务。二是记账单位,即货币作为经济社会中的价值衡量手段,如同公斤被用作测重一样。三是价值储藏,即货币跨越时间段的购买力的储藏:将购买力从获得收入之日起储藏到支付之日。上面提及的"在任何经济社会中,无论货币是贝壳、岩石、黄金还是纸张"是指经济社会中人们交易的方式,即货币的支付体系。支付体系是一国金融系统的核心基础设施。如果说金融是经济的血液,那么支付就是经济的血管;支付关系到一国金融业的效率与稳定。

从远古到数百年前,在除了原始社会的几乎任何一个社会中,商品货币都发挥了交易媒介的功能。所谓商品货币,是指由金银等贵金属或其他有价值的商品构成的货币。支付体系的下一步发展就是纸币:发挥交易媒介功能的纸片。最初,纸片附有可以转化为硬币或一定数量的贵金属的承诺。然而,之后纸币发展为不兑换纸币,即政府宣布纸币为法定偿还货币(简称法币,即在支付债务时,任何人都必须接受它),而不能转化为硬币或贵金属。

为了解决纸币和硬币容易失窃、交易大时携带不便的问题,现代银行在支付体系上迈出了重要一步:支票的出现。支票和现金又逐步被电子货币取代。因为计算机的发展和互联网的普及,大大减少了电子支付的成本。电子货币有三种形式,一是借记卡,资金以电子支付的形式从消费者的银行账户转移到商户的账户。二是储值卡,最简单的储值卡类似预付费的电话卡;更复杂的储值卡是智能卡,在日本等亚洲国家,手机有着具有近距离无线通信(NFC)功能的智能卡(如公交卡),从而实现手机支付。三是电子现金,消费者可以通过在银行开设与互联网连接的账户,获取电子现金,之后将电子现金转移到个人计算机、手机等载体上,用于在互联网上购买产品或服务。

在上述的支付体系中,中国在千年之前就有了人类最早的纸币:"交子"。中国人在过年时吃饺子,就是借助饺子、交子两者的谐音而讨发财的口彩。当今,中国移动支付的规模再次引领了世界。本讲将探讨交子和支付宝的内涵和其产生的原因,并对两者的影响和不足进行评述。

第一节 交 子

交子,是中国乃至世界最早使用的纸币,但其后因战争导致国家财政紧张而滥发,使得中国没有出现几乎同一时期欧洲国家的政府债券,更没有出现西方民间企业融资的金融制度。更为严重的是,中国因民众惧怕纸币快速贬值而在明清倒退回白银这一商品货币时代。在国家信用缺失的情况下,为了获取白银货币,明清政府不得不出口大量的丝绸、茶叶和瓷器等。从16世纪中期至18世纪后期,当时主要产银地区新大陆和日本的白银中1/3至1/2流入中国。

一、交子概述

(一) 交子的概念

交子,这一名称大概源于四川方言。"交",是交合的意思,指合券取钱;"子",是四川方言中常见的词缀,使用范围和附加含义较普通话有很大差异,如今年子(今年)、隔壁子(隔壁、附近)、抓子("做啥子"的合音)。

交子最初是一种存款凭证的楮纸片。公元994年前后,经济地位居北宋第二位的益州(现为成都)时有战乱,且限用铁钱。因为铁钱购买力低,仅是铜钱的1/10,如宋初一匹罗价值130斤重的2万个铁钱。各地到成都从事贸易的商人,为了旅途安全和避免随身携带沉重铁钱的麻烦,把铁钱寄存在经营存款业务的铺户里,铺户把铁钱数额临时填写在用楮纸做的纸券上,并交给商人;商人在异地交付存款的约3%保管费后,可以提取铁钱,这种存款凭证的楮纸片被称为交子。

在交子产生前,中国的货币属于实物/商品货币形态。中国最早的货币主要是海贝,其次是布帛和农具。中国货币起源于第一个奴隶制国家夏(约前2070—前1600年)。河南偃师二里头的夏代遗址出土了大量的玉、绿松石等非本地产品,这些物品需要交换而来。遗址还出土了大量的土货贝、石贝和骨贝,表明夏代已经进入一般价值形式的货币阶段。中国文字中的"货币"是货与币的总称;"币贡"指皮帛,币字从巾;"货贡"指珠贝,货字从贝。凡是同财物及交换有关的字,都同贝、巾有关,如买卖(繁体字为買賣)、财物、借贷等。

秦朝以秦半两的圆形方孔铜币统一货币,直接影响了其后两千多年中国的货币制式:形制上,金属钱币是圆形方孔。庄子等诸子的著述中称,圆形方孔符合古代人"天圆地方"的宇宙观;于一钱之中,万宇一统,象征着君临天下、皇权至上。这种说法正合秦始皇的心意而被采用。秦的钱文定名为"半两",重量也是半两。两晋(265—420年)和南朝(420—589年)时期,货币制度是钱帛平行币制,且以钱为主、帛为辅。在币材方面,钱币除铜币外,有铁钱、铅锡钱和金银钱,这些钱可以相互替代。每个钱币单位为"文",一千文称为一贯(汉),或一缗、串(宋)、吊(清)。形容人穷得连一枚铜钱都没有的成语"不名一文"中的"文",就是一枚铜钱(因为铜钱一面有文字)。621年,唐铸造"开元通宝"(欧阳询所书),币材为铜;每文钱重约4克,成为此后历代王朝的铸币标准。唐代币制稳定、购买力高,终贞观之世,一斗米(约6千克)仅值三文钱。

(二) 交子的演化

1. 私交子

北宋初年,宋太祖赵匡胤为战争筹款,将四川铸造的大批铜钱调运出川,导致川蜀铜钱奇缺。民间交易多用铁钱,携带成了一个大问题。铁钱的价值与铜钱相比,基本上是1∶10的比例。当时买一匹布,需要铁钱约两万文,重达500斤,人们不得不用车来装载。于是,铁钱的轻便替代物——交子,便如上述那样应运而生了。

交子被民众逐渐认可。一些商人发现,自己在购买货物的时候,不必每次都拿着交子去铺里提钱、付给对方现钱,而只需将自己的一定数额的交子票据交给对方。卖方收到交子后,既可以随时去铺子提钱,也可以直接用交子购货。这种情况下,为了获利,一些富商联合起来,以他们的财产作为信用保证,开始印刷统一面额的交子。1000年,王均兵变并占领成都,一些交子铺借机恶意欺诈,或停止营业,或挪用存款,导致挤兑,因交子无法兑现而产生的官司频出。

为了应对金融的混乱、物价的飞涨、纷繁的纠纷,1008—1016年,官府特许十六家铺户专营并发行交子。每界交子的发行和兑换有效期限是三年。后十六户中的有些铺户经营不善,交子不能兑现,因而争讼又起。

1023年,北宋设立益州交子务,改由官办,发行可以兑换铁钱和铜钱等硬通货的纸币。1024—1090年,官府通过现钱回购交子、保证金(现钱)占发行交子的28%等办法,保持币值的稳定:每贯交子兑换940—960文铜钱。官府发现,交子只是在纸上写些字,便可以当作货真价实的铜钱使用;同时,打仗、安抚百姓、朝廷消费等导致了严重的入不敷出财政状况,如宋徽宗年间(1100—1126年),"户部岁入有限,支用无穷。一岁之入,仅了三季,余仰朝廷应付"。于是,官府便随意印刷纸币:一是突破发行限额,1102年,交子增发200万贯,而此前的发行限额是188万贯;二是远远超过保证金,1107年,增发交子2 694万贯,相当于当时国家发行保证金36万贯铜钱的74倍。尽管官府承诺到期的交子可以兑换铁钱和铜钱等硬通货,但是,每当交子期满时,政府却用新交子赎回旧交子,而不是用铜钱赎回交子。因此,滥发交子,意味着没有实际货物作为基础的过度预支,这必然会造成恶性通货膨胀。大观元年(1107年),一贯交子贬值到只值十几文铜钱。

2. 钱引

为了应对恶性通货膨胀,1105年,宋朝政府决定发行一种新的纸币"钱引",且不能兑换硬通货,随后,将管理纸钞的机关也改称为"钱引务"。南宋时期,拥有发钞权的四川财政监督通过发行更多的"四川钱引"来应对急剧增加的军事开支。12世纪30—90年代,"四川钱引"只能按其面值的30%—40%流通。因数量过多而大幅贬值且不能兑换硬通货的"四川钱引"之所以能够长期流通,一个重要的原因甚至可能是唯一原因就是宋朝政府允许百姓用"四川钱引"纳税。

但1258年,四川大部分地区被元军占领,交子完全丧失了货币的信用基础,至此,历时约260年的交子寿终正寝。

3. 货币白银化

在 1522 年,白银事实上货币化,到 1935 年被废除,白银在中国充当货币长达 500 年。因为在明代,"白银的使用实由于纸币的贬值和铜钱的减少,纸币贬值使人民需要一种稳定的货币"。

始于宋朝的纸币,经过北宋、南宋和元朝之后,在明朝和清朝几近消失。元代是中国古代史上纸币最盛行的时期。市场流通的货币,除银元之外,几乎全是纸币。1260 年发行中统元宝交钞(简称中统钞)时,法定以银为本,钞二贯同白银一两,但后来公开宣布不予以兑现,通行宝钞成为一种无发行准备、无发行限额、无兑换安排的"三无"纸币。但是至此,中国始有法定的不兑换纸币。中统钞作为迄今为止可见的古代最早的纸币实物,对西方纸币的面世产生了广泛而深刻的影响。不过,因为官府以实物形式征收各种税收,财政支出用宝钞,甚至依赖发钞弥补财政赤字(如 1287 年南征,自正月伊始到二月中旬已支付军费,相当于唐天宝年间全国税收的 10 倍),加之纸币政策反复无常,所以宝钞严重贬值,导致物价飞涨:元末米价比中统初上涨六七万倍。结果是元末民间交易,纸币用车载,贸易活动不得不通过物物交换进行。

明朝初期的 1368—1374 年,发行铜钱货币。但铜钱有下述三个不利因素:一是铜的匮乏,民间必须上缴铜器以铸币,"造成鼓铸甚劳";二是民间有不少盗铸铜钱现象;三是铜钱分量重,用于长距离交易携带不便。因此,明朝自 1375 年起发行大明宝钞纸币,但纸币发行不定发行限额、没准备金。由于对内对外的战争、建北京城、移民、郑和多次下西洋等,政府依靠滥发宝钞解决财政问题。明朝很快就出现通货膨胀,到 1470 年,一贯宝钞的纸币只能换取二文铜钱,远远低于最初的一千文铜钱。1522 年,政府规定纸币留在原地,入国库则全部用银。这等于公开宣布纸币作废。自此以后,白银成为明朝和清朝的价值标准。有学者则认为,随着万历九年(1581 年)"一条鞭法"推广至全国,白银正式成为中国主体货币,开启了"白银中国"时代。

清朝鉴于前代纸币的弊端之大,对发行纸币一向持谨慎态度。为了继续镇压南明诸王和各地民众的反抗,趁税收还有待整顿之际,在顺治八年(1651 年)发行纸币,每年近 13 万贯,但到了顺治十八年(1661 年),纸币就停止发行。此次纸币发行的时间短、数额少,故影响不大。

中国近现代的法偿、不再兑换金银等贵金属货币的信用货币——纸币体系，始于1935年11月。因为1931年英、美等国放弃了金本位，世界价格开始趋稳，而中国的物价则因1932年美国《白银收购法》引发的国际银价上涨而持续走低。中国出口下滑、国内充斥着廉价的农产品、大量白银外流，出现了不利的紧缩效应。1935年币制改革的主要目的就是切断国内物价同银价之间的联系。那时，南京国民政府发行无限法偿的国家信用法定货币，即人们通常简称的"法币"；禁止银币流通，但法币先后与英镑及美元挂钩，实行外汇本位制。从1940年起，国民政府为防止套购外汇，取消了无限制外汇买卖；由于国际金融形势的影响，再加上为了应对战争造成的日趋庞大的财政赤字，政府增加法币发行，法币币值开始暴跌，物价飞涨。1946年全国零售物价平均总指数比1937年上涨4 300余倍，1947年竟增为37 300余倍。人们常常用如下购买物品的变化来形象地说明物价的飞涨：100元法币1937年可买一头耕牛或两头黄牛，1938年值一头黄牛，1939年值一头猪，1941年值一袋面粉，1943年值一只鸡，1945年只值两个鸡蛋，1946年能买1/6块固体肥皂，1947年只可买一只煤球，1948年8月19日连一粒大米都买不到。自此，法币体系彻底崩溃。1948年8月19日政府发行金圆券，金圆券1元折合法币300万元，结果是金圆券比法币的贬值速度还快得多。

二、交子产生的原因

关于交子的产生，有不同解释。分歧的主要原因是没有纸币实物（但元代纸币保存下来了）。

(一) 铁钱重说

交子产生原因的通说是铁钱重说。编写于元代的《宋史·志·食货》中称："真宗时，张咏镇蜀，患蜀人铁钱重，不便贸易，设质剂之法，一交一缗，以三年为一界而换之。六十五年为二十二界，谓之交子，富民十六户主之。后富民资稍衰，不能偿所负，争讼不息。转运使薛田、张若谷请置益州交子务，以榷其出入，私造者禁之。"但有人称铁钱重说不成立，因为四川铁钱盛行时期，交子却没产生。川蜀地区使用铁钱自后蜀广政八年(945年)就开始了,到王小波、李顺农民起义被镇压(995年),铁钱作为商品交换的媒介,在川蜀地区流通已长达50年,这期间并没有交子代替铁钱流通的说法。

(二) 飞钱说

千家驹等学者认为,交子的产生是有历史渊源的。早在公元前11世纪的西周初期,曾用以布为币材的"里布"作为交易媒介。《周礼·地官·载师》记载:里布上印有币名,长二尺、广二寸,写上年月、地址和钱数,发行人在这三处都加盖印书,当作买卖媒介进行转让和流通。其他朝代也有类似的交易媒介,如春秋战国时期民间的"牛皮币"、西汉的"白鹿皮币"、唐朝的"飞钱"、宋初的"变换";后两者具有两地划拨款项的汇票性质。由于携带便利又有官方承兑,各地商人在外办货的,有时就带飞钱作为支付手段,在异地之间流通转让,发挥有限的货币作用。这种异地兑现的票券,与交子的异地兑现颇为接近。所以《宋史·志·食货》有云:"会子、交子之法,盖有取于唐之飞钱。"换言之,宋代的纸币交子是从飞钱演化而来的。

(三) 契券发展说

彭信威教授在认可交子与飞钱的基础上,进一步推论交子源于包括飞钱在内的历史上的兑换券。"中国在正式使用纸币以前,已经有几次应用了纸币的原则。西汉的白鹿皮和唐代的飞钱,都有一种纸币的性质。皮币不能说是实物货币,因为方尺的鹿皮,没有什么使用价值,至少实价远低于名价,和纸币的性质相近。至于飞钱,虽是一种汇票,而且我们不能证明它有被转让流通的事,然而历来提到纸币的人,多说是从飞钱发展出来的。两者的确有共同的地方:飞钱是异地兑现的票券,钞票是异时兑现的票券。后来真正的兑换券,通常带有飞钱的性质。所以说兑换券是飞钱发展出来的话,也算正确。……大概在五代十国的时候,已经有纸币性质的流通手段"。

(四) 经济原因说

虽然交子源于兑换券,但中国纸币的产生和发展是由几种经济原因促成的:

第一是宋代商业发达，因此不但需要更多的通货，而且需要更轻便的通货。第二是自五代起中国形成许多货币区，不但用的钱不同，而且不准运输出境。有时使用纸币的目的就是防止铜钱外流。第三是许多区域使用体大值小的铁钱，携带非常不便。第四是两宋政府受到外族军事上的威胁和侵略，不得不养重兵以为备，军费开支庞大，财政非常困难，靠发行纸币来弥补开支。这四种经济原因中，宋代商业发达是前提性的原因，有学者较为详细地论证了宋代商业的发达。从东汉直至唐代前期，中国的货币经济进入一个相对不活跃的时期，大致就是全汉昇称之为"中古自然经济"的阶段。北宋时，商品经济较以前更为活跃，宋朝政策也比较利于商业发展。如都城开封的基本布局不再沿袭唐代前期都城中坊（居民区）和市（商业区）有严格区别的坊市制度，商人可以随处开设店铺；经营商业的时间也更长了，城北、坊门等商业区不再入夜关闭，而由白天延长到夜里，甚至通宵。城市十分繁荣，"北宋十万户以上的州、府，宋神宗元丰年间为四十多个，宋徽宗崇宁年间为五十多个，而唐代仅有十多个"。成都更是西南大都会和经济贸易中心，因为绵延的高山使四川盆地有幸躲过了8世纪中期的唐朝内乱。在丝绸业、茶业和贸易推动下，蜀地的经济繁荣从唐朝延续到10世纪前后。大批采购的蜀锦、麻布、茶叶、纸张等商品，运销全国各地。1077年，成都府商税额为171 000贯，仅低于杭州商税额173 000贯，居全国第二位。

(五) 钱荒说

在诸多经济原因中，有学者强调直接导致交子出现的因素是钱荒。钱荒主要出现在中唐至明中叶这段时期内，尤以两宋最为突出，主要表现为市场上可以流通的铜钱不足，特别是民间"钱尤难得"，下层百姓倍感困窘并深受其害。到明中叶，白银货币化完成，贵金属货币体系取代贱金属货币体系以后，"钱荒"现象方得终结。但有学者不认可钱荒说。彭信威估计，北宋自铸钱币，连同前朝旧币，"全部货币流通量当在二亿五六千万贯"。汪圣铎认为，若不考虑铜钱被销毁的情况，到北宋末年政府铸行的铜钱总共约有3亿贯。以当时有一千万户计，平均每户可支配30贯。因此宋代的铜钱在数量上并不少，应该能够满足民间细碎性日常交易的需要。显而易见，认为钱荒就是铜钱不够使用的观点自然是站不住脚的。

宋代钱荒的根本原因是商品经济高涨、交换规模扩大与细碎性金属货币支付能力有限的矛盾。从东汉直至唐代前期,在自给自足的自然经济支配下,民间的商品交换活动不仅较少,而且每次交易的数量不大,甚至采用实物货币;在中唐时期,布帛谷粟作为实物货币逐渐走向衰亡,金属货币的地位日益巩固;经五代至北宋初年,充当大宗贸易支付手段的绢帛随着"钱贵物轻"的局面产生而退出流通领域,于是金银和铜铁铸币成为流通中的主要货币。但北宋时期的黄金、白银数量极为有限。同时,金银基本上为政府垄断使用。黄金主要用于贮藏、馈赠和装饰等方面。白银多用于支付战争的赔偿:公元1004年初"澶渊之盟"规定北宋每年输供辽白银十万两,后又增至二十万两;1004年后北宋每年又输供西夏七万二千两。种种原因,客观上阻碍了金银代替铜钱成为主要货币的进程。

唐代民间的商品交易不活跃、交易额通常较小,这样的商品流通细碎性决定了贱金属的铜钱适合担当交易的媒介。但宋代铜钱的使用范围越来越大,加剧了流通中铜钱的缺乏。一是宋代政府赋税货币化程度提高,每年有大量的铜钱在各地和各级政府间进行周期性的流转,往往会出现铜钱供给的周期波动。二是民间销钱铸器。宋朝政府面临的一个棘手问题是,民间冒死犯禁,销钱为器取利。因为铜钱这种金属铸币本身即是一种商品,所以钱重(钱币的材料价值高于钱币的面值)则私销,钱轻则私铸。"销熔十钱,得精铜一两,造作器物,获利五倍"。"江浙之民,巧伪有素,销毁钱宝,习以成风。……奸民竞利,靡所不铸。一岁之间,计所销毁,无虑数十万缗"。三是积贮沉淀。宋代富家积贮铜钱的情况非常普遍,其原因一为铜钱的名义价值低于实际价值,二为铁钱使用不便,后来的楮币泛滥,劣币驱逐良币。四是"散诸四夷"。罗盘的发明和海舶制造技术的提高,使海上交通比前代更为发达,海外贸易更加兴盛。唐代沿海的通商口岸仅有登州和广州两处,海船航程最远达波斯湾一带。宋代沿海的通商口岸陆续增加,前后有广、泉、明、杭、密州等十多处,海舶的航程延伸到红海口的亚丁和东非诸国。铜钱还成为亚洲一些国家欢迎的硬通货,原因之一是宋朝铜钱钱币的材料价值高于钱币的面值。"每是一贯之数,可以易番货百贯之物,百贯之数,可以易番货千贯之物,以是为常也。"尽管宋朝有严厉的法禁,如"诸以铜钱出中国界者徒三年,五百文流二千里,五百文加一等,徒罪配三千里;从者配二千里",但铜钱持续大量外流。

(六) 先进的造纸、印刷技术

上述论述都是从经济角度阐述交子的成因,而成就交子产生的关键技术因素是中国古代四大发明中的造纸、印刷技术。"宋朝最重要的发展之一就是造纸术和印刷术的改进",其部分原因在于科举考试扩大了书籍的需求。中国宋代出现的纸质普及革命,其激进程度不亚于今天的无纸化革命。从唐末开始,成都双流成为成都的造纸中心。宋代,双流中和场一带生产的楮纸名闻天下。楮,现称为构树,是成都常见的树木。构树叶上布满细细的茸毛,去油污力强,所以从古到今常被居民摘来洗碗擦锅。构树不仅树叶去污力强,而且其树皮加工成的楮纸,白度、平滑度、紧密度及吸墨性皆佳,于是,唐宋时代,作为"洗碗布"的构树已开始成为名闻天下楮纸的原料。更令人称奇的是,交子首次采用了4色铜版印刷技术,这与今天用来打彩色书的技术相同。

三、评价

中国的交子是世界上最早的纸币,世纪范围内的学者在论及人类货币史时必然会提及此点。但交子的纸币命运以失败而告终:明中叶起中国货币倒退回商品货品时代,货币白银化。若论及推动世界经济由农业经济转向工业经济过程中居功至伟的货币资本化、债券化等,则是威尼斯的政府债券、荷兰的股票等。

(一) 交子的成就

纸币是所有金融证券中最简单但也是最重要、最基础的证券,因此,中国当初在金融创新上是走在世界前列的。"中国对金融发展的最主要的贡献就是纸币的发明","中国人理解而且利用了一张纸可以有效地作为价值符号并且拥有不记名证券功能的概念。这与公司资本主义的发展在理念上只有一步之遥"。交子产生近300年后的马可·波罗(1254—1324年)在其游记中称"大汗用树皮所造之纸币通行全国",并描述了钱如何用树皮制成的过程,间接或直接地传达了欧洲人第一次知道法定纸币时的惊讶。没有强有力的政府、完善的法令,法定纸币不可能得到认可。因此,货币的价值也同国家兴亡息息相关。欧洲在很久以后才明白这个道理。

(二) 交子的不足

交子是"早熟"的纸币。交子的"早熟",不是上述印刷和造纸技术、经济发展两个原因,而是社会因素、政治因素。交子的成功与失败都源于政府。交子成功的政治因素是,权威的中央政府的支持;失败的政治因素是,政府借助滥发纸币解决财政危机。"面对财政危机,宋朝政府和后来的金国政府、元朝政府、明朝政府都未抵御过度发行纸币的诱惑,结果出现纸币贬值和飞涨。缺乏远见的财政政策和货币政策毁灭了一种又一种纸币"。中国古代文化中认为,货币是皇帝创造的,货币起源于皇帝的圣明,赋予货币价值的是统治者手中的印章。因此,中国的货币理论主要关注为了满足政府需求货币供给的数量问题。在中国古代,货币的主要功能是政府支付和财政管理,纸币首先是政府发行的用于在全社会范围内支付劳役和军需的凭证,交易工具的作用是第二位的。

多年以来,中外学术界都比较关注西方文明大分流。近年,学术界开始更多地关注大分流中的金融因素。有学者指出金融是比技术更为重要的因素,12世纪是世界金融发展过程史中的一个重大分岔。12世纪,当宋朝为了应付各种战争滥发纸币时,意大利各个城邦之间同样争战不休,威尼斯也遇到了相似的财政危机。1172年,威尼斯根据居民的财富水平设定了发行年息5%公债的额度,政府债券这种金融创新能帮助财政能力弱小的政府在有需要时迅速集中金融资源,并将其转换成军事资产。欧洲的荷兰、英国等许多国家借鉴威尼斯的做法,应对国家财政危机。债券特别是政府债券的成功与否,是整个金融市场的关键所在。先进的资本形成机制,为之后的工业革命、科技创新打下了基础。查尔斯·P. 金德尔伯格(Charles P. Kindleberger)认为,金融革命是工业革命的基础。在工业革命发生之时,商业银行和有组织的证券交易所已经存在了至少200年。1688年之后,英格兰(其新国王仍然是荷兰联合省的总督)采用了荷兰的金融实践;1730年,英国东印度公司的短期借款利息仅为3%。尽管马克思批评资本原始积累的不道德性,"资本来到世间,从头到脚,每个毛孔都滴着血和肮脏的东西",指责资本把工人贬低为机器的附属品等异化现象,但他也盛赞资本对生产力的发展作用,"假如必须等待积累去使某些单个资本增长到能够修建铁路的程度,那么恐怕直到今天世界上还没有铁路。但是,集中通过股份公司转瞬之间就把这件事完成了"。相形之下可惜的是,尽管交子是世界最早的纸币,尽管纸币是所有金融证券中最简单但也是最重要、最基础的证券,但其并没有为中国经济社会的进一步发展提供有效的金融支持。

第二节 支 付 宝

目前,几乎所有的中国人都认同"移动支付,花钱收钱都方便"的说法。2003年起,以支付宝为代表的电子支付,使得网络购物得以快速发展。支付宝的产生,既有公有制提供的金融、电信等普惠服务为基础,又有因金融和电信一度落后而形成的后发优势。支付宝促进了中国电子商务的发展,甚至在防治新冠疫情时首先提供了行程码,但也有网贷等资本肆意扩招的一面。

一、支付宝的概念

支付宝(中国)网络技术有限公司是国内的第三方支付平台,致力于提供"简单、安全、快速"的支付解决方案。个人用户使用支付宝时,首先需要在电脑或手机上下载安装支付宝程序;其次进行注册,在通过手机、身份证、姓名验证身份后,绑定银行卡;最后是支付,在电脑或手机的支付宝上,输入密码、扫码或借助指纹、人脸识别等完成身份验证,即可支付。

支付宝首页最右下角的"玩转支付宝",从功能角度对支付宝进行了界定:"看支付宝如何改变你的生活"。其功能列举如下:

(1)"6亿用户信赖"的"放心网上购物";

(2)因同"百余家银行及金融机构合作"而"支付畅通无阻";

(3)"足不出户,搞定生活琐事":"水电煤缴费、信用卡还款、手机充值";

(4)"在线转账,优惠便捷";

(5)"一个地方可以管理多个账户";

(6)"消费动态,一目了然",因为"在支付宝,您的每一笔消费都有交易记录。每月自动生成对账单";

(7)"把支付装进口袋里","只需在手机上装支付宝客户端,你就好似有了一个支付全能的机器人。随时随地,从口袋中掏出手机,就能完成支付"。

支付宝,在电脑上借助互联网支付时,属于网上支付。自2009年1月起3G智能手机的逐渐普及,线上移动支付开始向线下转移,曾以PC端为主的互联网开始向移动端发展。在手机上支付时,有两种方式:一是利用智能手机进行在线支付,如快捷支付等(银联则采用带NFC功能的手机卡进行支付);二是利用手机终端在离线状态下现场支付,如扫描二维码付款。手机支付,也称为移动支付,是用户使用其手机等移动终端对所消费的商品或服务进行账务支付的方式。移动支付属于电子支付的一类。2005年10月,中国人民银行公布《电子支付指引(第一号)》指出:"电子支付是指单位、个人直接或授权他人通过电子终端发出支付指令,实现货币支付与资金转移的行为。电子支付的类型按照电子支付指令发起方式分为网上支付、电话支付、移动支付、销售点终端交易、自动柜员机交易和其他电子支付。"

二、支付宝的发展历程

支付宝的发展历程,充分说明了1978年以来中国现代化的市场与政府、国内与国外的互动等特点。

(一) 支付宝的首笔交易

世界上第一笔网络交易在1994年完成,中国第一笔网络交易是在1998年。国内电子商务等新事物基本与国际新事物保持同步,这一个案说明中国经济社会发展时对外开放的必要性。但是由于信任、资金、物流等问题尚未解决,这一时期中国的网络购物发展并不理想。当时,网购主要的支付方式有货到付款、银行转账和网银支付,但这些支付方式十分低效。诚信缺失是当时国内电子商务发展中公认的障碍之一。网络购物不同于传统一手交钱、一手交货的面对面交易,然而中国诚信环境不佳,买卖双方因支付等而难以成交,四五年发展下来,网络购物市场的年规模不超过10亿元。直到2003年,传染疾病"非典"在国内的大规模暴发,给了电子商务一个崛起时机。因为"非典"期间,人们不敢轻易外出,网上购物、家庭在线办公、电子贸易迅速流行。

2003年5月,淘宝刚刚诞生,由于免佣金,发展速度很快。上线不到一个月,注册人数就已破万。但年幼的淘宝也面临一个问题:怎样让用户放心付钱、让商家放心发货?

2003年10月的一次淘宝网购催生了支付宝。那时,正在日本横滨留学的崔卫平将一台九成新的富士数码相机通过自己刚开设的淘宝店铺销售,当时就读于西安工业学院的焦振中通过旺旺联系上了崔先生,表示有意向购买。可这笔交易被如何付款卡住了。因为买卖双方互不认识,而且在不是面对面的远距离交易中,卖家担心货物寄出却没有收到钱款,买家也担心钱货两空、货品质量低下。但稍后,借助支付宝首创的"担保交易模式",买卖双方完成了交易;这种模式让双方即使远隔重洋也能解决信任和交易安全问题。买家焦振中在付款时先通过银行柜台将购机款汇给了淘宝网旗下的支付平台——支付宝,又通过传真的方式将汇款单传真给支付宝进行确认;支付宝收到款项后通知卖家崔卫平发货,等到买家焦振中确认收到货物且对货物满意之后,才最终把款项打给卖家。这是支付宝的第一笔交易。后来,马云将崔卫平及其交易照片裱上精美相框,挂在支付宝大楼一楼的楼道。

简言之,2003年10月,淘宝网为了推进网络购物而率先推出支付宝,支付宝以担保交易模式首次建立了一套信任机制,解决了国内网络购物的信任和支付问题:淘宝担任第三方担保和仲裁的角色,买家在网络交易付款时,先将款项付给支付宝,支付宝通知卖家发货,买家收到货确认后,支付宝才将款打给卖家。

(二) 快捷支付的诞生

支付宝的交易量上来后,人工对账的方式难以继续,银行也难以应对。由于每一笔交易都要频繁地转入账,中间还发生了无数信息丢失的事件,让对账结算变得异常复杂。2004年下半年,支付宝的日交易量已达8 000笔,单就中国工商银行一家而言,浙江省行即不得不调动辖区十几个支行近300人来处理,但大量单据依然被积压。因此,马云想依靠中国银联解决淘宝的支付难题。中国银联,是中国银行卡联合组织的简称,在 2002 年 3 月,为了解决银行卡跨行、跨区域结算交易的问题,经国务院同意,由中国人民银行批准成立,成员是国内 80 多家金融机构。中国银联具有"半官半商"色彩。2003 年 8 月,中国银联携手商业银行正式推出了具有划时代意义的银联卡;随后,为了拓展用户用卡需求,又相继推出 ATM 机、POS 机等设备。马云想复制 PayPal 的做法:一次性地和所有银行、万事达等卡组织合作。但中国银联因主要看中的是线下业务("线"即互联网;线下业务指的是传统银行柜台业务,我国传统信贷服务的客群虽仅占总人口的 15% 左右,但大都是优质客户)而拒绝了马云的合作请求。

  2004 年 12 月,阿里巴巴正式成立第三方应用平台:浙江支付宝网络科技有限公司成立。当时,中国的金融行业还是以国有企业为主,但传统金融机构拒绝同阿里合作,电子支付牌照也并没有放开。这种情况下,阿里建立一个支付系统既面临技术的难题,也面临法律的风险。在马云坚持下,支付宝发展起来了。起初,支付宝主要是充当发挥信用中介功能的虚拟账户,从而有效降低人们在网上交易的风险。这种互联网支付,必定会削弱银行的物理网点和网银,使银行逐渐因失去对客户的控制而沦为支付宝等第三方支付的通道。于是,银行对支付宝等第三方支付平台只愿以网关模式进行有限合作。这导致用户要多次跳转网页,外加只支持 IE 浏览器、插 U 盾等诸多限制,支付成功率也长期徘徊在 50% 左右。到 2009 年底,支付宝用户数已超过 2.7 亿人,日交易量超过了 12 亿元,交易成功率却仍止步不前。直至 2010 年,电子支付依然要跳转数个页面才能完成,支付成功率仅有 70%。支付宝不断尝试着与北上广深等地银行分行的小范围合作,以便达成快捷支付,针对小额支付的需求场景,银行为支付宝开通验证接口,简化了授权过程(例如只需要完成持卡人银行卡、身份证、手机号的实名认证即可),同时通过下行短信验证码的形式来完成消费划款确认。快捷支付首次实现了支付账户和银行账户的直连,支付成功率提升至 95%,从而刺激了移动支付的普及。此举为第三方移动支付的迅速发展奠定了基础,也是中国移动支付历史上的里程碑。此外,快捷支付在某种意义上为整个第三方支付行业奠定了新标准,此后的微信支付、京东钱包、百度钱包等都是在这个标准下与银行建立了资金流转通道;如果没有快捷支付,也就没有之后的二维码支付、余额宝等互联网金融产品了。

(三) 第三方移动支付的兴起

第三方支付平台带来的高收益吸引了诸多企业的加入。支付宝等第三方支付的利润来自服务费、广告、利息等。以 2015 年下调后的小微商户收单服务费率为 0.6% 计算，2015 财年，阿里巴巴向支付宝缴纳的使用服务费约为 38.53 亿元，其中第三方支付平台"沉淀资金"（即在结算周期内用户停留在第三方支付平台上的资金）的利息，就相当可观。如支付宝一年沉淀资金近 300 亿元，利息 1 亿元。在 2010 年 6 月中国人民银行颁布了《非金融机构支付服务管理办法》后，2011 年 5 月，支付宝、财付通、易宝支付等 27 家公司获得央行颁布的首批第三方支付牌照。

2011 年，中国银联开始发行带有"QuickPass"及"闪付"标志，并支持其主导技术标准（手机运营商主张的标准败北）的 NFC 银行卡，同时开始大规模布局支持近场支付的 POS 机设备，以期与传统刷卡方式（银行在移动终端刷卡支付领域占有绝对优势）顺利对接。但 2012 年 12 月，支付宝推出国内首个面对面的无卡支付即二维码支付解决方案，该方案不需要近场支付的 POS 机等硬件设备，只是利用手机识读支付宝二维码，实现用户即时支付功能；产业参与方少，各方更容易达成一致，因为容易帮助电商发展空间从线上向线下延伸。更重要的是，为了推广二维码支付方式，阿里巴巴和腾讯大幅度地对商户和消费者给予补贴。在 2012 年夏天兴起的打车软件补贴力度之大，使二维码支付市场局面快速打开。2014 年的"双 12"，支付宝又联合约 2 万家线下门店推出支付宝钱包付款打 5 折的活动。人们很快地接受了这一完全陌生的支付方式：当天下午 3 点半的交易数据显示，支付宝钱包全国总支付超过 400 万笔。除了对消费者的补贴，支付宝和微信支付对于服务商的返利补贴也是大手笔。在财付通和支付宝向商家收取的费用中，几乎有一半补贴给了服务商。这样，二维码逐步地改变了全国几亿人用现金支付的消费方式和习惯。

2013 年支付宝布局移动端、2014 年春节微信红包等进一步促进了移动支付的发展。2013 年初，支付宝 6 亿用户绝大多数都在 PC 端，而移动端的支付宝 App 只有 100 万活跃用户、1 000 万存量用户。那时支付宝的活跃功能只有转账、信用卡还款和手机充值。为了将用户从 PC 端转向移动端，支付宝规定 PC

端转账收费、移动端免费。2013年6月,余额宝上线,年收益率一度超过了6%;不过7个月的时间,余额宝的金额与用户数就翻了50倍。支付宝从PC端到了手机移动端,又从转账工具变成了"管钱工具"。余额宝的诞生是互联网金融兴起,并开始向移动端发展的标志。尽管支付宝一直主宰着中国的移动支付市场,但在2014年春节,微信借助春节红包而让数以亿计的手机用户短时间内接受了微信支付方式。2017年底,支付宝的市场份额快要降至一半,而微信支付的市场份额升至逾三分之一。

2019年,支付宝的刷脸支付成为新宠,未来或将终结二维码支付方式。随着AI技术的不断成熟,支付宝为应对微信的挑战而发展出以"刷脸"支付为代表的生物支付,并在实体店里开始大规模商用,人们不带手机出门便可付款。在自助收银机上,从结账到刷脸支付整个过程耗时不超过10秒,排队等待将成为历史。刷脸支付的消费者第二次在相关平台使用时,就不需要再输入手机号,只需点击确认即可。微信刷脸支付也跟进,并于是年年初在全国几百家商户落地。

三、支付宝兴起的原因

支付宝的兴起,最直接的原因是2003年的"非典"。"非典"期间,消费者不敢到人多的商场购物,网络购物的需求因此强盛,但网络购物存在付款的障碍。在市场需求驱动下,担保交易的支付宝应运而生:独立于买方与卖方之外、以其自身的信誉进行担保交易资金的转移和支付。现阶段,不管是中国还是在美国,网购产生的移动支付比重都高达六成以上,其他支付场景,包括超市、连锁店等线下支付在内,比例不超过40%。支付宝成功的因素还有后发优势:中国信用卡业滞后;中国跨过铜线电话而进入移动通信时代;激烈的市场竞争带来的活力;公有制下低成本的个人信息;政府有效的管理与服务等。

(一) 后发优势

1. 信用体系的滞后

在中国,大部分人直接跳过了信用卡的时代而进入移动支付时代。1985年,中国才发行了第一张银行卡,信用卡在中国的渗透率远低于欧美等发达国家。在欧美市场，信用卡体系十分完善，支付问题基本都可以借助信用卡解决。目前，全球五大信用卡组织中英美占四个，且维萨（Visa）和万事达（MasterCard）覆盖范围极广，仅2016年万事达信用卡就达到31.43亿张，交易规模8.87万亿美元，信用卡组织成熟，能够更好实现组织内部清算和管理。虽然欧美移动支付如Apple Pay和PayPal均使用移动终端进行近场支付，意欲取代信用卡，然而无论是银行还是信用卡组织，均不愿舍弃本身已大规模盈利、占据市场主要份额的信用卡业务，转而发展移动支付。这里以100美元为例，说明在美国通过信用卡进行支付的费用和具体流程。100美元中的97.25美元将会给商家，开证银行收取2.2美元，刷卡服务提供商收取23美分，收单银行收取19美分，银行卡网络服务收取13美分。与发达国家相比，中国的信用卡普及率较低，而用借记卡进行在线支付较为繁琐，通常需要通过短信、U盾和随机密码等多重认证。相比之下，用支付宝或微信进行支付要简单得多。

2. 中国通信行业的后发优势

移动支付是金融业和移动通信业结合后的产物。移动支付在中国兴起的最重要原因，是互联网技术尤其是能上网的智能手机的发展。因为随着App经济逐渐繁荣，3G扩大了手机的互联网接入。4G的出现为智能手机取代台式电脑的功能开辟了道路，流媒体开始转向更小的便携屏幕。2013年末，智能手机在各国手机用户中的普及率分别为：韩国67％、中国66％、英国61％、美国53％、印度10％。智能手机Wi-Fi网络连接的普及为支付宝等移动支付的发展奠定了物质基础。

中国通信网络在技术路径选择上，以步进制为基础，跳过纵横制和半电子制，跨越式地选择了程控交换机，三步并一步地将中国通信网络的演化进程缩短了50年，使我国成为当时世界上拥有最先进电话设备的国家。1978年，我国电话用户只有192.5万户，必须通过接线员转接的手摇电话占据主流。1987年11月，中国第一个模拟移动电话在广州拨出。那时，移动电话是身份和地位的象征，是极少数人才能拥有的通信工具；持有者是"大哥大"：比大哥还厉害的人。2009年1月，3G牌照发放，中国正式进入移动宽带时代。智能手机开始走入百姓家，从手机获取信息成为中国人的日常习惯。自2013年年底4G牌照发放以来，我国启动了世界上最大规模的移动基站建设。此后，支付、购物、旅游、导航、聊天等移动互联网应用,让小小的手机屏幕成为国人连接世界的第一入口。

(二) 国有经济的功与过

2011年前,在中国移动支付领域,国有的银联、银行、手机运营商与非公的第三方支付方等四方的主导权之争,阻碍了移动产业的快速发展。在国内,移动运营商、银行业、设备制造商等移动支付各个环节的参与者们,成立了各种各样的组织,以期推出自身主导的技术标准或业务标准。中国移动倡导使用RFID-SIM技术,而中国电信、中国联通选择了SIMpass技术,中国银联则支持智能SD卡解决方案。第三方支付方与银联的矛盾始终围绕第三方支付是否能与银行直连进行,银行在银联与第三方之间相对中立。2012年12月,银联发布《关于规范与非金融支付机构银联卡业务合作的函》,指出了银行绕开银联与第三方支付公司直连导致的诸多问题。银行与手机运营商两者也因争夺移动支付平台而矛盾重重。

在移动支付方面,有三种主要技术模式:以手机上的安全支付控件为载体的远程支付,以NFC技术为代表的非接触式识别,以及互联技术(如公交卡、饭卡)与二维码技术相结合的面对面无卡支付。2008年,中国银联和中国移动就开始讨论移动支付NFC的具体标准(3.56 MHz还是2.4 GHz);2011年,银联和银行系统的技术标准胜出。但当时,国内90%以上的手机并不具备NFC功能。2012年12月,非公的支付宝公司绕过这个技术标准,推出国内首个面对面的无卡甚至离线状态下的二维码支付方案;稍后微信也加入二维码阵营。因为二维码简单便捷,加之淘宝网等的商业促销,支付宝和微信很快几乎垄断了移动支付场景的国内市场,NFC似乎陷入了尴尬的局面。

公有制下肩负社会基本金融服务职责、拥有诸多物理网点的国家主导银行体系,提供了低成本的统一银行业标准、个人金融信息等基本服务,在很大程度上成就了支付宝等移动支付。1995年招商银行首创了一卡通:磁条银行卡,1999年又推出了一网通:网上银行,这两者逐渐成了中国银行业的标准配置。至此,国内的银行业完成了金融系统最基础的信息化建设,也为日后快捷支付的诞生、第三方支付的发展打下了基础。

除了硬件及技术外,身份识别的缺乏是限制移动支付应用的又一重要原因,而国有资本为主的银行认证了个人的身份等个人基本金融信息。在央行普惠金融的政策性文件引导，及其以分享七成刷卡手续费的经济手段来鼓励银行发卡的前提下，遍及我国城镇的庞大国有银行网点（截至2017年末，全国银行业金融机构营业网点总数达到22.87万个）几乎不计成本——发卡成本、人力成本、系统运算、现金管理、配套网点建设及运营维护支出，对年满16周岁者（凭身份证）大量发行带银联标志的借记卡。银行网点以面对面的形式对持卡人的个人基本金融信息，即身份证（借助公安局身份系统联网，比对样貌信息）、手机号码、家庭信息等进行了深度绑定和认证，为支付宝等移动支付提供了便捷、安全和权威的个人基本金融信息。2013年移动支付兴起初期，我国借记卡发卡量已经达到33.51亿张；银行卡渗透率逐步提高至47.2%。反观欧美商业银行，其基于成本考虑，大多愿意发行收益大的信用卡，而不愿多发行借记卡。从2015年9月1日起，电信企业必须全面对手机用户实行实名制：新用户购买手机卡时，必须出示本人身份证件，并当场验证；对非实名电话卡老用户将继续采取限制通信、业务的手段。要言之，银行网点对持卡人进行上述身份认证和手机号码绑定，既为移动支付绑定银行卡奠定了广泛且坚实的金融基础，又极大降低了移动支付平台的成本。

(三) 激烈市场竞争带来的活力

国有银行等金融机构处于垄断地位，市场意识、服务意识相对较弱。银联从2013年推出"银联钱包"到2017年上线银联二维码支付，再到2017年12月与商业银行、支付机构等共同发布统一App"云闪付"，从未停止过在移动支付市场的布局，但这些都是银联被动地应对支付宝等非公企业对银行业冲击的做法。非公企业市场嗅觉相较国有企业而言，在灵敏度方面更有优势，它们能比较及时满足消费者的需求。中国消费者在网络购物中，使用借记卡时会有短信验证、U盾、密码器等麻烦，支付过程繁琐甚至常常失败。相比之下，支付宝或微信支付就更加简化方便了。人们用快捷支付取代成功率低的网上银行支付，用几乎不用添加硬件的二维码取代争执几年才确定下来的NFC标准。微信通过2014年春节红包蚕食支付宝的市场份额，支付宝则希望借助人脸识别捍卫自己移动支付市场的地位。如果说手机二维码支付让人们得以摆脱现金，2018年进入商业使用阶段的刷脸支付这一生物识别方式则是为了让人们逐步摆脱手机。

(四) 政府有效的管理与服务等

企业追求利益的本质与普遍服务的责任会发生冲突,如在印度、巴西、俄罗斯等国,由于智能手机所需的网络仍然局限于大城市,因此,标准的功能手机仍是手机用户的首选,但中国国有企业的国有性质使得企业必须担负起"普遍服务的责任"。2004年1月16日,信息产业部下发了《关于在部分省区开展村通工程试点工作的通知》,同时出台了《农村通信普遍服务——村通工程实施方案》。2018年11月,全球4G基站大约有500万个,而中国就有约340万个、占全球4G基站的近七成;中国行政村的4G网络和光纤覆盖率分别达到了95%和96%。而国外则很多地方没有高速网络接口,甚至不少稍稍偏僻的地方没有信号,因为这类地方对国外运营商来说,用户少、投资收益差,有权利不投资。中国这种具有普遍服务性质的数字技术,因其低门槛、广覆盖、深介入的特征,成为促进普惠增长的重要动力。近十年来,通过数字技术的不断普及,中国涌现了一批电子商务平台,使得一大波中小企业、偏远地区企业也充分加入全国乃至全球的竞争市场,促成了中国成为全球电子商务最发达的国家,在2017年的全国零售总额中,电子商务所占的份额高达23%。正是因为互联网下乡,农产品才得以顺利上线。2018年农村电商交易突破1.25万亿元,其中农产品电商交易突破3000亿元。"如果没有把强大的网络布放到农村去,就没有现在发展如此好的农村电商。"因此,数字中国的建设,正可以为全球加快普惠增长提供一个鲜活的案例和卓越的方案。

为了保护消费者的资金安全、反洗钱、加强金融监管和调节货币政策等,移动支付中客户备付金、支付平台都被国有金融机构监管,即有些人戏称支付宝被"收编"。2003年10月到2014年6月,支付宝等第三方支付既不满意银联主导的复杂又相对低效模式,也不接受资金结算服务费(通常所说的手续费)的分成机制——银行、收单机构(如支付宝)和转接清算平台(银联)三方按着7∶2∶1的比例进行利益分配,于是绕过银联进行转接清算,直接与各家银行对接,进行线上支付业务。这种模式,支付宝与银行皆大欢喜。那时,第三方支付和银行打交道多在分支行层面,支付宝备付金可以增加银行存款,因此,银行愿意降低费率甚至免收一些费用。由于支付宝无需向银联缴纳转接清算费和较低的银行收费，作为第三方支付收单机构的支行宝可以在向特约商户低收费的前提下实现盈利。2013年，在线上支付业务中，支行宝等非金融机构向银行支付的实际手续费率平均仅为0.1%左右，大大低于银联网络内0.3%—0.55%的价格水平。支付宝等第三方机构绕开银联进行结算，导致银联每年手续费损失约30亿元。

2017年1月，中国人民银行办公厅下发《关于实施支付机构客户备付金集中存管有关事项的通知》要求，2017年4月17日起将客户备付金按照一定比例交存指定机构专用存款账户由央行监管，最终实现全部客户备付金集中存管，且账户资金暂不计付利息。这样，占支付宝等支付机构总收入中9.52%的利息收入不复存在。2017年3月，时任中国人民银行行长周小川表示："我们支持支付业真正把心思都扑在通过科技手段提高支付系统的效率、安全和为客户服务上，而不是瞄着人家的资金，在资金上打主意。"自2019年1月14日起，央行接管支付机构备付金集中存管账户。

2017年8月，中国人民银行《关于将非银行支付机构网络支付业务由直连模式迁移至网联平台处理的通知》要求，自2018年6月30日起，所有支付机构受理的涉及银行账户的网络支付业务，支付机构直连银行的方式都将被切断，而改为通过网联平台处理。这标志着我国的第三方支付结算进入网联模式阶段。

2023年2月，中共中央、国务院印发的《数字中国建设整体布局规划》强调，建设数字中国是数字时代推进中国式现代化的重要引擎，是构筑国家竞争新优势的有力支撑。在数字化发展趋势下，货币支付体系必然由国家信用作为担保的纸币趋向数字化。近年来，我国十分重视数字人民币的发展。我国数字人民币的定位和比特币等其他数字货币不同。一是数字人民币定位为数字形式的法定货币，是以国家信用为支撑、流动中的现钞，统计进入流通中现金，未来在较长时期内是与纸币和硬币共存的。二是数字人民币是一种更加便捷、节省的支付手段。数字人民币支付的便捷性源于它支持离线交易、可以实时到账；尤其是它利于消除数字鸿沟：数字人民币硬钱包基于安全芯片等技术实现数字人民币相关功能，依托IC卡、可穿戴设备、物联网设备等为用户提供服务，降低使用难度，进一步提升数字人民币的普惠性，从而有助于解决老年人、残障人士等特定群体操作智能手机不便的问题。数字人民币的支付节省了成本，因为数字人民币的发行成本比现在的纸币、硬币低很多;银联卡支付需要按交易额的0.6%缴纳手续费,二维码支付(微信、支付宝等)相应的手续费是0.38%,而数字人民币是非盈利性的,银行从记账机构变成指令传递机构。三是数字人民币更加便于金融监管和防范金融风险。监管部门可以积极利用大数据、人工智能、云计算等技术丰富金融监管手段,提升跨行业、跨市场交叉性金融风险的甄别、防范和化解能力。

参考文献

《阿里3年向支付宝交142亿服务费 平均费率0.15%》,《第一财经》2017年6月22日。

《敝帚稿略》卷一《禁铜钱申省状》,转引自葛金芳:《宋代"钱荒"成因再探》,《湖北大学学报(哲学社会科学版)》2008年第2期。

《马克思恩格斯文集》第5卷,人民出版社2009年版。

《宋史·志·食货》,中华书局2022年版。

《壹贯文中统元宝交钞》,中国国家博物馆藏,https://www.chnmuseum.cn/zp/zpml/hb/202008/t20200824_247110.shtml,2020年8月24日。

《中共中央国务院印发〈数字中国建设整体布局规划〉》,《人民日报》2023年2月28日。

常雄飞:《世界最早纸币交子"现身"G20》,《四川日报》2016年7月22日。

储殷:《数字技术与普惠增长:中国的方案与礼物》,《金融时报》2019年1月25日。

[加]戴维·欧瑞尔、[捷]罗曼·克鲁帕提:《人类货币史》,朱婧译,中信出版社2017年版。

[美]弗雷德里克·S.米什金:《货币金融学(第十一版)》,郑艳文、荆国勇译,中国人民大学出版社2016年版。

甘源:《中国移动支付报告》,搜狐网,2018年12月20日。

甘源:《中国移动支付比例世界领先 网络购物用户占比近70%》,新浪网,2018年12月11日。

高聪明:《宋代货币与货币流通研究》,河北大学出版社2000年版。

葛金芳:《宋代"钱荒"成因再探》,《湖北大学学报(哲学社会科学版)》2008年第2期。

何平:《中国白银货币地位的确立》,《中国金融》2017年第1期。

胡慧芳:《移动支付战争史:支付宝与微信支付的五年攻防战》,和讯网,2018年8月22日。

贾大泉:《宋代四川经济述论》,四川省社会科学院出版社1985年版。

贾晓宏:《SARS催热中国网络CN二级域名开放》,《人民邮电报》2004年2月4日。

李金铮:《旧中国通货膨胀的恶例——金圆券发行内幕初探》,《中国社会经济史研究》1999年第 1 期。

［宋］李心传：《建炎以来系年要录》卷九六，上海古籍出版社 2008 年版。

李意安：《网联支付宝签署合作协议 条码支付将接入网联》，《经济观察》2018 年 5 月 11 日。

林晓丽：《支付机构备付金账户下月撤销》，《广州日报》2018 年 12 月 5 日。

刘兴亮：《移动支付消耗战》，《金融时报》2011 年 4 月 7 日。

刘育英：《中国通信业 40 年：抓住技术变革契机 走向世界前列》，中国新闻网，2018 年 11 月 19 日。

罗天云：《北宋前期交子诞生的历史必然性及创新发展研究》，《西南金融》2015 年第 8 期。

［英］尼克·法尔兹：《5G 时代欧洲拿什么和中美竞争？》，《金融时报》2019 年 1 月 31 日。

宁萌：《尼尔森：中国智能手机普及率达 66％ 已超美英》，网易网，2013 年 2 月 26 日。

彭莎莎：《电子商务的伦理环境引发网络信任危机》，《湖北经济学院学报（人文社会科学版）》2006 年第 1 期。

彭信威：《中国货币史》，上海人民出版社 2015 年版。

千家驹、郭彦岗：《中国货币演变史》，上海人民出版社 2014 年版。

沈春泽：《五分钟看懂科技如何推动金融业务模式创新》，和讯网，2018 年 8 月 1 日。

施志军：《支付宝下调支付服务费率》，《京华时报》2015 年 11 月 17 日。

孙宅巍：《对国民党政府三次币制改革的综合考察》，《苏州大学学报（哲学社会科学版）》1990 年第 3 期。

王政：《我国 96％行政村通光纤 4G 网络覆盖率达 95％》，《人民日报》2018 年 10 月 14 日。

［美］威廉·戈兹曼：《千年金融史》，张亚光、熊金武译，中信出版社 2018 年版。

谢天开：《构树：从"洗碗布"到"交子"的传奇》，《四川日报》2009 年 11 月 13 日。

叶伟民：《支付宝，15 年穿越"无人区"》，东方网，2018 年 2 月 1 日。

由曦：《蚂蚁金服：科技金融独角兽的崛起》，中信出版社 2017 年版。

于涛：《支付宝年沉淀现金 300 亿利息 10 亿该归谁？》，《华商晨报》2015 年 1 月 19 日。

张光：《纸币与白银：明治维新后日本与明清中国货币体制之比较》，载《南开日本研究》，世界知识出版社 2011 年版。

张嘉璈：《通胀螺旋——中国货币经济全面崩溃的十年：1939—1949》，中信出版社 2018 年版。

赵伟莉：《电商进村打开致富路 数字红利呼唤农村商业新生态》，《新华日报》2019 年 4 月 20 日。

朱瑞熙：《宋代商人的社会地位及其历史作用》，《历史研究》1986 年第 2 期。

朱瑞熙：《宋代社会研究》，（郑州）中州书画社 1983 年版。

第十二讲　从丝绸之路到"一带一路"

顾建伟　整理

主要内容

◇ "一带一路"倡议源于古老的丝绸之路,蕴含着中华文化和平、和睦、和谐的价值追求,也是基于中国自身发展历程的历史启示。

◇ "一带一路"是中国着眼未来打造的国家级顶层合作倡议,顺应了世界多极化、经济全球化、文化多样化、社会信息化的潮流,旨在推动沿线各国实现经济政策协调,开展更大范围、更高水平、更深层次的区域合作,共同打造开放、包容、均衡、普惠的区域经济合作架构。

◇ 共建"一带一路"彰显人类社会共同理想和美好追求,致力于亚、欧、非大陆及附近海洋的互联互通,建立和加强沿线各国互联互通伙伴关系,构建全方位、多层次、复合型的互联互通网络,实现沿线各国多元、自主、平衡、可持续的发展。

◇ "一带一路"经济带对中国经济的积极作用以及取得成果,未来共建"一带一路"应该采取的措施。

精彩案例

◇ 当前要实现中国经济全面协调可持续发展,必须一以贯之地坚持对外开放的基本国策,提升沿海开放水平,深化内陆和沿边开放,实施向西开放,构建全方位开放新格局。全球经济增长和贸易、投资格局正在发生深刻调整,世界经济到了转型升级的关键阶段,需要进一步激发区域内的发展活力与合作潜力。经济的高速增长使中国成为世界能源进口和消费大国,原油进口来源和运输渠道比较集中和单一,这种原油进口格局与近年来南海局势的紧张,使得我国原油进口潜在的"马六甲之困"日益突出,能源安全形势加剧。西方社会宣扬"中国威胁论",美国炒作"红色威胁",对中国的发展和复兴抱有疑虑、担忧甚至戒备、敌意。近几届美国政府推行所谓的亚太"再平衡"策略,意图围堵中国的发展空间,遏制中国的发展势头,美国的亚太"再平衡"战略与中国参与构建国际新秩序形成越来越激烈的冲突。根据案例概括"一带一路"的时代背景。(点评:① 改革开放深入推进,对外开放面临调整转向。② 世界经济全球化、区域经济一体化加快推进。③ 中国能源进口和消费的需要。④ "中国威胁论"甚嚣尘上。⑤ 中美战略博弈日益白热化。)

◇ 2013年,习近平主席在访问中亚国家哈萨克斯坦和东南亚国家印度尼西亚时先后提出建设"丝绸之路经济带"和"21世纪海上丝绸之路"的构想,这一跨越时空的宏伟构想,承载着丝绸之路沿途各国发展繁荣的梦想,赋予古老丝绸之路崭新的时代内涵。根据案例回答21世纪的中国提出"一带一路"构想的有利条件。(点评:① 国际:经济全球化和区域集团化趋势以及和平与发展成为时代的主题。② 国内:经济上,改革开放和综合国力的提高,社会主义市场经济体制的建立;政治上,中国国际地位的提高,新时期外交政策的调整,社会稳定、民主与法制建设的不断完善;思想上,习近平新时代中国特色社会主义思想不断发展完善。)

问题思考

◇ 综合学习内容,结合当今经济发展趋势,谈谈你对推进"一带一路"倡议的时代意义的认识。

◇ 建设21世纪海上丝绸之路的价值以及建设海上丝绸之路经济带面临的问题有哪些?

◇ 推进"一带一路"的建设成果有哪些?

一、"一带一路"之"前世今生"

(一)前世:古代东西方文明交流的大动脉——丝绸之路

1877年,德国地理学家李希霍芬在《中国——亲身旅行的成果和以之为根据的研究》旅行日记中，把"从公元前114年至公元127年间，中国与中亚、中国与印度间以丝绸贸易为媒介的这条西域交通道路"命名为"丝绸之路"。后来"丝绸之路"的所指范围逐渐扩大，另外还有草原丝绸之路和海上丝绸之路。联合国教科文组织将丝绸之路称为"对话之路"，当代中国人称它为"开放之路"。

> **★知识链接·李希霍芬**
>
> 李希霍芬(Ferdinand von Richthofen，1833—1905年)，德国地理学家、地质学家，近代中国地学研究先行者之一。早年从事欧洲区域地质调查，旅行过东亚、南亚、北美等地。多次到中国考察地质和地理。曾任波恩大学、莱比锡大学和柏林大学教授，柏林大学校长。提出地理学是研究地球表面的科学。首次系统地论述了地表形成过程，对地貌形成过程进行分类，研究了土壤形成因素及其类型。
>
> 李希霍芬有着日耳曼民族特有的执着与探索精神，自幼痴迷地质学的他曾在青年时代就读于柏林大学地质学专业，很早便渴望前往神秘的东亚进行地质研究。在诸多东亚国家中，李希霍芬对东方文明古国——中国情有独钟，他始终认为在当时所有的知名文明国度中，中国是人们最少探究的国家，有生之年，若能将探索的足迹踏上这片古老的土地，必将是一段难忘的经历。于是，怀着激动的心情，他开始了充满传奇色彩的考察之旅。从1868年到1872年之间，他进行了七次中国之旅，途经当时中国的十三个省。其考察成果彻底改变了西方世界对中国的认知。回国后不久，李希霍芬正式出版了他的考察著作《中国——亲身旅行的成果和以之为根据的研究》。

1. 陆上丝绸之路

西北丝绸之路由西汉汉武帝时的张骞首次开拓，被称为"凿空之旅"，但西汉末年在匈奴的袭扰下，丝绸之路中断。东汉时的班超又重新打通隔绝58年的西域，并将这条路线首次延伸到了欧洲罗马帝国。西北丝绸之路在西汉时期以长安为起点，东汉时为洛阳，经河西走廊到敦煌；从敦煌起分为南北两路到达里海、黑海、地中海、北非。

南方丝路古道也称"蜀身毒道",是中国最古老的国际通道,早在2 000多年前的先秦就已开发。南方丝路古道从今日的四川起始,经云南进入缅甸、泰国到达印度,再从印度翻山越海抵达中亚,然后直至地中海沿岸。

2. 海上丝绸之路

海上丝绸之路形成于秦汉时期,发展于三国至隋朝时期,繁荣于唐宋时期,转变于明清时期,是已知的最为古老的海上航线。海上丝绸之路是古代中国与外国交通贸易和文化交往的海上通道,又被称为"海上陶瓷之路""海上香料之路"。其航线主要有东海起航线和南海起航线。东海起航线由中国沿海港去往朝鲜、日本。南海起航线由中国沿海港去往东南亚、南亚、阿拉伯和东非沿海诸国。

★知识链接·张骞出使西域

张骞(前164—前114年),字子文,汉中郡城固(今陕西省汉中市城固县)人,西汉著名探险家、外交家。他曾两次出使西域,一次出使云南,两次随军出征匈奴。他官至大行(负责外交事务,位列九卿),随卫青出征匈奴有功,封博望侯。张骞第一次出使西域:时间是公元前138年;目的是联络大月氏进攻匈奴;结果是了解了西域各国的政治、经济、文化等方面的情况。张骞第二次出使西域:时间是公元前119年;目的是发展汉与西域各国的友好关系;结果是沟通了西汉与西域的联系,双方的经济文化交流开始了。

★知识链接·班超出使西域

班超(32—102年),字仲升,扶风郡平陵县(今陕西咸阳东北)人。东汉时期著名军事家、外交家,史学家班彪的幼子,其长兄班固、妹妹班昭也是著名史学家。班超率36人出使西域,为西域回归、促进民族融合,作出了巨大贡献。官至西域都护,封定远侯,世称"班定远"。班超出使西域:时间是公元73年;目的是恢复中原与西域的交往;结果是西域各族摆脱了匈奴的束缚和奴役,西域和内地的联系更加密切。

> **★知识链接·郑和七下西洋**
>
> 郑和(1371—1433年),云南昆阳(今昆明市晋宁县昆阳街道)宝山乡知代村人。中国明朝航海家、外交家。1405年7月11日明成祖朱棣命郑和率领庞大的由240多艘海船、27 400名船员组成的船队远航,访问了30多个西太平洋和印度洋的国家和地区,加深了中国同东南亚、东非的友好关系。郑和出使西洋每次都从苏州刘家港出发,一直到1433年,他一共远航了七次之多。最后一次,1433年4月回程到古里时,在船上因病过世。
>
> 郑和下西洋时间之长、规模之大、范围之广都是空前的。它不仅在航海活动方面达到了当时世界航海事业的顶峰,而且对发展中国与亚洲各国家政治、经济和文化上的友好关系,作出了卓越的贡献。

3. 丝绸之路的历史意义及现实价值

(1) 历史意义

丝绸之路是中华民族走向世界的标志,加强了中国西北边疆和内地各族人民之间政治、经济、文化上的牢固联系。通过丝绸之路,葡萄、胡桃、石榴、苜蓿、香料、药材、胡椒、宝石、玻璃、骏马、狮子等特产以及一些音乐舞蹈、天文历法和基督教、佛教、伊斯兰教等文化,从新疆或经新疆传入内地;同时,内地的丝绸、漆器、铁器、火药、金银器皿、瓷器、桃、梨等物产以及造纸、冶炼、水利、火药制造等技术,也传入新疆并经新疆传往西方,对人类文明的发展产生了极其深远的影响。丝绸之路沟通了中国与亚、欧各国的联系,促进了东西方文化的交流和发展。

(2) 现实价值

物质层面的丝绸之路,已经成为历史遗迹。这条路历史遗迹众多,沿途有圣僧玄奘留下的数不完的圣迹及传说,现保存最完好的一段地处陕西省鄠邑区石井镇钟馗故里欢乐谷内。其余路段虽古迹不再,多有毁弃和断阻,但相当一部分依然供当地多民耕作和行走,是难得的丝绸之路历史的见证。精神层面的丝绸之路,至今仍然是可供世人不断汲取营养的巨大财富。并且,作为一个醒目文化符号而巍然耸立的丝绸之路,为人类社会的进步发展提供了正能量。

(二) 今生：共建国际大通道和经济走廊——"一带一路"

1. 何为"一带一路"

"一带一路"(The Belt and Road，B&R)是"丝绸之路经济带"和"21世纪海上丝绸之路"的简称。"一带一路"旨在借用古代丝绸之路的历史符号，高举和平发展的旗帜，充分依靠中国与有关国家既有的双多边机制，借助既有的、行之有效的区域合作平台，积极发展与沿线国家的经济合作伙伴关系，共同打造政治互信、经济融合、文化包容的利益共同体、命运共同体和责任共同体。

"一带"指的是丝绸之路经济带，在陆地。它有三个走向，从中国出发，一是经中亚、俄罗斯到达欧洲；二是经中亚、西亚至波斯湾、地中海；三是到东南亚、南亚、印度洋。

"一路"指的是21世纪海上丝绸之路。重点方向有两条，一是从中国沿海港口过南海到印度洋，延伸至欧洲；二是从中国沿海港口过南海到南太平洋。

2. "一带一路"提出的背景

(1) 时代背景

第一，人类社会正处在一个大发展大变革大调整时代，世界正发生复杂深刻的变化，共建"一带一路"顺应了世界多极化、经济全球化、文化多样化、社会信息化的潮流，秉持开放的区域合作精神，致力于维护全球自由贸易体系和开放型世界经济。

第二，共建"一带一路"旨在促进经济要素有序自由流动、资源高效配置和市场深度融合，推动沿线各国实现经济政策协调，开展更大范围、更高水平、更深层次的区域合作，共同打造开放、包容、均衡、普惠的区域经济合作架构。

第三，共建"一带一路"符合各国人民利益，适应发展规律，反映了各国特别是广大发展中国家对促和平、谋发展的愿望。

(2) 国内背景

随着我国经济的不断发展，劳动力成本上升，国内出现了产能过剩，急需更多项目和市场。国内资金过剩，外汇储备量巨大。我国东西部发展差距悬殊，西部的发展需要和其自然条件相符的经贸增长点。

（3）国际背景

世界经济复苏乏力,很多国家的经济可能面临困境,急需新的经济增长点,需要新的经济火车头来带动世界经济。中国借此机会,将有利于几乎所有国家的中国战略、政策融入"一带一路"和亚太经济合作组织(APEC)当中,以实现共赢。人民币走向国际化。各国加紧贸易保护,新兴经济体不断发展和崛起,我国贸易需要开辟更大的市场。

最重要的是解决了全球化的短板、发展的短板、互联互通的短板、基础设施建设的短板。

3."一带一路"构想的提出

2013年9月7日,习近平主席在哈萨克斯坦纳扎尔巴耶夫大学发表题为《弘扬人民友谊　共创美好未来》的重要演讲,提出"丝绸之路经济带"的设想,"为了使我们欧亚各国经济联系更加紧密、相互合作更加深入、发展空间更加广阔,我们可以用创新的合作模式,共同建设'丝绸之路经济带'。这是一项造福沿途各国人民的大事业。"

2013年10月3日,习近平主席在印度尼西亚国会演讲,首提"21世纪海上丝绸之路"。"东南亚地区自古以来就是'海上丝绸之路'的重要枢纽,中国愿同东盟国家加强海上合作,使用好中国政府设立的中国—东盟海上合作基金,发展好海洋合作伙伴关系,共同建设21世纪'海上丝绸之路'。中国愿通过扩大同东盟国家各领域务实合作,互通有无、优势互补,同东盟国家共享机遇、共迎挑战,实现共同发展、共同繁荣。"

★知识链接・"一带一路"国家：64＋1？

"一带一路"有两类国家：一类是丝路沿线国家,大多是新兴市场国家,如中亚、南亚、东南亚国家等；另一类是丝路相关国家,大多是成熟市场国家,如日韩、欧美、澳新(西兰)等。

"一带一路"涉及的64个国家是：

东南亚11国：印度尼西亚、马来西亚、菲律宾、新加坡、泰国、文莱、越南、老挝、缅甸、柬埔寨、东帝汶；

> 南亚 7 国：尼泊尔、不丹、印度、巴基斯坦、孟加拉国、斯里兰卡、马尔代夫；
>
> 中亚 6 国：哈萨克斯坦、土库曼斯坦、吉尔吉斯斯坦、乌兹别克斯坦、塔吉克斯坦、阿富汗；
>
> 西亚 18 国：伊朗、伊拉克、格鲁吉亚、亚美尼亚、阿塞拜疆、土耳其、叙利亚、约旦、以色列、巴勒斯坦、沙特阿拉伯、巴林、卡塔尔、也门、阿曼、阿拉伯联合酋长国、科威特、黎巴嫩；
>
> 中东欧 16 国：阿尔巴尼亚、波斯尼亚和黑塞哥维那、保加利亚、克罗地亚、捷克、爱沙尼亚、匈牙利、拉脱维亚、立陶宛、马其顿、黑山、罗马尼亚、波兰、塞尔维亚、斯洛伐克、斯洛文尼亚；
>
> 独联体 4 国：俄罗斯、白俄罗斯、乌克兰、摩尔多瓦；
>
> 蒙古国、埃及。
>
> 注：亚洲 43 国，中东欧 16 国，独联体 4 国，非洲 1 国，共 64 国，加上中国为 65 国。

4."一带一路"和马歇尔计划的区别

某些国际舆论对"一带一路"倡议存有疑虑，称其为"中国版的马歇尔计划"。应该看到，两者具有一定的共同点：两者各自在客观上反映了中、美两个大国通过资金、技术援助推动相关国家经济一体化和经济发展（恢复）的时代要求。但两者更加具有显著的不同点：

	马歇尔计划	"一带一路"
时期	冷战时期	和平与发展成为当今时代的主题
目的(本质)	通过经济扶持达到政治控制	与世界分享中国发展红利
范围	排他性	包容性
经济效应	主要输出消费品，对美国经济拉动效应更大	主要输出基础设施建设，对当地经济拉动效应更大

二、"一带一路"对中国经济的积极作用

(一) 丝绸之路经济带有利于改善中国经济发展不平衡的现状

随着时代的发展,16世纪丝绸之路开始衰败。与此同时欧洲的工业革命开始了,中国的经济逐渐落后于西方,中国开始了屈辱的历史。改革开放的提出,使中国走出国门,开启了新的发展阶段。但是对外开放的布局是不均衡的,东南地区发展迅速,西部地区虽然开始向西开放,但与东部地区的经济发展程度相比,是不可同日而语的。这就造成了中国经济发展的不均衡。

(二) 丝绸之路经济带有利于中国转变中国生产方式和调整经济结构,加速"走出去"的发展战略

中国面临生产能力过剩的经济发展现状。与此同时,中国对亚洲其他国家的投资,为其提供了资金和技术支持,深化了中国和亚洲其他国家的经贸合作,进而为我国实现全方位对外开放新格局提供了契机。另一方面,亚洲工业发展水平低,但具有丰富的能源。中国已经成为世界最大的能源消费国。"丝绸之路经济带"政策的实施,将缓解中国能源紧缺的状况,同时能够保障我国的能源安全。亚洲其他国家将能源供给中国,不仅实现了能源的有效利用,也对亚洲其他国家贸易的发展具有重大的促进作用。

(三) 丝绸之路经济带有利于实现西部经济跨越式发展

随着社会经济的发展,西部的长效发展面临着新的分裂势力、宗教势力和某些资本主义国家的介入等社会问题。如何稳定西部,从而实现我国的稳定发展,成为政府急需解决的问题。随着"丝绸之路经济带"的提出,作为联通中亚、西亚等国的必经之路,西部必然迎来交通、技术等新的发展阶段。同时,丝绸之路经济带带动了西部地区建设的积极性,相关各省纷纷挖掘本地区的区域优势,积极投身于经济建设中。

(四) 21世纪海上丝绸之路有利于增强中国与沿线国家的合作,维护世界和平、促进共同发展

21世纪海上丝绸之路作为连接东西方文明的重要通道,发挥了举足轻重的

作用。一方面,通过共建21世纪海上丝绸之路,大力推动区域经济一体化,促进政策沟通、设施联通、贸易畅通、资金融通、民心相通,不仅有助于中国与海上丝绸之路沿线国家在港口航运、海洋能源、经济贸易、科技创新、生态环境、人文交流等领域开展全方位合作,而且为中国经济持续稳定发展提供了有力支撑,并最终促进沿线国家共同繁荣,实现互利共赢。另一方面,21世纪海上丝绸之路也是中国与东盟之间开拓新的合作领域、深化互利合作的战略契合点,有利于搁置争议、增进共识、合作共赢,推动构建和平稳定、繁荣共进的周边环境,对促进区域繁荣、推动全球经济发展具有重要意义。

三、"一带一路"建设的基本原则和基本内容

(一) 基本原则

1. 恪守《联合国宪章》的宗旨和原则。遵守和平共处五项原则,即尊重各国主权和领土完整、互不侵犯、互不干涉内政、和平共处、平等互利。

2. 坚持开放合作。"一带一路"相关的国家基于但不限于古代丝绸之路的范围,各国和国际、地区组织均可参与,以让共建成果惠及更广泛的区域。

3. 坚持和谐包容。倡导文明宽容,尊重各国发展道路和模式的选择,加强不同文明之间的对话,求同存异、兼容并蓄、和平共处、共生共荣。

4. 坚持市场运作。遵循市场规律和国际通行规则,充分发挥市场在资源配置中的决定性作用和各类企业的主体作用,同时发挥好政府的作用。

5. 坚持共商共建共享。共商,就是集思广益,兼顾各方利益和关切,体现各方智慧和创意,寻求利益契合点和合作最大公约数。共建,就是各施所长,各尽所能,把双方优势和潜能充分发挥出来,聚沙成塔,积水成渊,持之以恒加以推进。共享,就是让建设成果更多更公平惠及各国人民,打造利益共同体和命运共同体。

(二) 基本内容

"一带一路"建设,以"五通",即以政策沟通、设施联通、贸易畅通、资金融通、民心相通为主要内容。

1. 加强政策沟通是"一带一路"建设的重要保障

"一带一路"建设得到诸多国家和国际组织的响应和支持。共建"一带一路"已先后写入联合国、亚太经济合作组织等多边机制成果文件。

(1) 2014年亚太经合组织工商领导人峰会。

(2) 2017年第一届"一带一路"国际合作高峰论坛,来自140多个国家、80多个国际组织的1 600多名代表参会,形成5大类279项具体务实成果。2019年第二届"一带一路"国际合作高峰论坛,提出构建全球互联互通伙伴关系,开启高质量共建"一带一路"新征程。

(3) 上海合作组织、中国-东盟"10+1"、亚太经济合作组织等多边合作机制正推动所属经济体发展战略与"一带一路"倡议对接。

(4) 2022年以来,中国与阿根廷、尼加拉瓜、叙利亚和马拉维等国签署共建"一带一路"合作谅解备忘录。截至2023年2月,中国已与151个国家、32个国际组织签署200多份共建"一带一路"合作文件,涵盖投资、贸易、金融、科技、社会、人文、民生等领域。

2. 基础设施互联互通是"一带一路"建设的优先领域

一大批务实合作项目加速落地,为当地经济发展、民生改善作出实实在在的贡献。目前,我国已与"一带一路"各参与国签署了130多个双边和区域运输协定,涉及港口、铁路、公路、海运、航空和电力等多个方面,各项建设取得积极进展。

(1) 港口:我国已与世界上200多个国家、600多个主要港口建立航线联系,海运互联互通指数保持全球第一。

(2) 铁路、公路:"一带一路"国家公路总里程约2 703万公里,占世界公路总里程的40.3%;铁路总里程约79万公里,占世界铁路总里程的39.4%。

(3) 航空:截至2021年末,我国与128个国家和地区签订双边政府间航空运输协定,其中与62个"一带一路"沿线国家和地区签订了双边政府间航空运输协定。与东盟、欧盟签订区域性航空运输协定,与45个国家实现直航,每周完成国际货运航班约5 100班。

(4) 电力:2013年至2017年,中国主要电力企业在"一带一路"沿线国家签订电力工程合同494个,总金额912亿美元。

3. 投资贸易合作是"一带一路"建设的重点内容

以"一带一路"建设为契机，开展跨国互联互通，提高贸易和投资合作水平。

（1）2013年至2022年8月，中国与"一带一路"沿线国家货物贸易额累计约12万亿美元，对沿线国家非金融类直接投资超过1 400亿美元。截至2021年底，中国企业在共建"一带一路"国家建设的境外经贸合作园区累计投资超过430亿美元，为当地创造了34万多个就业岗位；

（2）"一带一路"自由贸易区网络加快建设，已经与13个共建国家签署7个自贸协定；

（3）进博会、广交会、消博会、服贸会等一系列国际经贸盛会持续折射出中国超大规模市场的魅力。其中，进博会已连续成功举办五届，累计成交额近3 500亿美元；

（4）中国与共建国家贸易安全与通关便利化合作持续深化，已累计逾32个共建国家和地区签署"经认证的经营者"（authorized economic operator，AEO）互认协议；

（5）贸易新业态快速发展，丝路电商成为新亮点。

4. 资金融通是"一带一路"建设的重要支撑

金融是现代经济的血液。血脉通，增长才有力。近年来，中国同"一带一路"建设参与国和国际组织开展了多种形式的金融合作。

（1）亚洲基础设施投资银行为"一带一路"建设参与国的一些项目提供贷款。截至2021年末，亚投行已批准158个项目，累计投资总额达319.7亿美元；

（2）中国出资400亿美元成立的丝路基金，为"一带一路"沿线国家基础设施、资源开发、产业合作和金融合作等与互联互通有关项目提供投融资支持；

（3）中国同中东欧"16+1"金融控股公司正式成立；中国国家开发银行设立"一带一路"基础设施专项贷款、"一带一路"产能合作专项贷款、"一带一路"金融合作专项贷款；

（4）24个国家设立中资银行分支机构102家，人民币跨境支付系统覆盖俄罗斯、新加坡、马来西亚、韩国、泰国等40个"一带一路"国家165家银行。截至2022年7月底，我国累计与20多个沿线国家建立双边本币互换安排，在10多个共建国家建立了人民币清算安排。

5. 民心相通是"一带一路"建设的社会根基

民心相通是"一带一路"建设的重要内容，也是"一带一路"建设的人文基础。随着"一带一路"建设的推进，民心相通不断取得丰硕成果，中国与各参与国在科学、教育、文化、卫生、民间交往等各领域广泛开展交流合作。

(1) 中国政府每年向相关国家提供1万个政府奖学金名额，地方政府也设立了丝绸之路专项奖学金，鼓励国际文教交流。截至2019年末，我国已与24个"一带一路"沿线国家签署高等教育学历学位互认协议，共计60所高校在23个沿线国家开展境外办学，16所高校与沿线国家高校建立了17个教育部国际合作联合实验室；

(2) 2017年，中国赴"一带一路"建设参与国的留学人数为6.61万人，比上年增长15.7%，超过整体出国留学人员增速；

(3) 2018年，中国赴"一带一路"国家旅游人数首次突破3 000万人次，同比增长9.4%，"一带一路"国家赴中国旅游人数1 099万人次；

(4) 截至2021年，中国已与71个国家实现中国护照免签；

(5) 截至2021年末，我国与84个共建国家建立科技合作关系，支持联合研究项目1 118项，累计投入29.9亿元，在农业、新能源、卫生健康等领域启动建设53家联合实验室；

(6) 截至2021年末，我国已累计向120多个国家和国际组织提供超过20亿剂新冠疫苗；

(7) 国外媒体和网民对"一带一路"积极态度的变化趋势，为从2013年的16.5%升至2021年的32.50%。

四、推进共建"一带一路"的重要意义

(一) 推进"一带一路"建设将推动中国构建全方位开放新格局

"一带一路"建设的基本目的，是促进经济要素有序自由流动、资源高效配置和市场深度融合，推动沿线各国实现经济政策协调，开展更大范围、更高水平、更深层次的区域合作，打造开放、包容、均衡、普惠的区域经济合作架构。由此将促进中国适应经济全球化以及区域一体化的新形势新要求，进一步促进建立和完

善互利共赢、多元平衡、安全高效的开放型经济体系,构建高水平的开放型经济新体制。与此同时,根据"一带一路"建设的总体架构,中国将充分发挥国内各地区比较优势,进一步优化西北、东北、西南、沿海和港澳台、内陆五大区块的定位与布局,加强东、中、西互动合作,促进全面释放内陆开放潜力、提升内陆经济开放水平,构建全方位开放新格局,促进中国经济持续健康发展。

(二) 共建"一带一路"将为中国经济和世界经济提供新动力

"一带一路"建设将欧亚大陆的两端,即发达的欧洲经济圈和最具活力的东亚经济圈更加紧密地连接起来,带动中亚、西亚、南亚、东南亚的发展,促进形成一体化的欧亚大市场,并辐射非洲等区域。当今世界,全球化进程使各国经济与全球经济更紧密地联系在一起,共建"一带一路"通过发挥沿线各国资源禀赋,实现优势互补,将大幅提升世界贸易体系的活力,这个过程也正是中国经济与世界经济实现互利共赢的过程。对于中国,"一带一路"建设对新常态下促进经济结构转型升级,寻找新经济增长点,培育打造新的区域增长极具有重大意义;对于世界,"一带一路"合作项目和推进措施的实施,必将对沿线国家产生广阔辐射效应,缩小地区发展差距,加快区域一体化进程,为世界和平发展增添新的正能量。

(三) 共建"一带一路"将为促进亚、欧、非区域发展和人类和平发展作出重要贡献

推进"一带一路"建设是加强我国和亚、欧、非各洲及世界各国互利合作的需要。"一带一路"区域内有 60 多个国家,约 44 亿人口,占世界人口的 63% 左右。共建"一带一路"致力于亚、欧、非大陆及附近海洋的互联互通,建立和加强沿线各国互联互通伙伴关系,构建全方位、多层次、复合型的互联互通网络,实现沿线各国多元、自主、平衡、可持续的发展,而且要推动沿线各国发展战略的对接与耦合,发掘区域内市场的潜力。"一带一路"以交通基础设施建设为重点和优先合作领域,契合亚欧大陆的实际需要。尤其是亚洲,许多国家和地区的基础设施亟须升级改造。加强对基础设施建设的投资,不仅本身能够形成新的经济增长点,带动区域内各国的经济发展,更可以促进投资和消费,创造需求和就业,为区域内各国的未来发展打下坚实的基础。

(四) 共建"一带一路"有利于优化和创新国际合作与全球治理机制

"一带一路"建设秉持的是共商、共建、共享原则,不是封闭的,而是开放包容的;不是中国一家的独奏,而是沿线国家的合唱;不是要替代现有地区合作机制和倡议,而是要在已有基础上,推动沿线国家实现发展战略相互对接、优势互补。同时,共建"一带一路",途径是以目标协调、政策沟通为主,不刻意追求一致性,可高度灵活,富有弹性,是多元开放的合作进程。因此,"一带一路"不针对第三方,对世界全面开放,既与其他合作组织或机制有效衔接,又是对新型国际合作和全球治理机制创新的积极探索;既能缓解当今全球治理机制权威性、有效性和及时性难以适应现实需求的困境,又能满足发展中国家尤其是新兴国家期望变革全球治理机制的需求。共建"一带一路",是以合作共赢为核心的新型国际关系的具体实践,既有利于以新的形式使欧亚非各国联系更加紧密,互利合作迈向新的历史高度,又有助于相关国家携手应对贸易保护、气候变化、贫困问题、极端主义等现实威胁,共同提供新的全球公共产品。

(五) 共建"一带一路"顺应了经济全球化的历史潮流

"一带一路"建设有利于沿线各国发挥自身优势,破解发展难题。其顺应了各国特别是广大发展中国家对促和平、谋发展的愿望,同时也顺应了全球治理体系变革的内在要求,彰显了同舟共济、权责共担的命运共同体意识,为完善全球治理体系变革提供了新思路新方案。

"一带一路"一端连着历史,一端指向未来;一端连着中国,一端通往世界。共建"一带一路"既需要各方的诚意决心,也需要各方的远见卓识。

五、丝路精神:和平合作、开放包容、互学互鉴、互利共赢

在《推动共建丝绸之路经济带和 21 世纪海上丝绸之路的愿景与行动》中,全面阐释了"一带一路"倡议的愿景理念、目标任务以及机制行动。

第一,开放。这是古丝绸之路的基本精神,也是"一带一路"建设的核心理念。"一带一路"对世界上所有国家或经济体、国际组织、区域合作机制和民间机

构开放,在制度安排和机制设计上,不搞封闭小圈子、不具排他性。

第二,包容。这是"一带一路"区别于其他合作组织或机制的典型特征。它一方面意味着"一带一路"参与方的多元化,另一方面意味着合作方式的多样化,没有严格统一的参与规则,各方围绕扩大经贸合作、促进共同发展的需要,可采用双边或多边、本区域或跨区域、金融或贸易等多样化、多领域、多层次的合作方式。

第三,互利。这是推进"一带一路"建设的根本动力。在全球化时代,互利性是一切合作得以出现和延续的动力。因此,推进"一带一路"建设,要求包括中国在内的各参与方之间,不搞零和博弈,不搞利益攫取、殖民扩张,更不能打着开放、自由贸易的幌子,搞以邻为壑的重商主义、产品倾销。要立足于各参与方优势互补,实现利益共享、共同发展。

第四,共赢。这是保障"一带一路"可持续发展的基础,是对古丝绸之路精神的传承和发扬,无论是政策沟通、设施联通、贸易畅通、资金融通与民心相通等互联互通的具体机制化安排,还是实现方式、合作内容、阶段目标等,都需要各方共同商议,共同参与,共同营建,共同受益,使之成为"利益共同体""发展共同体",乃至"命运共同体"。

六、"一带一路"建设取得显著进展

党的二十大报告强调:"共建'一带一路'成为深受欢迎的国际公共产品和国际合作平台。"九年来,"一带一路"建设秉持共商共建共享原则,坚持开放、绿色、廉洁理念,努力实现高标准、可持续、惠民生目标,取得了丰硕的成就。

1. 国家开发银行与老挝国家银行、中国银联在老挝首都万象分别签署援老挝国家银行卡支付系统建设项目合作协议。

2. 2014年,中国石油管道投产里程达到6 196公里,在新开工项目中,中亚天然气管道D线开辟了我国进口中亚天然气第二通道。

3. 亚洲基础设施投资银行成功建立。截至2022年7月初,亚投行成员达105个,累计批准项目181个,融资额达357亿美元,惠及33个亚洲域内与域外成员。

4. 丝路基金与欧洲投资基金设立的中欧共同投资基金已在近20个国家开展投资,涉及80多家中小企业。

5. 多边开发融资合作中心(MCDF)基金成立,10家国际金融机构参与。

★知识链接·亚洲基础设施投资银行

亚洲基础设施投资银行,简称亚投行,是一个政府间性质的亚洲区域多边开发机构,重点支持基础设施建设,总部设在北京。亚投行法定资本1 000亿美元。2013年10月2日下午,中国国家主席习近平在雅加达同印度尼西亚总统苏西洛举行会谈时表示,为促进本地区互联互通建设和经济一体化进程,中方倡议筹建亚洲基础设施投资银行,愿向包括东盟国家在内的本地区发展中国家基础设施建设提供资金支持。2014年10月24日,包括中国、印度、新加坡等在内21个首批意向创始成员国的财长和授权代表在北京签约,共同决定成立亚洲基础设施投资银行。

6."一带一路"国际合作重大工程项目

(1)基础类设施项目:雅万高铁、中老铁路、匈塞铁路、蒙内铁路、克罗地亚佩列沙茨大桥、瓜达尔港、中欧班列。

★知识链接·铁路、大桥、港口

雅万高铁全线13座隧道全部贯通,正线已经开始铺轨,工程建设由线下施工全面转入线上施工阶段;中老铁路开通九个月以来,累计发送旅客671万人次,累计运输货物717万吨,国际货运总额突破100亿元;匈塞铁路贝诺段开通近六个月来,累计发送旅客约80万人次,每天开行动车组列车64列;蒙内铁路开通运行五年来,截至2022年6月底,累计发送旅客794.5万人次,发送集装箱181.7万标箱,发送货物2 029.3万吨;克罗地亚佩列沙茨跨海大桥实现了克罗地亚连接南北领土的夙愿,2022年7月开通以来,车流量超50万车次;瓜达尔港目前已建成一个拥有3个2万吨级泊位的多用途码头,瓜达尔自由区已有40余家企业入驻,投资额超过30亿元人民币。

(2)工业类项目:中缅油气管道项目、英国欣克利角C核电项目、沙特延布炼厂、埃及输电线路项目。

> **★知识链接·中缅油气管道**
>
> 中缅油气管道是继中亚油气管道、中俄原油管道、海上通道之后的第四大能源进口通道。它包括原油管道和天然气管道,可以使原油运输不经过马六甲海峡,从西南输送到中国。中缅原油管道的起点位于缅甸西海岸皎漂港东南方的微型小岛马德岛,天然气管道起点在皎漂港。中缅油气管道项目作为中缅两国建交60周年的重要成果和结晶,得到了中缅两国领导人及政府有关部门的高度重视和大力支持。

(3) 工业园区类项目:中国-白俄罗斯工业园、马来西亚马中关丹产业园、柬埔寨西哈努克港经济特区、中埃·泰达苏伊士经贸合作区。

(4) 人文类项目:丝路书香工程、丝绸之路生态文化万里行、鲁班工坊。

> **★知识链接·丝路书香工程**
>
> 丝路书香工程主要包括两大版块:一是支持图书翻译出版,对企业申报图书翻译出版、海外出版给予资助;二是支持企业自主创新"走出去",结合全球传播重点,以周边国家为首要,以非洲、拉美和中东地区为基础,支持30多家企业的近60个项目的开展,基本覆盖了亚洲的主要国家、阿拉伯国家、中东欧16国以及北非部分国家。部分项目落地后,已产生一定的效应,在渠道开拓、平台建设、资源整合、加强合作方面进行了有益探索,发挥了提升文化软实力的作用,打造了品牌,加强了传播内容建设,建设了人才队伍。

(5) 国际边境合作类项目:霍尔果斯国际边境合作中心。

(6) 其他合作交流:海丝路上稻花香、餐桌上的"洋味道"。另外还有电影文化交流合作、戏剧交流合作、城市交流合作、教育交流合作等。丝绸之路国际剧院联盟、博物馆联盟、艺术节联盟、图书馆联盟、美术馆联盟成员单位达到539家。

7. "六廊六路多国多港"的互联互通架构基本形成,一大批合作项目落地生根。

> **★ 知识链接·六大经济走廊**
>
> 八年多来,六大经济走廊建设亮点纷呈,为建立和加强各国互联互通伙伴关系、畅通亚欧大市场发挥了重要作用。新亚欧大陆桥、中蒙俄经济走廊、中国-中亚-西亚经济走廊经过亚欧大陆中东部地区,不仅将充满经济活力的东亚经济圈与发达的欧洲经济圈联系在一起,更畅通了连接波斯湾、地中海和波罗的海的合作通道。中国-中南半岛经济走廊、中巴经济走廊和孟中印缅经济走廊经过亚洲东南部这一全球人口最稠密地区,连接沿线主要城市和人口、产业集聚区。中巴经济走廊是共建"一带一路"的旗舰项目,建设起步早、进展快,第一阶段的22个优先项目已基本完成。根据巴基斯坦计划委员会不完全统计,中巴经济走廊第一阶段早期收获项目已创造约3.8万个工作岗位,75%以上为当地就业,其中能源项目吸纳1.6万名巴方工人和工程师就业,交通基础设施建设创造约1.3万个工作岗位。自2021年起,中巴经济走廊顺利进入第二阶段的建设,双方合作的项目寻求多领域、多方向布局。

8. 丝路海运成效显著

> **★ 知识链接·丝路海运**
>
> 截至2022年9月上旬,丝路海运命名航线已达94条,通达30个国家的108座港口,累计开行超9000艘次,完成集装箱吞吐量超1000万标箱,"丝路海运"联盟成员单位超250家。

9. 中欧班列连通中欧物流的作用进一步凸显。截至2022年8月底,中欧班列累计开行近6万列,货值累计近3000亿美元,共铺划了82条运输线路,通达欧洲24个国家200个城市,为推动"一带一路"高质量发展作出了积极贡献。

★知识链接·中欧班列

中欧班列是指按照固定车次、线路等条件开行,往来于中国与欧洲及"一带一路"沿线各国的集装箱国际铁路联运班列。中欧班列铺划了西、中、东3条运行线通道:西部通道由我国中西部经阿拉山口(霍尔果斯)出境,中部通道由我国华北地区经二连浩特出境,东部通道由我国东南部沿海地区经满洲里(绥芬河)出境。作为我国与"一带一路"沿线国家互通互惠互联的有效载体,随着"一带一路"建设的不断深化,中欧班列连通中欧物流的作用进一步凸显。

★知识链接·习近平主席关于"一带一路"倡议重要阐述摘编

1. 为了使欧亚各国经济联系更加紧密、相互合作更加深入、发展空间更加广阔,我们可以用创新的合作模式,共同建设"丝绸之路经济带",以点带面,从线到片,逐步形成区域大合作。加强政策沟通、道路联通、贸易畅通、货币流通和民心相通。[以点带面从线到片]——2013年9月7日,在哈萨克斯坦纳扎尔巴耶夫大学发表演讲

2. 推进"一带一路"建设,要诚心诚意对待沿线国家,做到言必信、行必果。要本着互利共赢的原则同沿线国家开展合作,让沿线国家得益于我国发展。要实行包容发展,坚持各国共享机遇、共迎挑战、共创繁荣。[互利共赢包容发展]——2014年11月4日,在中央财经领导小组第八次会议上的讲话

3. "一带一路"建设秉持的是共商、共建、共享原则,不是封闭的,而是开放包容的;不是中国一家的独奏,而是沿线国家的合唱。"一带一路"建设不是要替代现有地区合作机制和倡议,而是要在已有基础上,推动沿线国家实现发展战略相互对接、优势互补。[相互对接优势互补]——2015年3月28日,在博鳌亚洲论坛2015年年会上的主旨演讲

4. 中国开放的大门永远不会关上,欢迎各国搭乘中国发展的"顺风车"。中国愿意同各方一道,推动亚投行早日投入运营、发挥作用,为发展中国家

经济增长和民生改善贡献力量。我们将继续欢迎包括亚投行在内的新老国际金融机构共同参与"一带一路"建设。[开放大门永远不会关上]——2016年1月16日,在亚洲基础设施投资银行开业仪式上的致辞

5. "一带一路"建设根植于历史,但面向未来。古丝绸之路凝聚了先辈们对美好生活的追求,促进了亚欧大陆各国互联互通,推动了东西方文明交流互鉴,为人类文明发展进步作出了重大贡献。我们完全可以从古丝绸之路中汲取智慧和力量,本着和平合作、开放包容、互学互鉴、互利共赢的丝路精神推进合作,共同开辟更加光明的前景。[根植于历史,但面向未来]——2017年5月15日,在"一带一路"国际合作高峰论坛圆桌峰会上的开幕词

6. 共建"一带一路"正在成为我国参与全球开放合作、改善全球经济治理体系、促进全球共同发展繁荣、推动构建人类命运共同体的中国方案。[构建人类命运共同体]——2018年8月27日,出席推进"一带一路"建设工作5周年座谈会并发表重要讲话

7. 中国提出"一带一路"倡议,就是要为国际社会搭建合作共赢新平台。这个倡议源自中国,属于世界,始终秉持共商共建共享原则,致力走出一条和平、繁荣、开放、绿色、创新、文明之路,为各参与国带来新的发展机遇。中国的对外投资和产能与基础设施建设合作,带动了有关国家工业化进程,促进了当地民生改善和经济社会发展。真诚希望各国加入"一带一路"伙伴网络,让"一带一路"建设更好造福各国人民。[源自中国属于世界]——2018年12月12日,会见出席"2018从都国际论坛"外方嘉宾

8. "一带一路"倡议丰富了国际经济合作理念和多边主义内涵,为促进世界经济增长、实现共同发展提供了重要途径。我们欢迎包括法国在内的世界各国积极参与到共建"一带一路"中来。[实现共同发展重要途径]——2019年3月26日,在中法全球治理论坛闭幕式上的讲话

9. 中国始终坚持和平发展、坚持互利共赢。我们愿同合作伙伴一道,把"一带一路"打造成团结应对挑战的合作之路、维护人民健康安全的健康之路、促进经济社会恢复的复苏之路、释放发展潜力的增长之路。通过高质量

共建"一带一路",携手推动构建人类命运共同体。[高质量发展]——2020年6月18日,向"一带一路"国际合作高级别视频会议发表的书面致辞

10. 面向未来,我们将同各方继续高质量共建"一带一路",践行共商共建共享原则,弘扬开放、绿色、廉洁理念,努力实现高标准、惠民生、可持续目标。[发展理念]——2021年4月20日,在博鳌亚洲论坛2021年年会开幕式上的视频主旨演讲

11. 中国将继续扩大高水平对外开放,稳步拓展规则、管理、标准等制度型开放,落实外资企业国民待遇,推动共建"一带一路"高质量发展。[高水平对外开放]——2022年1月17日,在2022年世界经济论坛视频会议的演讲

七、共建"一带一路"未来怎么做?

(一) 聚焦重点、深耕细作,共同绘制精谨细腻的"工笔画"

1. 秉持共商共建共享原则,倡导多边主义,推动各方各施所长、各尽所能,聚沙成塔、积水成渊。

2. 坚持开放、绿色、廉洁理念,把绿色作为底色,推动绿色基础设施建设、绿色投资、绿色金融,保护好我们赖以生存的共同家园。

3. 努力实现高标准、惠民生、可持续目标,引入各方普遍支持的规则标准,推动企业在项目建设、运营、采购、招投标等环节按照普遍接受的国际规则标准进行,同时要尊重各国法律法规,确保商业和财政上的可持续性,做到善始善终、善作善成。

4. 以互联互通为着力点,促进生产要素自由便利流动,实现共赢和共享发展。如果将"一带一路"比喻为亚洲腾飞的两只翅膀,那么互联互通就是两只翅膀的血脉经络。

5. 妥善处理"六个关系"。要处理好我国利益和沿线国家利益的关系,处理好政府、市场、社会的关系,处理好经贸合作与人文交流的关系,处理好对外开放

和维护国家安全的关系,处理好务实推进和舆论引导的关系,处理好国家总体目标和地方具体目标的关系。

(二) 中国采取的重大改革开放措施

1. 更广领域扩大外资市场准入。继续大幅缩减负面清单,推动现代服务业、制造业、农业全方位对外开放,并在更多领域允许外资控股或独资经营。将新布局一批自由贸易试验区,加快探索建设自由贸易港。加快制定配套法规,确保严格实施《外商投资法》。

2. 更大力度加强知识产权保护国际合作。着力营造尊重知识价值的营商环境,全面完善知识产权保护法律体系,大力强化执法,创造良好创新生态环境,推动同各国在市场化、法治化原则基础上开展技术交流合作。

3. 更大规模增加商品和服务进口。进一步降低关税水平,消除各种非关税壁垒,促进贸易平衡发展。

4. 更加有效实施国际宏观经济政策协调。加强同世界各主要经济体的宏观政策协调,共同促进世界经济强劲、可持续、平衡、包容增长。

5. 更加重视对外开放政策贯彻落实。高度重视履行同各国达成的多边和双边经贸协议,加强法治政府、诚信政府建设,建立有约束的国际协议履约执行机制,完善市场化、法治化、便利化的营商环境。

面对世界百年未有之大变局,我们要保持战略定力,抓住战略机遇,坚定不移推动共建"一带一路"高质量发展,把"一带一路"建设成为和平之路、繁荣之路、开放之路、绿色之路、创新之路、文明之路,为推动构建开放型世界经济、人类命运共同体作出新的更大贡献。

课后视频

◇ 观看纪录片《丝路微纪录》,共 12 集(每集 5 分钟)。

参考文献

《光明日报》2019 年 4 月 25 日,第 6 版。
国家统计局:《"一带一路"建设成果丰硕 推动全面对外开放格局形成——党的十八大以来

经济社会发展成就系列报告之十七》,2022年10月11日。

胡鞍钢、马伟、鄢一龙:《"丝绸之路经济带":战略内涵、定位和实现路径》,《新疆师范大学学报(哲学社会科学版)》2014年第2期。

李可:《"一带一路"建设取得积极进展》,《国际商报》2016年12月28日,第A03版。

李皖南:《中国建设"21世纪海上丝绸之路"的机遇、挑战及对策思考》,《中国周边外交学刊》2015年第1期。

刘佳骏、汪川:《中国建设21世纪海上丝绸之路经济带的战略思考》,《改革与战略》2015年第6期(总第262期)。

卢山冰、刘晓蕾、余淑秀:《中国"一带一路"投资战略与"马歇尔计划"的比较研究》,《人文杂志》2015年第10期。

梅冠群:《推进一带一路建设落地的新思路》,《开放导报》2017年第4期(总第193期)。

孙壮志、郭晓琼:《高质量共建"一带一路"》,《经济日报》2022年10月13日。

王保忠、何炼成、李忠民:《"新丝绸之路经济带"一体化战略路径与实施对策》,《经济纵横》2013年第11期。

王明亚:《丝绸之路经济带的构建及其战略意义》,《天水行政学院学报》2013年第6期(总第84期)。

许先春:《怀柔远人 和谐万邦——学习习近平总书记关于"一带一路"建设的重要论述》,《前线》2019年第5期。

许先春:《习近平总书记关于"一带一路"建设论述的深刻内涵》,《理论前沿》2016年第3期。

"学习强国"学习平台。

张勇:《略论21世纪海上丝绸之路的国家发展战略意义》,《岭南师范学院学报》2014年第5期。

图书在版编目(CIP)数据

中国制造智慧十二讲 / 顾建伟主编 . — 上海 : 上海社会科学院出版社,2023
ISBN 978-7-5520-4245-0

Ⅰ.①中… Ⅱ.①顾… Ⅲ.①制造工业—工业史—研究—中国 Ⅳ.①F426.4

中国国家版本馆 CIP 数据核字(2023)第 190165 号

中国制造智慧十二讲

主　　编：顾建伟
责任编辑：陈慧慧
封面设计：黄婧昉
出版发行：上海社会科学院出版社
上海顺昌路 622 号　邮编 200025
电话总机 021-63315947　销售热线 021-53063735
http://www.sassp.cn　E-mail: sassp@sassp.cn
排　　版：南京展望文化发展有限公司
印　　刷：浙江天地海印刷有限公司
开　　本：710 毫米×1010 毫米　1/16
印　　张：14.5
字　　数：232 千
版　　次：2023 年 10 月第 1 版　2023 年 10 月第 1 次印刷

ISBN 978-7-5520-4245-0/F·749　　　　　　定价:72.00 元

版权所有　翻印必究